农民工
机会公平问题研究

基于制度正义的视域

RESEARCH ON
THE FAIR OPPORTUNITY OF
MIGRANT WORKERS

虞新胜◎著

社会科学文献出版社
SOCIAL SCIENCES ACADEMIC PRESS (CHINA)

目 录
CONTENTS

绪　论

改革开放以来，我国国民经济和社会事业获得了巨大的发展。但是在我国经济社会发展的同时，新的问题也在不断出现，如城乡不同阶层之间的收入差距不断扩大，社会资源不平等占有日渐突出，机会不公平现象也越来越明显。农民工问题就是城乡之间、市民与农民之间在社会资源获得方面不平等的集中反映，是我国不同群体社会发展机会不公平的体现。

农民进城早在中华人民共和国成立之初就已经出现，但那时不称"农民工"，而是直接称为"农民进城"。农民工最早被称为"民工""打工仔"等是在20世纪80年代中后期，到了90年代，"农民工"这一称呼成为普遍。而作为一种社会现象，农民工现象引起人们关注和重视则是在20世纪80年代末、90年代初。

农民工是我国广大农民群体中分出的一部分。根据2014年全国农民工监测调查报告，目前我国已有2.73亿农民工。[①] 农民工是中国社会转型期具有过渡特征的一个社会群体，目前人们对农民工的界定众说纷纭，大体而言，主要是指户籍为农业人口，但是主要从事的是非农工作或者主要依靠工资性收入维持生活的人。从户籍的角度看，农民工属于农民；从职业的角度看，农民工属于非农劳动者。[②] 也就是说，农民工既不是完

[①]　中华人民共和国国家统计局网站，http://www.stats.gov.cn/tjsj/zxfb/201504/t20150429_797821.html，最后访问日期：2018年4月10日。

[②]　国务院研究室课题组：《中国农民工调研报告》，中国言实出版社，2006，第524页。

全意义上的农民，也不是纯粹的市民，他们是介于农民与市民之间的一个特殊社会群体，这个群体是中国特有的城乡二元户籍制度的衍生物。本书结合数据调查资料，将农民工定义为"户籍为农业户口，而目前从事的是非农工作或者以非农工作为主，同时也兼务农"的这类群体。这类群体大致可以分成两类，一类是"离土又离乡"的进城农民工，一类是"离土不离乡"的"在家"农民工。所谓"离土又离乡"的进城农民工，主要指的是那些基本放弃了农地耕作而流动到城市中务工的农民工，他们主要来自中西部地区经济不太发达的省份。而"离土不离乡"[①]的"在家"农民工主要指那些在家乡附近从事非农工作，并兼农地耕作的农民工，这类群体主要来自东部地区中小企业较为发达的农村地区。由于农民工本身也在不断分化，有的农民工凭借自己的能力和个人努力，在城市经商营业，打拼下自己的一番事业；有的在企业从事中层管理工作，拥有自己的地位和优越待遇；有的甚至在城市还有属于自己的财产，成为小老板。这部分人生活状况良好，但依然拥有农村户籍，没有改变农民身份。这部分农民工群体人数不多，不是农民工主体。本书更关注以务工为主、"离土又离乡"的进城农民工群体。[②]

进城农民工主要来自农民，但工作又不在农村，因此表现出既不同于农民也不同于市民的一些特征。与农民、市民相对比，这类农民工具有如下特点。一是文化上的"二元"。农民工虽然离开了农村，但农村文化观念仍根深蒂固。由于生活在城市，他们受到城市文化的影响，身上弥散着城市的气息，但在农村形成的习惯很难改变，仍附带有许多农民的特征，如心理、文化等缺少独立个性。二是生活方式的"二元"。进入城市的农民工仍保留慢节奏、无纪律的生活习惯，但进入工厂后，必须服从快节奏、有计划的生活方式。他们向往城市市民的高消费，但微薄的收入又让他们感到囊中羞涩，其经济状况决定他们的生活方式难以与市民趋近。三是政治参与机会几乎空白。进入城市的农民工在城市权益

---

① 这个概念则要追溯到20世纪80年代费孝通先生所提出的"小城镇"建设战略。
② 下面所称的农民工，如果没有特殊注明，一般指进城农民工。

受损或困难无处倾诉、无处表达，而在农村虽有政治参与的资格，却因成本、路程、时间等方面的制约，无法求诉诸农村组织。农民工也几乎不回家参与家乡的选举，由此失去其在农村的政治权利。四是收入的"二元"。他们以非农产业为主要收入来源，但也有一部分农业收入或农业补贴收入。非农产业成为他们维系家庭生活的支柱，一旦失业则家庭马上陷入困难。五是社会保障的"二元"。农民工生活在城镇，务工在城镇，一旦生活窘困，在城市无最低生活保障，就有生存之虞；随着年龄的增大，农民工在城镇生病后，却无城镇医疗保障，即便回农村老家养老，他们在农村也无养老保险。六是社会资本的"二元"。由于出门闯荡，农民工在城镇无亲朋好友，或很少有亲戚朋友，他们很容易形成"老乡圈"，不利于与外界交流。在企业或工厂一旦权益被侵犯，首先想到的是请老乡帮忙，而不是求助于流入地政府。他们处于城市边缘地位，很容易形成社会排斥。而留守儿童、空巢老人等问题则是农民工问题的伴生物。

一　问题的提出：现代化进程中出现的社会问题

农民工进城是工业化和现代化发展过程中的必然现象。十一届三中全会以后，国家实行改革开放政策，沿海地区首先引进了外资，国家支持发展外向型经济，"三来一补"企业及其相关的服务业迅速发展，这些企业需要大量劳动力。而农村隐藏着大量剩余劳动力，农村的部分剩余劳动力通过亲朋好友和其他渠道获得了就业信息，逐渐流入这些企业打工。20世纪80年代末到90年代初，我国农村剩余劳动力自发地形成潮流，大规模地流向沿海经济发达省份或地区，形成了当时所谓的"盲流"。据统计，1989年之前，2000万~3000万农民工离开了农村出门打工，除了1988~1991年国家经济调整，1000多万农民工被压缩回农村，仍有1000万~2000万农民工在外打工。1992年邓小平"南方讲话"之后，经济进入了高速增长期，市场对工业品的需求不断增长也带动了对劳动力需求的增长，因此，农民工的数量重新不断上升，每年递增的数量大约 1000 万人，1995 年已超过 5000 万人，2000 年第五次人口普查显示，进城半年以上的打工人口为 1.2 亿，到 2014 年已达到 2.73 亿。农民工进城已经成为与工业化和现代化大发展相连的必然趋势，被视为农村三大伟大创造（土地承包责任制、乡镇企业的发展和农民工进城）之一。[①]

农民工进城，也是城乡融合的必经阶段。马克思恩格斯通过对人类社会发展规律的考察，认为城乡关系必然要经历城乡连体到城乡分离与对立再到城乡融合的过程。由于社会分工，工业的劳动生产率普遍高于农业，城镇发展快于农村，城乡之间的差距促成农村人口向城市迁移，从而导致工业所在地人口增加，形成城镇。农民工进城在一定程度上就是城乡对立与城乡差距扩大的结果。而这个阶段将会随着生产力发展、社会全面进步而逐步改变，最终实现城乡融合。质言之，城乡对立并不具有永恒性。随着城镇的进一步扩张，各种生活或生产成本也在不断增加；先进的科学技术和较高的生产力，促使交通、通信等迅速发展；随着农村基础设施的建设力度加大，通信物流的快速发展，一些工业出于成本考虑搬迁到农村，农村发展也随之加快；而农业自身也在不断进行机械化改造，现代化大农业逐步实现，最后形成工业、农业二者良性互动，城乡之间实现最终融合。

农民工进城，还是农民自身寻求自我发展的主动性行为。城市化发展为进城农民工实现向上流动提供了可能。农民工离开农村，体验和适应城市新的生活方式，谋取更多的自我发展的机会，带来了农民的自我解放。他们认为"待在城里总比家里好，在这里能享受一种现代人的生活，在这里也可以找到更多的发展机会，可以实现自己的梦想，可以学技术，长才干。"被调查的农民工大多如是说，这些也都是农民工的真切体会。

---

① 潘泽泉：《国家调整农民工社会政策研究》，中国人民大学出版社，2013，第 455 页。

　　虽然农民工在传统体制之外为社会发展开辟了一条新通道，为城市发展提供低成本的劳动力，为城市建设立下了赫赫战功，但农民工在城市的现状令人担忧，农民工进城遭遇到一系列不公平的阻力，遭受到不平等的待遇。改革开放之前，农民留在农村，没有迁徙之苦，也无权益侵犯之害，只是经济收入普遍不高，日子过得也很清贫。改革开放之后，农民进城务工，收入明显提高，随之也产生了一系列问题。首先以控制农村劳动力流入城市为核心的户籍制度，就横亘在农民面前，阻隔了农民的自由流动。以户籍制度为核心的一系列制度，还导致相应的其他问题，如一部分农民流动到城镇，在城镇面临找寻工作困难，即最初表现为就业机会问题；当就业有了着落，随之安顿下来，遇到了住房问题；有了一定经济基础的农民工在城镇买房遇到了购房限制与子女就读等问题；他们进入工厂后，随后出现就业中的工伤问题、工资拖欠问题、医疗事故问题等。在工厂里，农民工还面临同工不同酬、同工不同时、同工不同权等歧视问题。随着新生代农民工①的增多，他们更希望融入城市，他们更愿意举家迁移到城市，在城市购房发展。而一旦在城市购房，当经济不景气时，这些农民工将面临失业风险，于是出现失业问题、生活保障问题和养老问题等。因此，农民工面临一系列由户籍制度影响的从就业机会到社会保障机会的获得问题。②

　　无论是老一代农民工还是新生代农民工，他们为城市建设和市民生活奉献了辛苦汗水，但迁入地政府并没有给予他们合理的待遇，他们的子女教育需求、社保需求、医疗需求等没有得到合理满足，他们在城市所面临的诸如就业、培训、子女教育、公共服务、社会保障等问题，统称为"农民工问题"。这是农民工进城从事非农工作但由于其未改变农民身份、未改变户籍制度而未被迁入地政府、城市市民所认同和接纳

---

① 新生代农民工是指20世纪80年代出生的、在异地以非农就业为主的农村户籍人口。
② 社会保障与社会保险的区别：社会保障的基本内容一般包括社会保险和社会救济、社会福利、优抚安置、社会互助等。其中社会保险包括养老保险、医疗保险、失业保险、工伤保险和生育保险五种。

的结果。由于这些农民工未被企业或单位正式岗位所接纳，未被城市市民所认同，他们处在产业的边缘、社会的边缘、体制的边缘，产生了一系列问题。"农民工问题"的出现深刻反映了他们的"边缘人"状态，这种"边缘人"状态与其所做出的贡献极为不对称，也与我国全面建成小康社会的目标极为不对称，如果不从制度上加以解决，必将影响到他们在城市的生存与发展，进而形成社会排斥，不利于城乡融合和社会整体发展。

二 问题的实质：以户籍制度为主的制度体系制约下的机会不公平

我国实行社会主义公有制，推翻了不公平的剥削制度，生产资料归全体社会成员所有。但生产资料公有制并不表明社会没有了矛盾，社会主义改造的任务完成后，国内的社会矛盾发生了变化，虽然无产阶级和资产阶级的矛盾基本解决，但出于生产力等原因，人民内部矛盾成为主导地位的矛盾。农民工作为工人阶级队伍的重要组成部分，在新的时期已经成为工人阶级的主力军。但是，农民工的合法权益并没有得到相应的保护，其相关待遇、相应保障等也一直没有跟上来，甚至合理的需求也被排斥在外。农民工的这种不公平待遇与不公正的制度有关。以户籍制度为主的制度体系影响到进城农民工在城市所享有的待遇和权利，影响到他们合理需求的满足，国家如何从制度上给予农民工公平的对待问题成为当前农民工问题解决的重点。

众所周知，农民工进城从经济上来说，必定对我国二元经济结构形成挑战。城市发展较快，工业效率也较高，而农业的发展落后于工业，乡村的发展也落后于城市，城乡差距必会导致农村剩余劳动力流入城市。从政治上来说，农民工进城必定会影响国家制度政策的制定。农民工问题首先是国家放宽农民进城条件，允许其自带干粮进城务工、经商从业的政策改变结果。而今已经成为影响现代化进程的政治问题。如果处理不好，将影响社会稳定。因此，农民工问题既表现为经济问题，实际上也是政治安排问题。从文化上来说，农民工进城必定对市民造成一定的心理压力，从而影响市民对农民工的态度和二者的相处方式。农民工的出现到农民工问题的形成，从制度上来说，实质上是国家在城乡之间、农民与市民之间利益分配不公的制度安排结果，是农民工在城市中利益获取的机会不公平问题。"分配不公的实质是机会不公，它剥夺了人们参与市场经济活动的平等机会和平等权利，从起点上造成了诸多不公平。在我国，许多不合理的体制或机制因素和制度性设计造成了许多分配不公中非市场及非经济的因素和问题。"① 阿马蒂亚·森指出，就业、教育、医疗等社会制度安排，直接影响个人享受更好生活的实质自由。这些条件，不仅对于个人生活，而且对更有效地参与经济和政治活动都是重要的。②

作为改革开放之前用来限制农民进城的户籍制度，改革开放之后仍然横亘在农民工面前，阻止其享有应有的权利与利益，阻碍其对美好生活的追求，从而越来越阻碍社会与个人的发展。这种以户籍制度为核心的就业、教育、医疗、住房、福利、社会保障等一系列与之相关联的制度体系，已经形成了市民对城市资源的一种垄断性控制和享有，是一种对农民工的排斥性分配。而这种制度制约并没有随着改革开放的深入和社会的发展而逐渐式微，相反，为了维护城市或市民的利益，户籍制度还经常作为维护他们利益的"借口"，成为管制农民工的"护身符"。"根据格尔的理论，在中国废除收容法以前，中国农民工稳定的原因是中国的剥夺不少属于制度化剥夺。"③ 随着迁入地政府或城市市民的阻挠，户籍制度成为戴在农民工头上的一道"魔咒"，时松时紧，影响着农民工在城市的生存与发展机会。"农村人口向城市流动特有的机会、渠道和限

---

① 权衡：《收入分配与收入流动——中国经验和理论》，上海人民出版社、格致出版社，2012，第7页。
② 〔印度〕阿马蒂亚·森：《以自由看待发展》，任赜、于真译，中国人民大学出版社，2002，第32页。
③ 李强：《农民工与中国社会分层》，社会科学文献出版社，2004，第267页。

制是受国家限制农村人口向城市流动的政策、独特的工业化和城市化道路、城乡之间的二元结构、与户籍制度相关的一系列制度规定以及城市中的单位制结构等基本制度背景影响的，是在特定制度结构中发生并同时改变这种制度结构的过程。"① 凭借户籍制度，城市一些既得利益群体可以名正言顺地享有优质的国家资源，占有优质的公共环境，获得更多的收入份额，并通过一些程序制定地方规章，将这种优越地位固定化。虽然农民工也在为追求自己合理需求和为自己的平等机会不断奋斗，但力量微弱。国家在不断调整制度政策的过程中，遇到了迁入地政府或城市市民的阻挠，这给农民工问题的解决带来更多阻力。因此，给予农民工公平的制度环境，除了打破户籍制度外，还要不断创新制度体系，打破既得利益者形成的制度藩篱。

不少学者认同农民工不公平的现状是人为因素造成的，特别是以户籍制度为主的一系列制度限制造成的。蔡昉等学者通过数据资料，分析出农民工与城市市民的工资收入差异中，占76%的收入是由不公平的制度带来的，而24%的收入是由个人能力的差异所造成的。② 当然，也有人持有不同意见，刘传江、徐建玲认为，城市户口的门槛放开和降低并不必然带来经济门槛和素质门槛的降低，户籍制度的放开并不一定能带来经济的快速发展。反而由以前的单纯户籍制度这一有形壁垒转变为学历、技能等无形壁垒。③ 曾旭辉调查发现，社会资本对农民工的影响非常大。人力资本对农民工影响大，但这不是农民工处于劣势的主要原因，虽然说人力资源素质越高，则拥有社会资本的能力越强，但对于初次进城的农民工而言，社会资本远远大于人力资本的影响。④ 还有学者从就业信息处理能力不足、政府的作用不到位以及生活方式引起农民工劣势等角度

① 潘泽泉：《国家调整农民工社会政策研究》，中国人民大学出版社，2013，第29页。
② 蔡昉、都阳、王美艳：《劳动力流动的政治经济学》，上海三联书店、上海人民出版社，2003，第220~221页。
③ 刘传江、徐建玲：《中国农民工市民化进程研究》，人民出版社，2008，第128页。
④ 曾旭辉：《非正式劳动力市场人力资本研究——以成都市进城农民工为个案》，《中国农村经济》2004年第3期。

进行分析。这些分析当然有他们的视角和一定的合理性，但并没有处理好"源"与"流"的关系，社会资本、人力资本、技术才能、生活方式等都受到二元制度的影响，是二元制度在社会现实中的表现而已。当前，以户籍制度为主的一系列制度体系除了直接阻碍农民工对某些资源获得之外，更多的是间接阻碍，如迁入地政府对本地市民就业机会的保护、对农民工分享城市社会保障的排斥性、对农村户口的人购买商品房的一些限制等。

而本书所要研究的制度正义视域下农民工的机会公平，就是分析研究造成农民工这些不公平现象的深层次的原因，分析以户籍制度为核心的一系列制度对农民工在就业、收入、社会保障、公共资源分配等方面不公平的影响，研究国家应如何为农民工在生存权利、发展能力方面提供公平制度条件，并不断协调农民工与市民的利益关系，促使城乡融合，使广大农民工生活在较为公平的环境中。农民工的机会如能得到平等保障，也就意味着最大的弱势群体得到了保护，社会公正也才能得到保障。"通过以保障公民社会权利为目的的国民收入再分配和社会福利的提供，……不仅在收入分配上缩小了差距，而且也消除了工业化的社会风险所造成的社会成员之间在发展机会和条件上的不平等，使社会成员都能获得平等发展的机会，其结果是创造了中产阶级。"[①]

三 研究综述

（一）国内研究综述

对农民工的关注，较早出现在 20 世纪 80 年代末、90 年代初，这时期马侠和李梦白等人先后出版了《当代中国农村人口向城镇的大迁移》《流动人口对大城市发展的影响及对策》等著作，这些著作从人口学角度研究农村人口流入城市的状况。随后就出现了从不同角度关注农民工的

---

① 周建明主编《社会政策：欧洲的启示与对中国的挑战》，上海社会科学院出版社，2005，第 24 页。

著作。如 1993～1994 年，莫荣著有《"民工潮"的背后中国农民的就业问题》，卫兴华著有《潮落潮涨——民工潮透视》，袁亚愚主编《中国农民的社会流动》，等等。21 世纪初，更多关注农民工的著作出现，如白南生等的《回乡，还是进城——中国农村外出劳动力回流研究》、崔传义的《中国农民流动观察》、李培林的《农民工：中国进城农民工的经济社会分析》、李强的《农民工与中国社会分层》、刘怀廉的《中国农民工问题》等。相关博硕士学位论文也大量出现，仅仅从 2002 年到 2016 年初，就有篇名包含"农民工"的博硕士学位论文 3565 篇，期刊论文 28823 篇。另外，还有一些研究机构组织调查的研究报告。

农民工问题之所以成为热点，不是因为他们的显赫地位，而是因为他们的出现改变了中国社会原有的秩序，打破了原有的规划，使得整个社会秩序和经济结构甚至社会结构发生了改变。这个问题不仅引起政府、媒体等的重视，也引起了学者、理论者的思考。这些研究主要是从社会学、经济学、政治学、管理学、伦理学等角度进行的。

从社会学角度研究农民工。陆学艺、李培林等学者从二元制度分析农民工现象的产生，认为农民工是最辛苦且收入最低的群体，而城市市民相对于农民工来说，收入高且生活方便。农民工到城市里打工，为国家和城市做出了巨大贡献，并没有得到城市市民的同等待遇。他们没有医疗保险、工伤保险，甚至没有参加社会保障的资格。劳动者的权益不时受到侵犯。[①] 从经济学角度研究农民工。谭崇台和刘怀廉等学者借鉴西方学者的"推拉理论"解释我国农民工现象，认为农村土地利用出现饱和后边际收益下降，从而对农村剩余劳动力产生一种"推力"，而城市化进程加快带来许多就业机会，这对于经济发展相对有利，从而产生一种"拉力"。在这两种力量的相互作用下，农民进入了城市，形成农民工大潮，然而，他们在城市中并没有得到相应的待遇。他们在就业、收入分

---

① 陆学艺：《当代中国社会流动》，社会科学文献出版社，2004；李培林：《农民工：中国进城农民工的经济社会分析》，社会科学文献出版社，2004。

配中所受到的歧视反而不少。① 从政治学角度研究农民工。周其明、杨正喜、唐鸣等学者认为，农民工在企业劳资关系中往往处于弱势，合法权益往往得不到保障，他们要么没有签订劳动合同，要么在签订的劳动合同中被迫接受一些不合理的内容。农民工缺乏组织性，没有自己的法定维权组织。农民工加入工会缺乏法律和政策的支持。身份权利不平等，法律规定不公平，民主权利不合理，无资格参与城市的管理。② 从管理学角度研究农民工。邓鸿勋、陆百甫等学者认为，在比较利益下，大量农民进入城市务工，他们却遭到迁入地政府部门的种种限制，不仅在社会保障、住房、户籍制度、教育资源等方面歧视农民工，还把农民工视为影响当地社会稳定和管理秩序的对象，因此随时把他们列为收容遣送的对象。③ 以上研究领域都是立足于农民工在城镇遭受不公平的待遇而探讨、分析农民工问题产生的原因，揭示出农民工在城市所遭受到的不平等，农民工群体没有得到应有的对待，违背了"得其应得"这一正义原则。

国内学者还从转移的影响、户籍制度、教育培训、社会保障等方面关注农民工问题。就农民工转移的影响来看，白南生等认为，农村劳动力的转移导致农村劳动力边际生产力明显提高，从而促进国民经济增长，农村劳动力转移对推动经济增长有重要作用。④ 都阳等认为，农村劳动力的转移是追求家庭效用最大化、规避家庭经营风险的结果，它有利于改善家庭经济状况。⑤ 在关注户籍制度方面，蔡昉探讨了户籍制度在农民工转移过程中，所起到的制约作用和改革前景，分析了户籍制度在维系二元社会结构中的地位。⑥ 黄仁宗认为，户籍制度改革应以人口的迁徙自由

---

① 谭崇台：《发展经济学概论》，武汉大学出版社，2001；刘怀廉：《农村剩余劳动力转移新论》，中国经济出版社，2004。

② 周其明：《农民平等权的法律保障问题》，《法商研究》2000 年第 2 期；杨正喜、唐鸣：《劳资冲突背景下农民工维权组织之组织选择》，《农村经济》2007 年第 6 期。

③ 邓鸿勋、陆百甫：《走出二元结构——农民就业创业研究》，中国发展出版社，2004。

④ 白南生、何宇鹏：《回乡，还是外出？——安徽四川二省农村外出劳动力回流研究》，《社会学研究》2002 年第 3 期。

⑤ 都阳、朴之水：《迁移与减贫——来自农户调查的经验证据》，《中国人口科学》2003 年第 4 期。

⑥ 蔡昉：《户籍改革的逻辑顺序》，《发展》2002 年第 3 期。

为目的，而不是以城市化为目标。① 曾小舟提出要建立全国范围内的三方培训费分摊机制。② 关于农民工的教育培训，马桂萍分析了农民工培训具有复杂性、长期性和难操作等特点。③ 还有关注农民工社会保障方面，有学者提出要把农民工社会保障纳入城镇社会保障体系中。宗成峰等学者认为要建立独立的农民工社会保障制度。④ 杨立雄认为应把农民工社会保障纳入农村社会保障体系中。⑤ 李长安从历史变迁的角度关注农民工流动，他把中国的流动人口政策变迁大致划分为流动控制（1983 年之前）、盲目流动（1984～1991 年）、规范流动（1992～2002 年）和公平流动（2003 年至今）⑥ 几个阶段。有的学者也探究到农民工的社会流动性问题，涉及农民工的机会不公平，但他们仍停留在程序上的不公平探讨，没有专门对机会公平进行学理研究。

近年来，随着新生代农民工数量的增多，有一批学者开始研究新生代农民工。这些新生代农民工具有和他们父辈同样的遭遇，但对城市更加熟悉，对农村更加陌生。他们渴望在城市生活的愿望比他们的父母更加强烈。但他们和其父母一样仍然有机会不公平的困扰。2006 年 4 月开始，中国青少年研究中心专门开展了新生代农民工发展状况的研究。2007 年共青团广东省委开展了对珠三角地区的农民工调查。2010 年 3 月，全国总工会组成了由中国工运研究所、保障工作部等部门共同参加的新生代农民工问题课题组，就新生代农民工问题开展了调研，这是后金融危机时期在全国 25 个城市（区）进行的随机抽样调查。2015 年 3～5 月，全国总工会又对辽宁、四川等省的十余个城市进行了调查，这些调查普遍显示：新生代农民工在收入、居住环境、工作条件等方面比老一代农

---

① 黄仁宗：《对我国户籍制度改革价值取向的反思》，《中国行政管理》2003 年第 1 期。
② 曾小舟：《农村劳动力转移与农民工的教育培训对策》，《职业教育研究》2005 年第 12 期。
③ 马桂萍：《农民工培训难题突破思路分析》，《职教论坛》2004 年第 25 期。
④ 宗成峰、朱启臻：《农民工生存状况实证分析——对南昌市 897 位样本农民工的调查与分析》，《中国农村观察》2007 年第 1 期。
⑤ 杨立雄：《对社会保障私有化认识存在的几个误区》，《中国人口科学》2005 年第 4 期。
⑥ 李长安：《转轨时期农民工就业歧视问题研究》，中国社会科学出版社，2010，第 187 页。

民工有很大的改变，但这些改变不是根本性的，因为他们仍没有摆脱不公平的处境，仍从事较低层次的工作，在就业权利、社会保障、工资收入等方面与城镇职工相比，仍存在较大差距。最大的问题是，这些年轻的农民工不太愿意退回到农村，而在城市里打拼自己的事业，却面临许多制度和文化屏障，如养老保险、公积金购房等都没有他们的份，与市民沟通时遇到了歧视。而在新的发展形势下，他们的知识技能、经验能力与经济转型后企业所提出的较高要求差距越来越大。如果不给予他们公平的条件和平等的机会，以及相应的情感关怀，他们将会成为城市安全的潜在威胁者。因此，他们和父辈一样，仍在不公平的制度约束之下生存和发展。近些年来，随着以家庭为单位的新生代农民工迁移到城镇，与新生代农民工相关的研究还有他们的婚姻情感问题、心理问题等。一些学者关注农民工的城市适应问题、随迁子女教育问题、留守儿童问题、公（廉）租房分配问题、人力资源开发问题等。总之，学者们越来越趋向于从资源的公平获得角度和与市民同等的地位角度对新生代农民工进行分析研究。

本书认为，无论是老一代农民工还是新生代农民工，无论是收入待遇、权益保障、子女教育、社会融合问题还是心理问题、婚姻问题，学者们都关心一个核心问题，就是能否给予农民工在城镇发展一个公平的机会和平等的环境。具体来讲，就是城镇就业岗位能否公平开放，农民工能否凭借自己的才能获得应有的收入，城镇公共服务是否惠及农民工，农民工能否和市民一样获得平等的社会保障等，而这些内容必然涉及制度规范问题。

从制度角度来关注农民工的机会公平的论文也非常少。从中国知网上收集到的硕博士学位论文中，截止到2015年底，包含"制度"和"农民工"篇名的一共有220篇，这些论文也是从养老保险制度、工伤保险制度、住房保障制度等具体制度来探讨，包含"农民工"和"制度"篇名的期刊论文一共有1216篇，但多数也是具体制度角度进行的分析。这些具体制度都与户籍制度有关，但没有深入制度的价值性问题研究，更没有深入到机会公平学理的探讨。值得注意的是，2013 年潘泽泉出版的《国家调整农民工社会政策研究》和 2015 年金维纲、石秀印主编的《中国农民工政策研究》都关注了农民工政策的价值取向，并强调国家在农民工政策调整中的作用，但潘泽泉更多地关注国家调整农民工政策功能的转变。而金维纲、石秀印更注重政府与学者不一致的关注视角。他们指出，政府倾向于从权衡要务、权力和财政三个要素切入来处理农民工问题，而学者强调从道义和规律两个要素切入进行农民工的政策分析。这说明，学者们对农民工问题的关注不仅范围更广，研究程度也更深。不仅关注有没有保护农民工的制度，而且还要关注这些与农民工相关的制度"好不好、公平不公平、管用不管用、能否得到执行"等一系列根本性的问题。他们都强调，仅仅从局部探讨农民工的问题还不够，还必须更注重制度设计的整体性和系统性，注重制度的可执行性和协调性。但是他们没有把机会公平作为制度研究的对象，没有指出农民工的问题不仅仅是收入或权益保护问题，更是机会的不公平问题，没有从制度正义的角度关注农民工的机会问题。因此，从总体上看，学者们的研究局限于某一具体学科，缺乏多学科的交叉与融合，缺乏一种哲学上的审慎批判精神。即便有学者从哲学领域分析了制度价值，探讨了制度正义问题，但他们并没有联系农民工群体来进行分析研究，没有把制度的公平正义与农民工所遭受的机会不公平进行联系，探讨它们之间的关系。[①]

当前我国正处在社会经济转型时期，农民工的机会越来越受到挤压。而随着改革的进一步深入，全面深化改革进入了攻坚克难的深水区，涉及的利益越来越复杂，碰到的阻力也越来越大，如果再沿用户籍制度则

---

① 彭定光指出，制度正义包括制度本身的正义和制度运行的正义两个层次，这两个层次相互影响，推动社会不断发展（参见彭定光《论制度正义的两个层次》，《道德与文明》2002 年第 1 期）；张威从历史角度对制度正义进行了探讨，指出制度正义存在制度的历史话语和逻辑话语的悖论，从而导致人间的无数困境（参见张威《制度正义论——制度的伦理学话语研究》，《北方论丛》2009 年第 6 期）；王桂艳指出，社会正义的根本在于制度正义，制度正义的两个议题是自由与平等，只有建立在平等、自由价值合理选择基础上的制度，才能促进社会正义（参见王桂艳《平等、自由与制度正义》，《思想战线》2006 年第 4 期）。

必然会导致更大的不公平。涉及农民工的制度改革必须要有宏观思考和顶层设计，更加注重系统性和整体性、协同性，而这离不开制度价值的探究。因此，探讨制度的价值基础，分析农民工制度的不正义之处，对于从根本上解决农民工问题具有重要理论意义。

（二）国外研究综述

由于文化和制度差异，国外关于中国农民工问题的专门研究成果不多，而西方学者更加关注移民问题。而移民的社会学解释是：个人或群体跨越国界或边界，进入新居住区域和政治共同体做永久迁移的运动。[①]由于移民也是离开家乡去另一个陌生的城市务工获得收入，与中国的农民工有很多相似之处，因此，国外移民的研究对于我国农民工问题的研究和解决具有可借鉴之处。

关于移民的研究，由于类型众多，难以形成一致性的观点。从地域角度来研究，人们把移民分为两种：一种是内部移民，即一个国家内部的乡城移民运动，另一种是全球范围的移民，一般是发展中国家向发达国家的移民，属于外部移民。由于西方国家实行私有制度与自由市场制度，其内部的乡城移民更多的是由市场机制来解决，因此，其理论更多的是纳入经济学中进行阐述，形成了"劳动经济学"或"人力资源管理"。对于外部移民，有政治性的因素影响，也有文化因素的影响，但更多的也还是从经济学角度解释移民现象。因此，国外学者更多的是从经济学角度来关注移民运动。发展经济学较早地关注发展中国家的农村人口迁移现象。1954年，美国经济学家W. 阿瑟·刘易斯（W. Authur Lewis）在《劳动无限供给下的经济发展》中提出了劳动力转移模式的理论。1954年，他首次提出了完整的发展中国家"二元经济结构理论"，即从事传统农业劳动的劳动力向进行现代工业生产的部门转移。该理论认为，国际人口迁移是由国际上国家之间经济发展不平衡造成的。劳动者个人希望通过迁移来获得收入的最大化，从而发生迁移行动。通过流动实现

---

① 潘泽泉：《国家调整农民工社会政策研究》，中国人民大学出版社，2013，第7页。

劳动力价格的基本平衡，因此，工资差别是劳动力从低收入国家流向高收入国家的主要根源。但批评者指出，收入差距是移民的原因之一但并非唯一的原因，甚至不是主要原因。1961年，费景汉和拉尼斯对刘易斯的理论作了一定的补充，认为刘易斯模型的弊端在于没有充分认识到农业在经济发展中的影响，他们认为二元经济体系的发展必定会导致农业和工业一起发展，而不仅仅是工业的发展，由此形成了"刘易斯—拉尼斯—费景汉模型"。迈克尔·托达罗（Michael Todaro）认为，人口流动的基本动力除了比较收益与成本理性的经济考虑之外，还包括预期收入的心理因素，这种心理因素促使人们做出流入城市的决策，而不是现实的收入差异。奥迪·斯塔克（Oded Stark）认为，移民行为是个人的自发、理性的行为，但是移民的迁移并不仅仅是个人的行为，而是以家庭为单位，把家庭视为控制风险和增加资本来源的基础。个人的收入寄回家用，汇款也是全家人财富的基础。因此，移民的主体不是个人而是家庭，移民的目的不全在于个人的工资，而是为了降低风险，寻求多种生财之道。①

国外有关移民的研究中，有些学者关注移民的人力资本。切茨维克·巴里（Chiswick Barry）、博加斯·乔治（Borjas George）等人将舒尔茨和贝克尔等提出的"人力资本"概念引入移民研究，将移民本人获得的知识技能定义为他们的人力资本，并关注他们的教育、工作经验、劳动技能等。切茨维克根据对美国外来的移民研究，认为那些居住时间越长、劳动经验也积累得越多、语言运用也越熟练的移民更能在经济上取得成就，因此，移民应重点关注如何提高人力资本，使之符合移居国的人力资本标准。② 1979年，迈克尔·皮奥里（Michael Piore）提出了双重劳动力市场理论。该理论认为，现代资本主义社会存在一个双重部门的

---

① 潘泽泉：《国家调整农民工社会政策研究》，中国人民大学出版社，2013，第12页。
② Borjas George, "Self-selection and the Earnings of Immigrants," *The American Economic Review* 77 (1987)：531 –553；Chiswick Barry, "The Effects of Americanization on the Earnings of Foreign-born Men," *Journal of Political Ecnomy* 5 (1978)：897 –921.

劳动力市场，即具有稳定的、工资高、福利好和工作环境良好的劳动力市场第一部门和不稳定、工资低、福利有限和工作环境恶劣的劳动力市场第二部门。当地居民不愿进入低工资、待遇差的部门，因而雇主不得不依靠外来的移民来填补。而外来的移民比在自己的国家挣得多，因此会主动地进入劳动力市场第二部门。与经济学家们关注的内容不一样，社会学家们更关注个人行为的社会结构影响，以爱勒占德罗·波特斯（Alejandro Portes）和罗伯特·巴赫（Robert Bach）等人为代表的一批社会学家开始将"社会资本"概念引入移民研究中，用社会资本来指代某些人通过关系网络而获得一些潜在的或已有的利益或资源。波特斯认为，移民的每一个环节都与他们的社会资本或社会网络有关，移民个人通过社会网络调动他们的稀缺资源，从而提高他们的经济地位。[①]

　　这些理论虽然立足于资本主义的国情与现实，但其基于工业化、城市化发展的需要而导致农村劳动力的流动问题，还是具有一定的普遍性规律。这些理论更多基于经济因素分析，而政治因素被淡化。更多关注移民个人能力，重视个人潜能的发挥，指出人口迁移是以经济动机为主，人们追求生产和生活条件的改善是人们迁移的主要动因。毋庸置疑，西方学者这些关于流动性和移民的理论，是建立在较为完善的市场经济制度和社会保障制度下对移民进行迁移规律的探讨理论，其所反映出来的规律具有一定的科学性。同时，西方学者从社会流动性角度关注移民的机会公平。他们认为，只要流动性强就能实现机会平等。他们采取职业地位的流动、收入的流动等方式来分析社会流动性，即采取布劳—邓肯的地位获得模型来分析地位变化，考察比较先赋性因素和后致性因素对收入、地位和声誉的影响等。从个体性来设计具体制度，鼓励劳动力的合理流动，有才能的人获得更高收入和更高地位，这些观点也都具有一

① Portes, Alejandro, "Economic Sociology and the Sociology of Immigration: A Conceptual Overview," in The Economic Sociology of Immigration, edited by Alrjandro Portes, New York: Russell Sage Foundation, 1995, pp. 1 – 41; Portes, Alejandro and Sensenbrenner, Julia, "Embeddedness and Immigration: Notes on the Social Determinants of Economic Action," American Journal of Sociology 98 (1993): 1320 – 1350.

定的解释力。

总体而言，国内外学者多从实证角度证明流动人口进入城市的阻力，他们更多地关注"量"的分析，把流动人口视为一个个"单子"，而不考虑这样的"单子"处于什么社会关系之下。他们认为农民工的流动同其他生产要素一样来自市场的自由调节，而有意无意地忽视了非市场性因素的影响，忽视了这种流动人口受到的国家制度影响，因而也影响了他们研究的科学性。他们是在维护财产私有与个人主义原则的基础上进行研究的，没有考虑到这种生产资料所有制的影响问题，没有考虑到社会关系的因素，因此也具有一定的局限性。

四 本书的思路及内容

一个社会是否发达、开放和先进，关键在于这个社会是否提供公平的条件满足人们合理的需求，或者说是否提供平等的机会让人们去实现自己的人生价值、社会价值。一个社会是否公平，关键看这个社会所提供的条件是否对所有社会成员开放，人们对于合理需求的追求方式是否"正当"。而社会正义就是对社会所提供条件及其社会成员合理需求满足方式的评价。

在我国，社会主义公有制为所有社会成员提供了公平的制度基础。但在具体落实上，根据不同时期历史任务而制定的不同的具体制度体系也会对社会成员的就业岗位、分配收入、公共服务、政治参与及社会融入等方面产生深刻的影响。以户籍制度为主的一系列制度体系主要是20世纪50~60年代，国家通过对农民与市民资源获得的可能性以及如何获得资源的路径等方面进行规范，从而对后来农民工的就业机会、收入分配、政治参与、社会融入等方面产生深刻的影响。关于农民工的文献研究表明，农民工在城市社会中所面临的制度排斥主要体现在以下四个方面。

第一，就业岗位与劳动收入方面。以户籍制度为核心的一系列制度影响农民工对生产资源的接触可能性和收入待遇。改革开放以来，随着科技创新、外资的进入，产业结构和生产方式发生了较大的变化，这客观上创造出许多就业岗位。但现实是，农民工迁入地政府仍把农民工限制在好的工作岗位外，农民工被局限在二级劳动力市场。在工业较之农业仍有更多利润的情况下，农民工仍被迫在脏、累、差的岗位上努力工作，获得与之不相称的较低劳动收入。

第二，基本的社会保障或公共服务方面。户籍制度为核心的系列制度也影响到农民工在城市对公共资源的获得与分享。由于户籍制度的限制，农民工在城市没有最低生活保障，一旦没有收入，只能饿冻在街头（后来有了救助站）。他们与城市工人面临同样的现代化工业风险，却没有相应的风险保障机制。以户籍制度为依据的城市社会保障管理制度，没有把农民工纳入社会保障范围（虽然有些城市现在正在逐渐解决，但差距仍然很大）。

第三，政治参与方面。户籍制度影响农民工在城市参加选举的机会，影响农民工政治权利的行使。虽然法律上制定了制度，确认流动的农民工能参加当地政府的选举，但真正落实起来并不理想。迁入地政府并没有投入精力和物质帮助农民工行使这一权利。相反，更多的还是延续以户籍所在地确定选票的政治选举制度。农民工政治权利一定程度上缺失，一旦在城市权利受到侵犯，农民工的呼声有可能得不到表达。对于农民工的权益诉求，鲜有组织为农民工说话。当前农民工在城市中遭受的种种不公，与他们在制度的制定和实施中缺乏代言人、缺乏有效的表达渠道有关。"等级制度、户籍制度与就业用工制度对人口自由流动的控制，最大限度地剥夺了绝大多数人尤其是农民的发展权和发展机会，窒息了国民的创造性与社会活力，给城乡的社会、经济与文化的协调发展造成严重的破坏。"[1]

第四，社会融合方面。户籍制度等影响农民工成为迁入地政府的服务对象，进而影响市民和农民工的沟通交流。由于 GDP 政绩观等的影响，迁入地政府并没有把农民工纳入其服务范围之中，导致农民工权益缺失，

---

① 卢现祥：《有利于穷人的制度经济学》，社会科学文献出版社，2010，第105页。

无组织关心。对于拖欠农民工工资的事件，迁入地政府往往采取"事不关己，高高挂起"的态度。农民工的权益保护，仍然靠自己或老乡帮忙解决。当地政府对农民工的工作环境也不重视，为了留住资本，纵容企业恶劣的工作环境对农民工身心的伤害，而一旦农民工采取过激行动反抗，当地政府马上采取管制措施。当地政府的这种错位、缺位的做法导致农民工对城镇的认同度降低。户籍制度还导致农民工的心理发生了一定的变化。由于管理思维的影响，农民工长期处于被管理的境地，容易产生对立心理。同时，由于其流动性特点，也容易形成"过客"心理，对城镇产生排斥心理等，影响社会融合。

从历史角度来分析，户籍制度等一系列制度对农民工的影响方式也发生了变化，已经由直接控制转向间接影响为主，从影响就业机会转向影响社会保障机会。中华人民共和国成立初期，党中央通过计划手段和政治手段管制农民进城，甚至直接采取隔离措施。经济上采取与票证结合的方式阻隔农民进城的粮食供应，政治上动员基层政府工作人员直接入户说服教育，加强纪律管束。改革开放后，中央逐渐放松了农民进城的要求，政策上允许其自带干粮进城经商发展，经济上废止了票证价值。但是20世纪90年代，农民工进城人数大量增加，迁入地政府以稳定和城市承载力为由对农民工进行规范管理。21世纪以来，中央和地方政府重视农民工在城市的合理需求，出台了一系列制度文件维护农民工的合法权益，对农民工进行了合理规范。除了大城市外，中小城镇逐渐放开户籍限制，在就业、培训以及工伤、医疗、子女入学、养老等公共服务和社会保障方面逐渐放开对农民工的限制，农民工也逐渐得到公平对待。但间接影响仍然存在，要真正消除影响，还有很长的路要走。

本书从马克思主义的辩证唯物主义和历史唯物主义出发，以机会公平、制度正义等概念为切入点，深入剖析农民工机会不公平的状况，把农民工机会不公平置于社会制度正义背景中来研究，从制度正义的角度关注农民工的机会公平问题。同时，以现代化历史进程为主线，从价值与现实、微观与宏观、经济和社会、理论和实证相结合的视角揭示户籍制度制定的背景，探讨社会主义建设的内在机理、发展要求和现实困境。结合中国的实际，分析农民工在城市的生存与发展机会受阻的原因，研究迁入地政府对农民工所提供的条件以及对农民工合理需求的满足方式，探讨农民工在城镇中获得资源的范围、可能性大小以及参与资源分配的途径与方式。

本书主要从制度角度来探讨农民工在城镇中的机会公平问题。分析制度如何影响农民工的生存机会和发展机会，如何影响农民工对社会资源的获得。从静态上看，结合农民工合理需要的满足及其满足方式，探讨政府如何规范农民工的合理利益诉求及其满足方式。从动态上看，本书也从制度演进进而影响农民工机会公平的获得来分析制度对农民工机会公平的影响，探究农民工的制度演进脉络，通过对农民工的制度调整来分析农民工的机会公平得到改善的过程。

如何从制度上让农民工既是城市的建设者，同时也是城市的享有者和管理者，如何让农民工与市民一样获得相同的经济发展机会、政治参与机会和社会发展成果的共享机会？党中央和国务院一直朝着这方面努力，党的十六大以来，党和政府在公平分配公共资源，让农民工获得更多的就业、社会保障等机会，让农民工分享到公平改革红利等方面进展更加明显。经济上，采取了更多措施废除对农民工各种不合理的规定，消除各种身份壁垒，保证农民工公平公开公正参与市场竞争，让农民工有更多出彩机会和更公平的就业机会。收入分配上，加大监督力度，保护农民工的合法收益不受侵犯，让农民工"劳有所得、干有所值""得其应得"，体现"按劳分配"这一原则。政治上，畅通农民工的合理诉求表达渠道，让农民工有发言权，允许农民工加入工会。在政府管理方面，转变政府管理制度，注重社区管理，开展志愿者服务，为农民工排忧解难，逐渐把农民工也纳入社区服务中来。在文化上，对农民工进行培训，把农民工培训费用纳入财政保障中来，提高农民工的文化素质。在社会上，关心农民工子女义务教育，积极为农民工子女创造平等的教育环境等。鼓励农民工参加城镇社会保障，坚持政府、企业和个人相结合的社会保险模式。尽快建立统一的社会保险转移接续制度，健全符合农民工特点的租住房保障体系，推进城乡公共服务平等化的管理体系建设，这些都说明我国农民工的制度、政策正在向着真正的公平公正迈进。

本书还结合西方学者的相关理论和西方制度建设的国际经验，提出可资借鉴的对策建议。

本书的框架结构如下。

第一章首先阐释了公平正义的基本内涵、机会及其公平等含义。分析公平正义与制度公平的关系，社会正义与机会公平的关系，机会公平与制度正义的关系等，它们是整本书的理论基础。正义就像普罗透斯似的脸[①]，众说纷纭，本章从正义的学理方面进行历史梳理，分析西方学者对正义理念探讨的得失，推导出马克思主义正义思想的科学性，即共产主义正义就是人的自由全面发展。在阐释人的自由全面发展是判断社会正义的本质特征的基础上，进一步指出制度正义就是对自由全面发展的规范，机会公平是有利于人的自由全面发展的。

第二章揭示马克思主义的公平正义观，它是社会主义制度正义的理论基础。虽然马克思并没有确立一个正义原则，但马克思主义辩证唯物主义和历史唯物主义为我们理解公平正义提供了方法论指导。马克思认为，只有共产主义社会才是真正的正义社会，共产主义社会是人的全面自由发展的社会。社会主义公平正义的内涵和基本原则就是马克思主义公平正义在当代的体现。如何在社会主义阶段不断地为人的全面自由发展创造条件，不断实现公平正义，成为实现社会主义公平正义的目标。本章阐释各尽所能、按劳分配和改革成果共享是社会主义初级阶段公平正义的本质规定。它为分析社会主义成员机会公平与否提供了理论支撑。这一章是整本书的立论基础。

第三章对当代中国农民工现状进行全面的考察，对我国农民工的不公平关系进行实证分析。结合中国社会科学院 2011 以及 2013 年度"中

---

① 〔美〕E. 博登海默：《法理学：法律哲学与法律方法》，中国政法大学出版社，1999，第252 页。

国社会状况综合调查"（CSS 2011、CSS 2013）的资料实证说明改革开放以后农民工在户籍制度的约束下，在教育、社保、就业等领域所遇到的各种不公平现象的原因。联系实证说明户籍制度的不公平体现在岗位的不开放、社会保障的不一致和工资待遇的不一样等方面，也就是农民工与优质生产资料相分离，与公共资源相分离；在获得公平收入的标准上，没有体现出努力、才能等的贡献，指出影响农民工机会不公平的主要因素不是才能、努力等，而是身份户籍等。

第四章从历史的角度分析以户籍制度为主的一系列制度产生的渊源。本章以毛泽东时期、邓小平时期和 21 世纪以来三个时期为基点，分析户籍制度在改革开放之前、之后以及 21 世纪如何影响农民工的机会获得，重点分析制约农民进城的户籍制度产生的历史背景与户籍制度演变的历史动力，分析党中央和国务院为了国家的富裕和人民的幸福，不断调整制度以满足人民合理需求的过程，但不同时期采取的方式不同。在资源获得方面，主体资格限制和收入分配标准等方面存在差别。

第五章探讨西方国家对流动劳动力的制度规范，并对其进行评价。由于工业化和现代化的需要，西方也出现了劳动力流动现象。西方制度在规范流动劳动力的市场行为方面，重视个人才能与市场流通机制，重视个人的迁徙权利与市场自由竞争的作用。西方国家在劳动力市场形成之初，就没有身份区分。因此，在就业、社会保障等方面一直不存在二元制度问题。发达国家也很重视流动劳动力的培训教育，为现代大工业培养技术人才，重视流动劳动力自由流动。但利润最大化仍是西方国家制度的追求目标。

第六章从公有制的进一步完善、就业机会、社会保障机会、公共服务等方面提出农民工机会公平的具体解决途径，其目标是发展"以人为本"的新型城镇化建设，实现农民工与市民机会真正平等。第一，要体现制度正义的原则，在就业方面体现能力与资源的充分结合；在收入分配上应该体现"得其所得"，权利与义务相统一；社会主义制度的优越性，还体现在红利的"公平分享"。第二，制度也需要执行。制度的执行要落实到现实生活中来，联系我国生产力发展、中央与地方政府的关系，指出农民工问题的解决一方面离不开国家制度的整体设计，另一方面也离不开地方政府、市民、农民工等多方的努力，因此重视地方政府解决农民工问题的积极措施。

由于农民工问题涉及国家的经济、政治、社会等诸多领域，对农民工的研究有社会实证视角、历史分析视角、利益博弈视角、政治法律视角等。所研究的方法有对当前农民工现象的描述，有对农民工的形成进行历史梳理，有对农民工规范性的解释，等等。本书主要从哲学视角对农民工问题进行反思与研究，既有历史梳理，也有现象描述，更有抽象分析。本书以规范性解释为主，兼顾实证研究，坚持把文献资源分析与实地考察相结合，坚持规范性与价值性相统一，理论理性与实践理性相统一，以哲学的角度分析农民工制度的公平正义问题。

五 本书的意义及其创新之处

机会公平是社会正义的重要部分，没有机会公平就不可能有社会的公平正义。机会公平不仅仅局限于经济利益，还包括政治权利、政策博弈、福利保障、社会尊严等方面。新时期农民工机会公平问题研究不能基于个别因素的分析，它必须建立在制度系统中进行综合分析。制度是否正义直接影响社会正义能否真正实现。从制度正义切入，探讨农民工的生存机会、发展机会的公平问题，制定规范，对于有效推进社会和谐、加快我国实现现代化强国目标具有重要的实践和现实意义。

许多发达资本主义国家，甚至发展中国家将缩小贫富差距、践行社会正义、维护社会公平作为其社会制度的首要价值选择。西方学者在推行制度建设方面，曾有效地把正义价值内嵌于具体制度中，使得正义价值深入人心。我国就农民工问题先后制定和出台了一系列相关政策、规章和法律制度。但是，缺乏一个科学的价值理念，也缺乏制度的评判标准。比较马克思主义正义思想与西方制度正义思想，借鉴历史经验探讨中国特色社会主义制度正义思想，具有重要的政治和社会意义。

本书的创新之处主要体现在以下几点。

（1）研究视角的创新。该成果在研究方法上，结合了哲学的逻辑分析法与社会学的实证分析法的长处，用数据分析来说明户籍制度对农民工机会获得的影响大小，较好地完成了概念的量化分析。

（2）研究内容的创新。在对机会公平的内涵挖掘方面，拓展了对机会公平的全面理解，指出机会公平不仅仅是形式上的公平，也是对所有社会成员的价值关怀。由此出发，机会公平乃是社会正义的核心，也是马克思主义关于人的自由全面发展的应有之义。此成果有利于进一步丰富和深化对社会主义公平正义理论的研究；有利于推进我国农民工群体公平正义的制度改革；有利于更好地理解把握党的根本宗旨和政策方向，推进公平正义方面的理论创新和制度创新。

（3）研究方法上的创新。本书主要探讨户籍制度为主的一系列制度对农民工机会公平的影响，但这种定性结论需要量化才能更有说服力，因此，本书结合社会学的调研，通过量化达到更具体的认识。通过对党在中华人民共和国成立后特别是改革开放后的文献分析，认为社会主义的社会正义是在党和政府的不断探索中逐渐形成的，包括农民工的制度规范也是一个逐渐完善的实践过程，指出社会主义的公平正义不是从某一个理念出发进行的界定或规范，而是根据实践不断调整的过程。

第一章　正义、制度正义与机会公平

正义自古以来就被人们所关注和研究，是学者们探讨的热点和焦点。古希腊时期，柏拉图认为正义是城邦中人们各就其位、各司其职的一种状态。近代，人们把自由、权利、平等等视为正义的基础。当代，人们把正义视为是给每个人——包括给予者本人——应得的本分。[①] 不同时期的人对正义的探寻理路是不同的。至今人们对于什么是公平正义仍众说纷纭。他们从经济学、伦理学、政治学、社会学等领域都进行过不同的界说。也有人从社会发展、个人道德品质、制度评价等不同角度来界定公平正义。但是，公平正义是人们为解决利益之间的冲突而产生的，这一点得到了普遍认同。"生产的社会性，资源的有限性，决定了人们在生产过程中，必须协调利益关系，于是产生了人与人之间的公平公正等。"[②] 也就是说，公平正义探讨的主要是利益、资源或权利的正当分配，而社会评价和个人道德品质的形成是基于人与人之间利益冲突的调节反映。当然，这里讲的利益或资源分配是个广义的范畴，不仅仅包括物质利益或资源，还有政治、文化等其他社会利益或资源。"社会财富不仅包括物质财富，还包括名誉、地位、权力等，如何合理地配置这些资源，也关涉公平问题和机会问题。"[③]

---

① 〔美〕麦金太尔：《谁之正义？何种理性》，万俊人译，当代中国出版社，1996，第56页。

② 倪愫襄：《制度伦理研究》，人民出版社，2006，第203页。

③ 马俊峰：《社会公正与制度创新》，中国人民大学出版社，2013，第129页。

第一节　正义及制度正义

公平正义是社会的核心价值，是社会稳定有序的基础。西方学者对公平正义作出了大量探讨与思考，给后人留下了极为丰富的思想财富。

一　正义：普罗透斯似的脸

何为正义？仁者见仁、智者见智，莫衷一是。那么，到底应该如何理解公平正义呢？西方学者对正义的探讨源远流长。"'正义问题'是苏格拉底、柏拉图政治哲学的核心问题，同时也是真正意义上的'苏格拉底'问题。"[1] 古希腊哲学家从城邦整体善角度对公平正义进行了分析，分析了城邦善和个人善的关系。

（一）正义即合乎城邦整体善

伯罗奔尼撒战争后，雅典城邦开始由盛而转向衰。面对战败后的雅典，苏格拉底开始思考民主制的弊端。他认为，雅典的失败归因于人们的愚昧、无知、邪恶，而造成这种结果的原因是人的灵魂堕落。因此，苏格拉底通过找人谈话的方式，揭露人的无知，启迪人的心灵，呼吁人们对知识的关注应从自然界转向人自身。苏格拉底提出"美德即知识"的命题，实现了对"自然的关注"向对"人"的关注的伟大转向，此后，关心人的"美德"成为哲学重点。

继承了老师对人自身的关注，柏拉图重视对古雅典社会政治生活的探索和关于公正、勇敢、智慧等美德的分析。在《理想国》中，柏拉图借助于塞拉西马柯、格劳孔等人的口，把他们认为的正义理念进行了深刻的剖析，提出了"正义就是只做自己的事而不兼做别人的事"[2]。当然，

---

[1]　陈开先编著《政治哲学史教程》，科学出版社，2010，第 7 页。

[2]　〔古希腊〕柏拉图：《理想国》，郭斌和等译，商务印书馆，1986 ，第 156 页。

不同的人有不同的分工，分工是有等级的，其中哲学王位居最高。他精通理念，能够辨别现象，抓住本质，不为欲望所诱惑，而依赖理性生活。柏拉图重视理性在正义中的重要作用。柏拉图借助于"类比法"把个人与城邦或国家相联系，把城邦类比为一个生命体。个人灵魂中有理智、激情和欲望，当理智压抑欲望起到统领作用，这便是个人灵魂正义。而对于国家，国家也有智慧、激情和欲望，当热爱智慧的哲学王对武士（激情的代表者）以及农民（欲望的代表者）进行统治，国家也就正义。无论是个人还是城邦国家，都必须诉诸理性的手段来制约欲望，让欲望接受社会理性的劝谕和管束，个人和城邦才能处于和谐和正义之中。

亚里士多德也重视理性的作用，但不同于柏拉图认为理性统领激情和欲望才能实现正义，亚里士多德把理性分成认知理性和实践理性。对于前者就是要判断它的真假问题，即判断理论与对象的实际是否一致，而后者则要判断它的善恶问题，即看实践所要达到的目的或实践欲望是不是正当，正当的欲望就是善，不正当的欲望就是恶。[①] 而在实践理性中，如何才能判断正当与不正当呢？实际上对于实践理性，它包含有目的。根据目的论，宇宙是一个由永恒不变的理念或形式构成的相互关联的有机整体，它是事物的终极本质和原因。每个共同体也都有一个目的，即善，这是共同体之所以存在的根据。城邦的终极目的就是达到"至善"，维护城邦的整体利益。正义是至善观念的体现。但不同于柏拉图的等级分工，亚里士多德更重视通过城邦公民的个人特性来实现城邦整体善，他把政治当作一种社会现象来考察，指出人是政治性的动物，即人天生就有趋向合作的自然属性。人的自然性情是趋向群体的，离开城邦的人"如果不是一只野兽，那就是一位神祇"。[②] 对恶人的惩罚往往是流放或驱逐出城邦。正由于城邦对于人的重要性，维护城邦的利益成为每个人的目标。"正义是属于理智德性的范畴，同样，正义是属于共同体的

---

① 陈开先编著《政治哲学史教程》，科学出版社，2010，第32页。
② 〔古希腊〕亚里士多德：《政治学》，吴寿彭译，商务印书馆，1965，第9页。

德性。有了这种正义的德性，人们就能公正地善待自己，同样也能公正地善待他人，从而真正体现了全体公民的利益。"①

无论是苏格拉底、柏拉图还是亚里士多德，他们在讨论正义理念时，都离不开从城邦的利益来看待正义，都立足于整个城邦的善，从整个国家的层面上来论述其正义问题。维护整个城邦的利益是他们共同的目标。他们认为正义是超越利己性原则而对整个国家和全体公民的公共利益的追求。"正义就是给予和维护幸福，或者是政治共同体福利的组成部分。"②亚里士多德虽然不把"正义"视为理性生活的全部，而强调人与人之间的德性，但他认为正义能促进他人和社会利益的实现，因而被视为德性之首，"比星辰更让人崇敬"③。

如果说古希腊强调正义的整体主要还局限于城邦为主的共同体的话，那么，近代以来，西方哲学家们对待正义的态度则发生了一个较大的转变。城邦善不再受到追捧，相反，个人权利得到重视。近代以来，西方学者都基于个人视角探讨自由权、平等权和财产权，并在此之上而谈论正义。如果没有对这些个人权利的保障就谈不上正义，正义体现为这些权利的保障。当然，对于这些权利的理论基础，近代哲学家们经历了从自然权利平等论到社会权利平等理论、再到社会自由平等理论的转变。

（二）正义即合乎自然权利平等

古罗马时期，共和国替代了城邦，成员范围也进一步扩大。共和国内的人不仅仅包括罗马公民，还包括不享有公民权利的自由人。成员的扩大必然导致如何协调相处问题的产生。西塞罗认为，人们按照正义的原则生活，社会才能变得更加美好。而自然法中就包含正义思想。"自然"（Nature）有两种含义，一是指自然事物的汇总，二是它的原义，严

---

① 虞新胜：《论罗尔斯的"正当优先于善"》，博士学位论文，南开大学，2008，第15页。
② 〔古希腊〕亚里士多德：《尼各马可伦理学》，苗力田译，中国社会科学出版社，1990，第138页。
③ 〔古希腊〕亚里士多德：《尼各马可伦理学》，廖申白译，商务印书馆，2003，第130页。

格地说是它的准确意义，即当它指的不是一个集合而是一种原则时，它是一个 principium，或者说本源（source）。而在这里的自然，是属于某种使它的特有者像它所标志的那样行为的东西，如果不在它自身，就不是本性。"自然"在此就是依其本性自然而然的东西。后来人们常常从"自然"中引申出事物的动力源、形式因。① 人就是属于"自然"的精灵，人是接受了大自然理性馈赠的创造物，因而也就接收了正确的理性。这种理性在人类意识中展开之后，就变成了人类的法律，这种法律根植于大自然之中，被称为自然法。所以法律是一种自然的力，是根植于人性之中的人的理智和理性，同时也是衡量正义和非正义的标准。② 在这里，正义是源于人类的理性，而人类的理性又源于自然的馈赠，因而，正义根源还是来自大自然，神与人共同拥有理性因而共同分享正义，所以正义原则是规范宇宙共同体成员的根本规则。从自然中寻找正义的根据，正义就是自然权利的平等，这是古罗马时期正义的特征，也是古典自由主义政治哲学家所探寻的正义特征。

但在古典自由主义者眼里，自然概念发生了一些变化，即人们不再视自然为神圣，而视自然为服务于人的对象。霍布斯推崇自然规律，认为人性就是受到自然规律的支配，然而，人的自然本性原来是恶的，人的本性是欲望。其次是自保，这些都是自然而然的，它受简单的基本规律支配。人类社会不过是从这两种人性出发演绎出来的一系列现象和结果。在自然法则下，人的自保本性导致人的自私、充满恶欲。人们为了和平而订立一份契约，这种和平条件便是所谓的"自然法"或者"自然律"。根据共同缔结的契约，人类便从自然状态进入文明状态。这样一来，人也逐渐变为理性的生物，人也就完成了由个人权利到公共权利的转变。正义的性质就在于遵守有效契约保护生命自由，形成社会。诚然，人所追求的不仅是自保这一基础价值，还是人的自由权利及财产权的保障，而这一理论由洛克进一步完成。

---

① 陈晏清、王南湜、李淑梅：《马克思主义哲学高级教程》，南开大学出版社，第183~184页。
② 陈开先编著《政治哲学史教程》，科学出版社，2010，第42页。

　　洛克在《政府论》中设想了人们在自然状态之下拥有政治社会的权利，即上天先验地赋予人们的天赋权利。这种天赋权利告诉我们，人们都是平等和独立的，这种平等与独立就包括生命、健康、自由和所有物的平等与独立。"自然状态有一种人人所遵守的自然法对它起支配作用。"① 洛克赋予生命、健康、自由和财产所有权以先天正当。但人们的财产权如果没有裁决权，则仍不稳定。因为大部分人不会严格遵守公道和正义，故根据契约联合组成政府可以克服许多弊端。在这里，建立政府仍是有效保护财产权的必然选择。洛克以人人平等为基础，证明国家和政治制度只有建立在人们一致同意的契约基础上才具有合法性。人们依据同意的契约，放弃自己的某些自然权利而服从政治权威，这样也能更好地保护自己的生命、自由和财产等基本权利平等。实际上，洛克的理论出发点是如何利用政府的权威维护个人财产自由，为此，他也讲反对政府的压迫，政府不得侵害个人的财产、健康等权利。"洛克的主题是自由。"② 但洛克把自由财产权视为正义的基础，并以之作为国家和政府得以建立的基本价值原则，并不彻底。"至少他不把进一步的平等作为社会制度应当追求的更高的基本价值。"③ 平等作为基本价值追求，由卢梭来完成。

　　卢梭认为，人具有霍布斯所谈到的自然人特征，即每个人都关切自保，但人又不同于其他动物，因为人虽然受自然的支配，却又具有反抗的自由。在卢梭看来，人所具有的自我完善化的能力使他能够走向文明状态。人的自我完善能力是指人能够改进自己的官能并且将这种改进传给所有同类的存在物。人有这种不是其本性所决定的存在物，因此没有终结而只有可能性。④ 正是这种素质引导着人类走向文明，但它也给予了

① 〔英〕洛克：《政府论（下）》，叶启芳、瞿菊农译，商务印书馆，1982，第6页。
② 〔美〕列奥·斯特劳斯：《政治哲学史（下）》，李天然等译，河北人民出版社，1998，第607页。
③ 何怀宏：《契约伦理学与社会正义》，中国人民大学出版社，1993，第93页。
④ 〔美〕列奥·斯特劳斯：《政治哲学史（下）》，李天然等译，河北人民出版社，1998，第651页。

人掌握自己和自然的能力。社会契约论即把文明社会视为人们通过订立契约而形成的，但社会契约不能为政府的合法性提供辩护，因为它本身就是一种狡诈和欺骗的产物。为了防止狡诈和欺骗，使得人们在社会中不过是服从他自己，并且生活得像以往一样自由。每个缔约者在订立契约的过程中，都是向共同体奉献出所有的权利而不是部分权利，因此人民把权利交给社会，自己又从社会获得同等的权利，这就是"人民主权论"。人民主权论就是告诉人们，行使主权必须以公意为依据，这样每个人才能达到平等。人民主权既不可转让也不可分割，这样才能保障平等，而直接民主是理想的政体，这样的社会才是真正的平等社会。

　　无论是霍布斯、洛克还是卢梭，他们都从自然权利开始论证人的自由平等，他们更多的不是关注整体的目的善，而是个人的权利如何才能达到自由、平等，防止被他人或政府侵犯，以至于如何更好地维护自己的利益。在他们看来，唯有维护好个人自由、平等权利的社会才是正义的社会。这与时代背景有关，随着资本主义的产生和发展，个人的自由权利和利益受到特别的重视，尤其是随着资本主义市场经济的发展和繁荣，人们更加追求自身的幸福权利和个人利益。如何处理这些权力和利益成为人们共同关心的内容，学者们或求助于自然权利，或求助于先赋权利以规范政府或个人的利益行为。近代西方学者从个人自由、平等、权利角度寻找社会合法的根基，寻找正确处理人们利益关系的制度，具有进步性。

　　（三）正义即维护人们的社会自由

　　近代早期西方学者从人性和自然权利的角度对自由、平等权利等理念进行了深入的阐述，康德也与自然权利学派一样，承认人类存在过一种自然状态，在自然状态中，人们的行为受到本能的引导，但康德又不同于其他古典自由主义者对自由的论证。如霍布斯把这种自然状态描绘为"人与人是狼"的状态，而洛克把这种状态视为一种"道德的"状态。而康德认为，这种状态不善也不恶，是一个自然人，而不是一个道德的存在者。人们在自然状态中，有了保护权利的内在要求，于是自然法就产生了，人类也就告别了自然状态进入了社会状态。但在社会状态中，康德以先验的纯粹理性为开端来界定人的权利。在康德看来，自然权利学派在论证自由平等权利的过程中，无论是保护生命还是保护财产，都是建立在自然所赋予的目的和欲望之上的。他认为，正当权利应是义务论，而不是自然权利论。对自由的重视不是外在的，而是内在的要求。权利的唯一源泉和内容就是自由，而自由作为理性存在物的本质规定成为社会组成的基础，自由与无条件的善良意志相联系，而善良意志又必须出于义务动机才是正当的，因此，自由也是无条件和普遍性的，它也不能够从经验中产生。善良意志就是自由、自律，而不是自然的律法。它没有自身任何的规定性，所以，它能成为正当性的根源和基础。在康德看来，每个具有意志的理性主体都是自由的，并且都应依从自由而行动。

康德超越了契约论传统，不再把公民状态说成是"建立在任意一种'社会契约'之上"，而是建立在普遍律法的基础上，即所谓正义就是这样一种道德法则，一个人的意志能够与他人的意志相协调。正义法则表述为命令，外在地要这样去行动，必须用普遍的律法来限制每个人的外在行动，从而使每个人的自由协调一致。①

在黑格尔看来，康德正义原则仍然存在问题。康德把理论理性与实践理性严格区分开来，从而造成科学与道德实施的对立。他希望通过一种综合思辨的原则赋予道德和宗教以逻辑的支持，这就是辩证法。从逻辑的演化出发，他把实在看成一种运动和动态的过程，在这一过程中，历史就呈现出唯理的、必然的和逻辑的展示。它表现为绝对精神这一神圣的理性，它在政治哲学领域就表现为自由意志。具体展开为法（外在）、道德（内在）以及伦理。②

黑格尔指出，法的地位和出发点是意志。自由是意志的同义词，是意志的根本规定性，如同重量是物体的根本属性一样。自由意志不是固定的，而是根据对必然的认识而行动，它的行动也不受偶然性的干扰。

---

① 陈开先编著《政治哲学史教程》，科学出版社，2010，第194页。
② 陈开先编著《政治哲学史教程》，科学出版社，2010，第207~208页。

在社会中，自由被理解为一种社会运动，而这种自由是通过社会集体道德的发展而产生的。因此，不同于把个人当作理性的个人主义的自由，这里的个人主义自由可以不顾社会经济条件和历史条件，而黑格尔强调的是个人与社会制度的统一，个人不能离开社会，社会也不能脱离个人，自由是普遍性与特殊性的统一，是主观与客观的统一，是理性存在和感性存在的统一。在黑格尔看来，个人主义把自由与制约人的习惯等割裂开来，是一种无政府主义的表现。将社会制度看成个人功利的工具，是极端错误的。所以，"与其说自由是凭借自己的意志而行为，倒不如说自由在于主动调整自己的意愿，使之与对社会有重要意义的职责相适应。如此说来，个人自由的真义就在于使个人天赋与自己的社会责任及义务相适应。""因此，个人只有在致力于为国家服务的前提下，才能获得真正的自由"①。正义也不能仅仅是个人自由、平等权利的保护，还必须是整体利益的保护，是个人与社会利益相适应。

因此，黑格尔吸收了康德把自由视为人的本性的观点，强调自由如同总量之于物体一样，属于人的属性。但他更强调自由的实现过程，是人的本性的自然体现。黑格尔批判了自然权利学说基于社会契约论的国家观念，认为社会契约论是人的任意性的产物。它既可以订立，也可以解除。"自然权利学派的国家学说，是用特殊性排斥普遍性，用个人意志取代普遍意志作为国家的基础，这必然把国家视为人类意志的偶然产物。"② 因此，在制度设计上，黑格尔不同意分权制度，因为这违背国家的本性。国家是一个有机整体，其本性是统一的，不应该机械分开的。为此，黑格尔主张国家的权力是王权、行政权和立法权三个部分的统一。③ 只有在整体中才能实现公平正义。

由上得知，无论是康德还是黑格尔，都是探讨如何维护个人在社会中的自由、和谐，保护社会自由，探讨个人与社会如何协调。康德把正

---

①　陈开先编著《政治哲学史教程》，科学出版社，2010，第 208 页。
②　陈开先编著《政治哲学史教程》，科学出版社，2010，第 209 页。
③　陈开先编著《政治哲学史教程》，科学出版社，2010，第 211 页。

义视为个人意志与他人意志的集合，在正义的社会中，个人这样行动，即自由的意志同时也是他人的意志，将制度视为规范个人权利的界限。而黑格尔把自由视为一个过程，意志按照绝对精神逻辑地运行，个人自由不能离开社会的发展，个人利益的实现不能离开社会利益的实现，个人与社会是统一的，自由权利是普遍性与特殊性的统一。

不过，西方政治哲学尤其是当代西方政治哲学对正义问题的讨论，仍局限在形而上的范畴中。大多难以摆脱权利正义论的藩篱，大多摆脱不了资产阶级社会中单子化的个人。[①] 虽然黑格尔看到了个人主义的缺陷，把个人权利、自由置于过程中来考察，从整体视角来观照，对马克思也产生了重要影响，但黑格尔把整体精神视为出发点，把绝对精神视为动力源，犯了唯心主义的错误。

（四）正义即功利最大化

18 世纪，随着自然科学的发展，宗教权威也逐渐下降，人们对社会的认识也更加深入。人们在研究中发现，一切知识的取舍都要诉诸人的日常经验而不是诉诸人的理性或上帝，因此从自然法中寻找正义的根据已经不再得到人们的重视。休谟就是其中的一位，他根据人们的经验论，在《人性论》中表达了不同于以洛克、卢梭为代表的"自然权利学派"的政治理论。他认为，自然法学派所谓的"天赋人权""自然权利"等都不过是人的心理习惯和趣味情感，而不是出自理性的必然真理。在自然世界，存在理性的真伪问题，但是在人类社会的道德领域和政治领域，它们便不再表现为真伪问题，而变为好坏、是非、美丑等问题，这些问题最终都会转化为利益与社会正义问题。休谟认为人类社会存在三条基本的正义规则，它们是构建现代市民社会的基础，这三条规则是：第一，稳定财产的占有；第二，根据同意转让所有物；第三，履行自己的承诺。没有这三条规则，任何社会共同体根本无法维持。[②]

功利主义奠基人边沁和密尔也沿着休谟的路线，对公平正义做了功

---

① 王广：《正义之后》，凤凰出版传媒集团、江苏人民出版社，2010，第 4 页。
② 〔英〕休谟：《人性论（下）》，关文运译，商务印书馆，1980，第 554、560 页。

利主义的解读。边沁在《政府片论》中，提出以最大多数人的最大幸福作为衡量一切行为正确与错误的标准。边沁认为，所有人的行为都受到快乐与痛苦两种因素支配，因为人的行为是趋乐避苦的，根据快乐和痛苦的计算，我们可以判断哪些行为是正当的，哪些行为是不正当的。从一个国家来看，如果一个人的行为能增进最大多数人的最大幸福，就是正义的，否则就不正义。密尔进一步对边沁的关于快乐的性质进行了修改。密尔认为，快乐不仅有量的差别，更有质的差别。理性的和道德的快乐比感官或肉体的快乐高尚得多。密尔还认为，个人的幸福和利益的获得应不以牺牲他人的利益和幸福为前提。也就是说，正义规范应以尊重或不侵犯他人的正当权利为原则。密尔在《论自由》中，阐述了自由的限度，即个人行为只要不涉及他人利益，便不必向社会负责，同时，个人行为也不被他人干预。在不影响他人利益的情况下，公平正义的判断标准是"社会利益"或"最大多数人的最大幸福"。功利主义的正义观在当代受到了以罗尔斯为首的自由主义者的严厉批评，因为自由原则要求人们不能因为增进社会的福利而限制人们的权利和自由，自由只有为了自由本身才能被限制。[①]

（五）正义即人的全面自由发展

马克思吸收了康德把人的自由视为人的本质属性的观点，"自由确实是人所固有的东西。"[②] 但他反对从抽象个人自由意志出发分析社会现象。同时，马克思吸收了黑格尔的辩证思维和过程思想，把人的本质实现作为一个过程，反对从契约论和个人主义出发观察社会。但他也不同意黑格尔从抽象整体出发推导社会规律。马克思把自由视为人的本质属性，自由是人的本性在社会中的体现。不同于康德和黑格尔，马克思的自由正义观是建立在"现实的个人"或"社会中的个人"这一基础上。马克思从现实的个人出发，是对抽象自由意志和原子个人的扬弃或综合。马克思的社会观是从社会关系中的个人出发，不是人们订下契

---

① 〔美〕约翰·罗尔斯:《正义论》，何怀宏等译，中国社会科学出版社，1988，第242页。
② 《马克思恩格斯全集》第1卷，人民出版社，1956，第63页。

约而形成的。

马克思对黑格尔的自由观给予了高度评价，肯定了黑格尔把劳动与人的自由联系在一起，把自由看作人的本质力量的体现，即这种本质力量是通过劳动体现出来的，因而把劳动和自由结合了起来。人们在劳动中实现了一种自由，在黑格尔看来，每个人都有平等追求自己需要的满足的权利，而每个人的追求手段、方式都不一样。劳动是需要满足的必要条件和手段，每个人要满足自己的需要，就必须通过劳动。但黑格尔的劳动是以精神伦理为出发点的。"黑格尔唯一知道并承认的劳动是抽象的精神的劳动"①。马克思把劳动看作理解"人"的基础，理解现存感性世界和理解人与世界关系的基础。真正的人应是他自己的劳动结果。马克思把自由和劳动结合起来，认为劳动才是达到人的真正自由的途径。人们通过自己的劳动获得普遍而持久的财富，同时获得自由自在的过程。马克思在这里所谈及的人不再是精神的人，而是现实的人，是在一定的物质条件下从事劳动从而创造历史的自主的人。马克思反对从精神角度去寻找平等路径，而主张从现实关系中寻找公平正义，从不平等的生产关系中寻找不正义根源，认为私有制是造成财富占有不平等的最终根源，因此要求废除私有制，实现公有制才能真正实现人的自由，才能最终根除不平等的根源。同时他也指出，人的平等、自由是一个逐渐发展的历史过程，它将随着生产力的发展和社会进步而不断发展和完善。马克思把这一过程概括为三个阶段，即与自然经济形态相适应的"人的依赖关系"阶段，与市场经济形态相适应的"以物的依赖性为基础的人的独立性"阶段和"建立在个人全面发展和他们共同的社会生产能力成为他们的社会财富这一基础上的自由个性"②的阶段。

自由存在于人类劳动之中，自由的实现贯穿于劳动过程，同时它的实现也离不开劳动过程中形成的社会关系。马克思把正义置于社会关系中来考察，这是对西方学者从抽象人性与抽象原则谈论正义的克服。马

① 《马克思恩格斯全集》第42卷，人民出版社，1979，第163页。
② 《马克思恩格斯全集》第46卷上，人民出版社，1974，第102~104页。

克思找到了正义的社会是共产主义社会，在共产主义社会，人类获得了全面发展，人能实现真正的自由平等。同时，马克思找到了实现共产主义正义社会的途径，即自由自觉的实践活动。消灭私有制，实现公有制，大力发展生产力，通过劳动实践实现人的自由全面发展。

马克思从劳动实践角度来阐释自由及其实现，指出劳动就是实现人自身能力发展的活动。马克思说："劳动尺度本身在这里是由外面提供的，是由必须达到的目的和为达到这个目的而必须由劳动来克服的那些障碍所提供的。但是克服这种障碍本身，就是自由的实现，而且进一步说，外在目的失掉了单纯外在必然性的外观，被看作个人自己自我提出的目的，因而被看作自我实现，主体的物化，也就是实在的自由，——而这种自由见之于活动恰恰就是劳动"①。可见自由必须在劳动中实现。当然，这里的自由是全体人的自由，不是少数人的自由；是建立在劳动基础上的自由，不是抽象的精神自由；是在社会劳动基础上的自由，而不是个人私人劳动基础上的自由；社会是在劳动基础上相互联系的个人组成的整体，而不是基于契约而建立的抽象整体。马克思以现实个人作为理解整体社会的基础，现实的个人首先是从事生产活动的个人，同时也是社会交往的人。他们之间的交往活动制约着他们的自由实现的程度，同时又为他们自由才能的发挥创造条件，也即个人离不开社会，社会为个人发展创造平台，同时又为社会条件所制约。这就是马克思主义正义思想的根本。

正是由于马克思从现实关系出发，探讨现实基础之上人的自由、平等的实现问题，才能使正义社会有坚实的基础；立足于人与人之间的利益矛盾，从社会与个人的统一中深入分析正义不正义现象，才能把握社会正义发展的规律；劳动实践基础上对正义社会的追求，才能使正义社会不断地实现。而制度就是这种现实基础上人与人利益关系的调整，它随着实践的不断深入而不断调整。

---

① 《马克思恩格斯全集》第 46 卷下，人民出版社，1980，第 112 页。

二　制度：　对人与人之间利益关系的规范调整

何为制度？多数西方学者从规则、规范角度来定义。西奥多·舒尔茨（Theodore Schultz）认为，制度是一种涉及社会、政治和经济行为的经济规则，即凡是用来规范人类活动的规则就是制度。[①] 政治权力的配置与使用内含有规则，社会和经济资源的配置与使用也内含有规则。"制度是一系列被制定出来的规则、守法程序和行为的道德伦理规范，它旨在约束追求主体福利或效用最大化利益的个人行为。"[②] 因此，从制度的形式来看，制度能够制约人们的行动，为人们的行动提供了框架，为合作关系的建构和维持提供条件。也有学者把制度界定为一种"习惯"，"制度实质上就是个人或社会对有关的某些关系或某些作用的一般思想习惯；而生活方式所构成的是，在某一时期或社会发展的某一阶段通行的制度的综合，因此从心理学的方面来说，可以概括地把它说成是一种流行的精神态度或一种流行的生活理论。"[③] 并且每个人在遵守行为准则的同时，希望他人也遵守准则，只有这样，才能形成对准则遵守的自觉性，才能心甘情愿遵守它。"一种自然习俗，由于被习惯化和被人广泛接受，这种习俗已经成为一种公理化和必不可少的东西。它在生理学中的对应物，类似于各种习惯性的上瘾。"[④] 康芒斯认为制度是指约束个人行动的集体行动，"集体行动控制个体行动"。[⑤] 还有些学者认为制度界定是一种"组织"或"文化模式"。制度能调整人与人之间的协作关系，但它们不一定得到人们自觉遵守，可能需要一些外部权威加以强制，如国家政治、

---

① 转引自李松龄《经济制度与经济自由》，《湖南商学院学报》2000 年第 4 期。

② 〔美〕诺思：《经济史中的结构与变迁》，陈郁等译，上海人民出版社、上海三联书店，1997，第 225～226 页。

③ 〔美〕凡勃仑：《有闲阶级论——关于制度的经济研究》，蔡受百译，商务印书馆，1997，第 138～139 页。

④ 〔美〕凡勃仑：《有闲阶级论——关于制度的经济研究》，蔡受百译，商务印书馆，1997，第 138～139 页。

⑤ 〔美〕约翰·康芒斯：《制度经济学》，于树生译，商务印书馆，1962，第 87、144 页。

法律等。亨廷顿把制度视为一定文化背景下的行为模式，他认为，"制度就是稳定的、受珍重的和周期性发生的行为模式"。把制度理解为行为模式，就是把制度理解为理性个人在偏好和选择行为的基础上的一种相互作用的结果，一种稳定的行为方式。[①]

实际上，他们的界定都有一定的科学性，但也存在一定的不足。辛鸣认为，制度是一种规则的观点是基于这样一种认识，即建立在一种个人主义基础上的，通过规则约束行动者实现自我利益的最大化，制度通过规则使得个体之间互动以节约交易成本。[②] 但制度的内在特性没有被关注。而从习惯角度来定义制度，强调了制度的内在性与人的行为的内在契合，制度要靠大家自觉遵守，而遵守制度又是相互行动，因此，关注人们对制度的习惯也成为重点。但它没有看到制度的基础仍然在于生产活动，而生产活动中的制度仍是解决利益冲突、协调人们生产分配等关系的产物。制度的形成与演变离不开生产方式的转变，而不是一种"习惯"改变。同时，制度本身也处在一定文化环境之中，受到不同文化的影响。文化对制度影响深远，但是，制度受到文化的影响和制约，并不是文化决定的。文化对制度具有内在的制约因素，但不是决定因素。制度也还有强制性的一面，康芒斯看到了制度的强制性一面，认为制度在解决利益冲突方面起到重要作用，看到个人与集体之间存在矛盾，但他没有指出这种集体的性质，而是统一用集体概念代替阶级概念。组织与制度密切相连，制度也离不开一定的组织及组织结构，但组织是人类合作的载体和方式，制度则不然。制度是代表统治阶级利益的一种集体行动。

马克思主义经典作家并没有专门谈及制度的定义，但指出制度作为上层建筑，它受到现实关系的制约，它受一定的生产方式发展水平制约。同时，又反作用于经济基础。正义的制度对经济社会起到推动或促进作用，反之，就会阻碍经济社会的发展。从阶级角度分析，作为调整人与

---

① 辛鸣：《制度论——关于制度哲学的理论建构》，人民出版社，2005，第44~45页。
② 辛鸣：《制度论——关于制度哲学的理论建构》，人民出版社，2005，第40页。

人之间利益关系的制度，它更多地体现资源占有优势的阶级为了自己的阶级利益而制定的一种约束人们行为的规范，因此，它主要反映统治阶级的利益诉求，维护统治阶级的利益。凡是从个人出发，认为制度是对个人自由、权利的保障是不全面的。最后，由于生产方式的不断发展，制度也在不断调整和变迁过程之中。

（一）制度是社会交往的产物

马克思反对抽象、静止的观点，也反对个人主义观点，主张制度是调整人与人之间一定社会关系的行为规范。马克思在《德意志意识形态》中就说道："现存的制度只不过是个人之间迄今所存在的交往的产物。"[①] "社会——不管其形式如何——是什么呢？是人们交互活动的产物。"[②] 而人们在相互交往中，"他们只有以一定的方式共同活动和互相交换其活动，才能进行生产。为了进行生产，人们相互之间便发生一定的联系和关系"。[③] 因此，离开了人与人的交往与联系，是不能科学地界定制度的内涵的，制度本身的评价也离不开社会关系。如果仅仅考虑个人而不考虑社会利益，这样的制度是不可能正义的，自由主义关心个人权利的实现，社会应为个人服务，这是不合理的。只有从个人与社会的关系中定义制度正义，才能判断是否正义。

马克思从现实的生活出发分析客观世界。"任何人类历史的第一个前提无疑是有生命的个人的存在。"[④] "人们为了能够'创造历史'，必须能够生活。但是为了生活，首先就需要吃喝住穿以及其他一些东西。因此第一个历史活动就是生产满足这些需要的资料，即生产物质生活本身"[⑤] 接着，"生活的生产——无论是自己生活的生产（通过劳动）或他人生活的生产（通过生育）——立即表现为双重关系：一方面是自然关系，另

---

① 《马克思恩格斯全集》第 3 卷，人民出版社，1960，第 79 页。
② 《马克思恩格斯选集》第 4 卷，人民出版社，1995，第 532 页。
③ 《马克思恩格斯选集》第 1 卷，人民出版社，1995，第 344 页。
④ 《马克思恩格斯全集》第 3 卷，人民出版社，1960，第 23 页。
⑤ 《马克思恩格斯选集》第 1 卷，人民出版社，1995，第 79 页。

一方面是社会关系"①。而制度就是社会关系的范畴。也就是说，制度的形成离不开现实关系的发展，制度的内容也离不开对社会关系的规范。人与人之间的交往，首先是从解决生存问题开始的。人们为了生存需要，必须相互联合进行生产。在协作分工基础上，人们必然存在对于他们的共同活动成果即物质财富的占有关系，这也即经济交往关系。围绕经济交往关系，他们组成一定的政治组织形式，形成一定的政治关系，从而有利于不同群体利益的实现。这种在一定经济关系基础上为了达到人们利益划分的规定，就是制度设计。利益按什么标准分配，人们如何做等都是制度规范的内容。

（二）制度是利益占主导的统治者意志的产物，反映了统治阶级的利益追求

世界上没有无理念的制度，无理念的制度只能是一堆文字逻辑的组合。真正的制度不过是一定价值理念的实体化和具体化。② 在制度背后是占主导地位的统治阶级支配着的利益分配格局，形式上规定着社会成员之间权利与义务的关系，社会成员权利与政府权力之间的关系，实质上，制度是统治阶级的意志或价值的表达。③ 因此，制度的规范作用不是平等地使用力量，它反映一定时期在生产关系中占统治地位的阶级的意志关系。在生产中处于支配地位的统治者，自然努力实现本集团根本利益要求，因而按照统治阶级意志组织起来的社会组织形式，深深打上了当时统治阶级利益判断和价值取向的烙印。制度作为社会关系的规范，也自然是统治阶级核心利益的表现。一方面，制度对外约束着人们的行为。同时，制度对内也反映着统治阶级的目的，对外约束功能受到对内目标功能的制约。但是，由于目标不同，其约束功能也达成不一致的结果。而判断制度价值的标准是看它是否有利于多数人利益的实现。正义的制度是调整不同群体之间的利益，实现多数人的利益，让多数人的需要得

---

① 《马克思恩格斯全集》第 3 卷，人民出版社，1960，第 33 页。
② 辛鸣：《制度论——关于制度哲学的理论建构》，人民出版社，2005，第 91 页。
③ 王清：《利益分化与制度变迁》，北京大学出版社，2012，第 29 页。

到满足，而不正义的制度调整的结果是为少数人的利益服务，是牺牲多数人的利益而少数人获利的规范。

（三）制度为人们的利益交往活动提供规范

生产力的发展也离不开一定的组织形式和制度规范。人们为了生产，一定要相互交往，而人们以一定的形式或方式共同活动或相互交换，生产才能进行。人们在长期交往中形成的交往关系，稳定下来就形成了制度。因此，马克思指出："因为现存制度只不过是个人之间迄今所存在的交往的产物。"[①]

不同的社会发展阶段人与人的交往形式也不一样，生产关系即所有制的占有关系也不同，因此制度的形式也不可能一致。每一个社会形态都有自己相应的制度体系相匹配。制度是调整人与人之间关系的规范，其中经济利益的调整是主要的内容。在社会发展过程中，不同群体获得利益的多少也不同，占有更多利益的群体希望利益分配固定化，这也就是制约制度正义的主要力量。在社会关系中，生产资料掌握在谁的手中，谁就拥有绝对的地位。在农业文明时期，土地掌握在地主阶级的手中，地主阶级拥有重要的权威，拥有绝对地位。封建社会的制度就是维护封建地主和皇权地位。而在工业文明时期，资本家掌握机器等生产资料，资本家拥有重要的权力和地位。资本主义的制度归根结底是维护资产阶级的根本利益。

制度规范着、塑造着人们的活动形式，因而它也为人们提供活动的模式、规则，为人们的活动提供可能性空间。制度作为规则，对人们的活动范围进行规范，从而对人的机会获取影响很大。它告诉人们什么可以做、什么不可以做，什么资源可以获得、什么资源不可以获得，怎样的行为方式是合理的、怎样的行为方式是不合理的，从而为人的自由发挥空间确立了范围。制度可以通过限制一部分人的活动范围或资源获得而帮助另一部分人获得资源或扩大活动范围。通过允许或禁止，从而反

[①]　《马克思恩格斯全集》第 3 卷，人民出版社，1960，第 79 页。

映统治阶级的价值取向。制度还可以通过激励机制鼓励人们可以做什么或禁止做什么，引导着人们的行动方向，改变人们的偏好，影响人们的选择和发展机会。

（四）制度是历史性产物，它的发展离不开一定的历史条件

制度是对某一时期人们行为的规范，是由一系列规则组成的，具有权威性，但规范不是永恒不变的。由于社会的生产方式是不断变化的，制度也相应发生变化，不断具有历史性内容。所以，制度处于稳定和变化的辩证发展中，制度随着生产方式的变化而变化，只有在一定阶段，它又有相对稳定性。制度本身的生发、演进及变迁就是一种动态过程。这样才能合理解释制度的创新性、其内在构成及其变迁路径。制度是稳定和变化的统一。

制度的历史性反对把制度视为抽象理念的产物，要求从生产关系中找寻制度变化的依据。"各个人借以进行生产的社会关系，即社会生产关系，是随着物质生产资料、生产力的变化和发展而变化和改变的。"[①] 诚然，从规范内容上看，制度有基本制度与具体制度之分。基本制度规范人们的根本利益与国家最重要的经济、政治、文化、社会关系，对人们的行为影响深远。具体制度则包括各个领域的经济关系、政治关系、社会关系等微观层面，当然，不同行业、不同地域有一定的特殊性，在规范人与人的行为方面也会存在差别。这些具体的微观层面的制度之间相互联系，综合成一个社会制度体系，从这个意义上说制度是一个系统，它们共同规范着社会上人与人的关系范畴。具体制度不应违背基本制度的原则，但也有其不同特点，如经济制度更应体现效率原则与贡献原则，政治制度更应体现政治权利保护原则，社会制度更应体现平等对待原则等。不同领域的具体制度根据自己的特色体现基本制度的内涵。

从形式上看，制度也有广义和狭义之分，狭义上的制度，主要是由

---

① 《马克思恩格斯全集》第6卷，人民出版社，1965，第487页。

国家权力机关颁布的，以文件形式形成的，诸如相关法律、法规和规章等。广义的制度则除了上面所述之外，还包括行政机关为执行国家制度而制定的社会政策、政府文件等。本书所讲的制度，是从广义方面来讲的。本书涉及的农民工的规章制度以社会政策为多，社会政策一般可以看作行政机关为实现一定政治目的和政治目标而采取的规范手段，是对利益调整的主要手段。政策作为农民工利益调整的研究范式，是有原因的。由于农民工本身的流动性，政策能敏锐感应社会过程的变动性和多样性，它是社会经济、政治、文化等在某一领域综合影响的结果，但政策的易变动性也决定了必须结合基本制度来配合研究。本书所探讨的制度主要是以户籍制度为核心的社会保障、就业制度、教育制度等具体制度及相应的政策、法规、政府文件等。

三　制度正义：以自由全面发展为目标的利益合理调整

从历史唯物主义的角度来看，把制度的发展与历史的进程相结合进行分析，才能把握制度的价值方向。人们通常把制度确定为规则体系，具有规范人的行为的功能。如果将"制度"仅仅理解为是功能性的，而没有进一步上升至本体论的层次，那么，这种理解就是欠深刻、有待质疑的。[①]

研究制度规范，不仅仅要研究其形式上的规范，做到规则公平，还要研究制度的目标与制度的价值追求，即"为了什么或为了谁"。正义的制度能有效地促进人的自由发展，而不正义的制度甚至会使人的生存也难以保障。任何规范都具备形式与内容的模式结合，任何关注制度的形式或只讲制度的规范作用，而不讲制度的目标，或者仅仅关注制度的目标而不讲制度的形式的理论都是片面的。马克思、恩格斯注重制度的形式功能，也注重制度的价值关怀。

---

① 高兆明：《制度伦理研究——一种宪政正义的理解》，商务印书馆，2011，导论。

我们反对从抽象的自由平等权利出发来分析制度正义。马克思、恩格斯认为，最好的制度是有利于人的自由而全面发展的制度，而资本主义的制度没有以人的自由全面发展为目标，而是以利润的增长为目标，带来的后果是劳动者的片面发展。因此，马克思主义批判资本主义制度的逐利本性及其形式上的虚伪性。也就是说，西方学者更多的是从形式上关注，而对于实质上的自由、平等无能为力。在私有制条件下，广大工人的正当需求得不到满足，相反，在资本逻辑下，工人仅仅获得生存机会，甚至连生存机会也面临风险。在资本主义社会，纵使制度有对个人的自由、平等权利保护的规定，但一旦落实到生产中，则会发现人的自由、平等并不能得到保护。由于私有制，资本主义制度不可能会对广大劳动者的自由平等进行保护。其基本制度是保护资本利润的增值和少数人的自由权利的实现，因此，在生产中如何提高利润、节省成本，实现劳动力的自由流动，成为资本主义制度规范的目标。

我们也反对纯粹从量上而不从质上分析制度的公正性。从西方学者的著作中可以发现，西方制度分析的方法很多，他们都是基于如何提高利润、节省成本来讲的。如古典经济学家认为，市场和价格竞争能有效解决资源配置问题。"看不见的手"能够使资源配置达到帕累托最优。当前，制度经济学派的诺斯、科斯等人更是把制度界定为产权制度，把交易费用作为核心内容进行研究，认为制度对经济的影响至关重要。借鉴产权制度在资源分配与利润增长中的作用，他们也把产权制度扩展到政治领域，认为政治中的寻租模型就是利益集团的一种决策规则结构，然后分析这些决策规则的后果。[1] 这些分析都基于量的角度分析有效率的制度，而不对私有制本身进行检视批判，不对工人的实质自由与平等进行分析探讨。

当然，我们并不反对西方学者对市场制度所做的探讨和对政治制度

---

[1] 卢现祥：《有利于穷人的制度经济学》，社会科学文献出版社，2010，第16页。

的重视。在西方社会，制度必须要保障人的自由、平等、安全。法国宪法第一条规定：人生而平等。但我们也必须清楚地认识到，这些制度保障的人的自由、平等都有其局限性，并没有给予每个社会成员真正的全面关照。他们的分析框架都是基于个人主义或个人至上视角，而没有看到社会利益或多数人的利益。在资本主义社会，多数人仍生活在不自由、不平等之中。虽然古典自由主义者从保护个人的自由权利出发，主张不侵犯他人的自由权利，但对于资本对工人的利益的侵犯视而不见。多数人生活在劳动异化之中，受资本的奴役，而真正的自由仍属于少数资本家。西方制度在保护个人自由、权利方面，并没有实现真正的人人"平等"。深剖资本主义的制度，我们立即发现，其所谓的个人自由权利的保护，乃是对人的劳动力自由流动的保护，而不是对劳动者全面自由发展的保护；不是对劳动者劳动成果的保护，而是对资本运行成本的保护。西方学者虽然重视制度在调节个人与政府之间关系的功能，在政治组织形式上主张"三权分立"，防止政府权力对个人权利的侵犯，但我们更应重视制度体现出来的统治阶级的意志与理念，重视制度所反映出的统治阶级的价值追求，更重视统治阶级如何维护他们的统治和社会秩序。[1]

西方大多数制度理论学家主张将制度作为一种客观的事实来予以研究，把制度作为一种科学来加以分析研究，认为人们在设计和选择制度时只需要对它的实用性和效力进行考量，而不需要对它作价值上的评判，因此，这些学者主张制度理论放弃任何伦理学，这明显反映出西方学者所主张的理论背后的实质。资本主义社会的统治阶级也力图论证其制度的正义性，认为正义的制度必须是体现人的自由、平等权利的价值的，宣扬其制度所维护的是个人的自由、平等价值。然而，统治阶级的制度所真正维护的是统治阶级少数人的自由平等价值的实现，并非多数人的自由平等价值的实现。

---

①　辛鸣：《制度论——关于制度哲学的理论建构》，人民出版社，2005，第8页。

而只有社会主义的制度才能保证多数人的自由权利的实现，其体现为：生产过程中，公有制作为发挥人的才能的平台，使人"各尽所能"；收入分配中，保证劳动与贡献的统一，体现"得其所得"；社会发展中，公有制使多数人能"共享红利"，最终保证多数人能分享社会发展成果。诚然，制度的实现离不开现实条件。在社会主义制度下，由于生产力不发达，社会财富不丰富，有些人的需要也不一定能够得到及时满足，但通过生产力的提高与社会财富的增加，社会成果必定会为多数人所分享，而不是被少数人所垄断。社会发展不是导致多数人陷入异化之中，而是随着社会的发展，更多的人获得更多的好处，得到更全面的发展。因此，社会主义的制度正义既合规律性又合目的性；既符合形式自由，又能逐渐解决实质自由问题；既实现个人利益又实现社会整体利益的发展。这种正义观是对人与人的关系、人与社会关系的正确把握，它能保证社会不断发展，人的发展不断深入，人们不断分享到社会利益，共同走向幸福美好的未来。

第二节　机会及机会公平

社会正义必须建立在社会财富不断增长的基础上，否则，社会正义就如同流沙一样，不可建立。如何才能实现社会财富的不断增长？只有激发人的积极性，不断发展生产力，才能使人尽其才、物尽其用。而要做到"人尽其才、物尽其用"，离开机会公平几乎是不可能的。如何才能做到不断满足多数人的合理需求，促进人的全面发展？离开了机会公平也是不可能的。质言之，社会经济发展和人的全面发展也都离不开机会公平，社会主义公平正义的目标是逐渐实现人的全面发展，而人的全面自由发展必须是在机会平等的基础上才有可能，因此，对于机会公平的研究成为社会主义制度正义研究的核心。

一　机会及其公平

（一）机会

何谓机会？从人的发展角度来看，吴忠民认为，机会实际上是指社会成员发展的可能性空间和余地。在他看来，机会包含共享机会和竞争机会，而共享机会即面对公共资源，人们有参与的资格；竞争机会即差别机会，是指在资源有限的条件下，人们由于劳动条件和自身天赋不同而实际享有不同的发展机会。[①] 周谨平把机会分为基本机会和服务型机会，基本机会是保证公民资格和身份，满足的是人们最基本方面的需求，而服务型机会是为社会或特定的人群提供产品的能力。[②]

从资源的角度来看，陆学艺等认为，机会是获得资源的可能性。资源包括经济资源、组织资源、社会资源等[③]，其中，社会资源除了生产资料、资金、技术、政治地位、知识之外，还包括社会保险、社会关系、社会地位、荣誉等要素。由于资源的多样性，机会也是多样性的。其中，经济资源是主要的资源，经济机会也是主要的机会。资源利用、职务升迁、接受教育和培训、劳动就业、获得信息文化活动等方面的机会无不与经济机会相关联。[④] 王春光根据资源的价值地位不同，把机会区分为高层机会、中层机会和底层机会。[⑤] 还有学者从主权角度来看机会，认为机会也是一种权利。机会是获得资源的可能性以及权利。就机会是一种权利来说，"这种权利是不应受到任何主体所剥夺的，尤其是机会的公平性

---

① 吴忠民：《社会公正论》，山东人民出版社，2004，第 121～122 页。

② 周谨平：《机会平等与分配正义》，人民出版社，2009，第 128 页。

③ 陆学艺主编的书中讲的资源即为经济资源、组织（权力）资源和文化资源，它们分别分析：是否有钱（收入），是否有权（政府企事业组织），是否有文化（学历文凭），用这三者评价个人或群体的社会经济地位。

④ 王春光：《建构一个新的城乡一体化分析框架：机会平等视角》，《北京工业大学学报》（社会科学版）2014 年第 6 期。

⑤ 王春光：《建构一个新的城乡一体化分析框架：机会平等视角》，《北京工业大学学报》（社会科学版）2014 年第 6 期。

不应受到剥夺。现代国家的首要原则就是要确保机会对每个公民是公平的，或者说确保每个公民享受机会的平等权利，那就是拥有获得资源的权利。"[1] 马歇尔认为，在英国直到 20 世纪中期才实现了产权、政治权利和社会权利这样完整的公民权，而这在我们看来也就是三类机会，即享受产权、政治参与和表达、社会福利的机会。[2]

本书认为，机会涉及人的生存与发展的可能性空间和余地，但这种可能性空间和余地离不开资源的获取，因此，机会实质上是指社会成员在获取资源（包括生产性资源和社会保障、公共服务等资源）时，人们获得的可能性空间和余地。人们获得资源的能力越强，获得的机会越多，越有利于人的自由发展。机会作为生存的可能性，它是一种权利，而作为发展的可能性，它更是一种竞争手段。因此，机会主要探讨的是资源获得的可能性问题，这里的资源不仅仅是经济、政治（组织）、文化等资源，也包括公共资源和社会发展红利等。其短期目标是解决社会成员生产与发展问题，长远目标是解决人的全面发展问题。

在国外，人们对机会的研究主要集中在机会的构成要素上面。机会的概念包含三个基本要素，即机会的归属者、机会所指向的目标和机会归属者与目标之间的关系。[3] 从机会的归属者来讲，机会是与人的属性联系着的。即机会受到个人的年龄、性别、贫富、宗教等的影响。如对于一种体力劳动岗位，年轻人总比老年人的机会多，男人总比女人的机会多。同时，机会也是与社会关系联系在一起的。拥有良好社会资本的人，机会更多，处于社会上层的人，机会也多。不同社会关系影响着个人机会的获得。

另外，机会总是指向一定目标或系列目标的。机会总是与人们期望的利益、名誉等有关，例如工作岗位、教育、医疗、住房、贷款、提升

---

① 王春光：《建构一个新的城乡一体化分析框架：机会平等视角》，《北京工业大学学报》（社会科学版）2014 年第 6 期。

② 王春光：《建构一个新的城乡一体化分析框架：机会平等视角》，《北京工业大学学报》（社会科学版）2014 年第 6 期。

③ Westen P. , "The Concept of Equal Opportunity," *Ethics* 95 （1985）: 837.

等，甚至是一种行为体验、一种乐趣。我们日常使用的不同类型的机会，主要是根据不同的目标而设定的，例如，政治参与机会、教育机会等。而最重要的是"机会的归属者与目标的关联性"，即以什么作为获取机会的根据，这种关联性较为复杂。明显地，如果归属者拥有了目标，就不存在机会问题。只有在归属者和目标之间存在可能性，才能有机会。在归属者和目标之间，由于有分工存在，以及生产者与生产资料的分离，才会有机会的产生。有了分离，才产生了以什么标准作为获取机会的依据。

诚然，有了分离也就有多种阻碍因素存在，这种阻碍包括生理阻碍和社会阻碍。疾病、身高、肤色、自然灾害、距离、死亡等成为不可更改的自然因素，这是生理阻碍。例如，绘画对于色盲者来说是没有办法完成的，这就是生理阻碍。自然因素是不可克服的阻碍，而社会因素是可以改变的因素。如果能够医好眼疾，就存在成为画家的机会。穷人缺少金钱参与选举，如果政府提供金钱，他们便有了参与政治的机会。而在这里，医疗服务、财政支持等都是社会因素。同样，贫富差距、知识水平、身份地位等也是影响机会获得的社会因素。而在机会获得的阻力因素中，影响较大的还是社会阻力因素。如对于农民来说，粮食收入就是他们的目标。而农民在种粮过程中，可能会遇到自然灾害、土地贫瘠、耕作技术、分配制度等因素影响，而在这些因素中，耕作技术、分配制度等是可以改变的因素，而土地的性质、自然灾难是很难更改的。而决定农民粮食收入多少的是社会因素。当然，在机会与目标之间，阻碍不只是一个因素，可能存在多种因素综合。但为使人们的机会达到更公平的水平，我们更多的是关注社会影响因素。

（二）机会公平

机会获取常常受到社会因素的影响。只有涉及社会因素的影响才会有公平与否的价值判断，而对于自然因素，人们很难进行公平与否的判断。正如上述，同样都有自由平等的资格，一个腿脚残疾人的不可能平等地与手脚健全的人比赛跑步，其受制于生理因素；一个穷人不可能与富人一样有购买飞机的机会，其受制于经济实力。本书所要研究的是受社会因素制约的机会探讨。而在机会的社会影响因素中，哪些因素的影响被视为合理的或公平的，哪些因素的影响被视为不合理的或不公平的，就成为探讨的焦点。

对于公平，如同其他许多概念一样，是"众说纷纭、莫衷一是"的概念。在历史上，公平就难以准确定义，经济学家与法学家不一样，历史学家与社会学家不一样，不同国家的学者和不同文化传统的学者认识也不一样。但纵使"公平"含义多样，仍有一些共识，如功利不得损害自由权利、同等条件下同等对待、权利与义务相统一等。机会公平作为公平的一种，学界大多从消极意义上来研究它，即人们在实现目标和获得利益的时候，面对大致相同的阻碍，而没有特别的歧视，机会就是较为公平。机会公平为"两个人或两个以上的人，他们是某种机会的归属者，他们有相同的目标，而针对这一目标他们都没有某一特定的阻碍，这时他们的机会就是平等的。"[①] 这是普遍认同的概念。弗里德曼是这样定义的："任何人都有权运用自己的各种资料去追求自己的目标而不受任意的干涉。"[②] "人人都有权追求任何社会地位而不应受到随意的干涉。一个人拥有的机会之多寡，不应该取决于出身、国籍、肤色、性别、宗教信仰等毫不相干的特征，只应取决于他自己的能力。"[③] 在这个概念中，只要是对同一资源的获取没有被特意阻止，两个或以上的人都应无埋怨。但这只能做到形式上的机会公平，因为它要求国家不能做什么。目前，还有一种研究，它要求国家应该做什么。如果一个人即便没有被禁止做某事或从事某种工作，但给予另一些人特殊的关照，这也是机会不公平，即对待上的不一致。国家应该对公民一致对待，让每个公民都能获得与其能力相适应的发展。而这种观点有利于克服人们的起点不公平。从这一观点出发，平等的机会是指那些有着类似能力或才干的人，国家应创

---

① 〔美〕Westen P., "The Concept of Equal Opportunity," *Ethics* 95 (1985): 809.
② 〔美〕米尔顿·弗里德曼：《自由选择》，张琦译，机械工业出版社，2008，第123~124页。
③ 〔美〕米尔顿·弗里德曼：《自由选择》，张琦译，机械工业出版社，2008，第123~124页。

造好的条件，使他们有类似的生活机会和类似的前景，创造出平等条件使他们通过类似的手段去达到他们所向往的各种职务和地位，而不管他们最初的社会地位是什么，也不管他们生来是属于什么样的收入阶层，是贫穷还是富裕。[①] 在这里，我们可以对机会公平从两个方面来分析：一是消极意义上的程序公平，只要不干涉他人自由即为机会公平；二是积极意义上的机会公平，即国家应积极创造条件为每一个人的自由发展提供相同条件。

对于积极意义上的机会公平即国家提供良好条件保证类似能力或才干的人有类似的生活机会，应该成为人们关注的重点。在实际中，由于各种现实条件与个人差别等起点的不同，很难做到人们机会的真正公平。[②] 起点公平要求在市场交易规则面前人人都是平等的，任何人都不可能享有特权，不管其地位、身份如何，也就是追求主体在市场竞争中都站在同一起跑线上。为此一部分经济学家[③]在研究时也指出，"起点公平"并不是简单地等同于"让大家在同一个起跑线"上，真正的"起点公平"应该是充分考虑到家庭条件和每个人自身资源禀赋、先天条件的差异性，而实际享有不同的发展机会。在公共政策的制定和实施方面考虑到其中弱小者的困难并给予特定的照顾。正如罗尔斯的《正义论》中所提到的"应照顾到社会最不利者的利益"。当前，人们也已经看到了形式上公平的缺陷，这种从形式上进行区分机会公平与否的评判标准不足以真正阐释机会公平的本质。它只是指出了一个方面，即排除了人的身份等先赋性因素对人们获得机会的影响。而忽视了社会制度、生产资料占有等对弱小者机会获得的影响。程序上的机会公平强调的是个人视角，而忽视了个人是社会中的个人，必须从社会关系中去考察个人机会的获得。它忽略了起点的制度制约因素，并没有从社会关系中去考察机会公

---

① 李爽：《实现公平分配的制度与政策选择》，经济科学出版社，2007，第3页。

② 起点公平是当前研究公平问题时最为关注的一种公平概念，也经常表述为"机会公平""权利公平"等。

③ 布坎南、阿马蒂亚·森、世界银行的一些经济学家都持这种观点。

平问题。因此，无论是从程序上的"起点公平"还是从抽象的自由平等看机会公平，都存在一定的缺陷。从国家制度层面保证社会弱者类似的生活机会，成为确保机会公平的重要内容。

如上所述，西方学者所谓的机会公平研究是个人权利基础上的抽象规范，而机会公平必须考虑到社会的人、现实的人的自由与平等状况。一旦结合现实来探讨自由平等问题，探讨公平正义问题，就会出现一些阻碍现象或因素，它影响人们对公平正义的追求，从而产生不正义或不公平的结果。正是对这些现象或因素的评价反思，才形成人们的公平判断。目前，人们对机会公平的研究更多局限于保证抽象主体的自由平等和形式上的自由平等上面。当然，在现实中，机会能否达到公平是受到多种因素影响的，包括主体的天赋、机遇等，也包括个人可负责的和不可负责的环境。其中，社会基本制度对个人机会的获得影响最大。由于个人出生时就已经受到一定现实条件的制约，如生产资料已经被占有，生产方式已经形成，在这样一个社会中，个人的机会获取必将受制于先在条件和制度的影响，受制于统治者政策制定的影响。而有些学者认为，市场能保证人人机会公平。其实，对于竞争性市场来说，机会的平等必须在交换关系的有效规模足够大时，才能使得个人的决定不受到他人影响。而这种情况只有在理想的状态下才有可能。而对于非竞争性领域，制度影响更大，个人的决定直接受制于制度的规定。因此，考察机会是否公平，在考虑影响机会公平的各种因素中，特别要考虑社会制度因素的影响，考虑制度的价值目标和规范。以往的机会公平论者忽视了他人或集体对个人的影响；忽视了现实中各种因素的影响，如财产的分配、交易中的权威、非人格化的强制以及政府政策等对个人的影响；忽视了社会资本、家庭因素在个人机会中的影响。如果要关注真正机会公平的话，必须考虑社会的财产关系、社会资本、家庭关系、政府的政策制度，以及其他功能性组合，这些都会对机会公平产生影响，而制度影响最大。

因此，机会公平的判断标准是在生产资料公平占有的基础上人们是否畅通地接触到资源（包括经济资源、政治资源、公共资源等），资源是否对所有社会成员公平开放而不受到身份等的不合理限制；分配中是否体现出劳动的价值；社会成员能否平等分享社会发展带来的成果；等等。

二　所有社会成员的机会平等：社会正义的核心

社会正义中蕴含机会公平，人们对机会的平等越来越重视。以往人们认为只要收入公平，社会就会公平。其实，如果仅仅从收入公平的角度去研究公平问题则是"只见树木、不见森林"。除了收入公平以外，社会公平还包括很多方面的内容，诸如过程的公平，特别是参与经济、政治、文化生活过程的公平。又如参与经济竞争的平等、参与政治选举的平等、接受教育机会的均等、参与制度制定的机会平等等，甚至对社会发展成果的分享机会也要平等。在美国和欧洲一些国家进行了一项关于幸福指数的调查，被调查者在回答"是否认为自己幸福"这一问题时，最后发现收入不平等的程度与个人认为自己不幸福呈正相关。一种解释是不平等违背了人们的公平感，至少在一定程度上人们感到，很不平等的收入分配反映了不公正的过程和不平等的机会分配。[1] 这也就是说，当人们谈论机会公平时，机会公平不仅指它能带来财富的增加，也指人们对社会财富的分享机会的增加。因为个人的发展离不开社会，而社会是一个系统，离开社会，个人权利不可能"得其所得"，而个人也应有权分享社会合作带来的利益，因此，机会公平也包括共享的机会公平。

同理，机会公平对于社会的公平是非常重要的。如果收入分配是建立在机会公平的基础上，这样的结果是公平的，也被大家所承认和接受，因此也是幸福的。奥斯伯格（Osberg）和斯米丁（Smeeding）的实验也发现，人们对收入分配的偏好并不仅仅是基于实际收入，也基于获得收入的过程。当人们投入了较多的劳动、教育时，如果其与获得工作的报

---

① 世界银行：《2006 年世界发展报告：公平与发展》，清华大学出版社，2005，第 82 页。

酬机会相一致的话，就会被视为公平。当收入差异被作为个人努力的结果，人们愿意接受这样的结果，这样的社会被视为是公平的。当人们获得公平的机会表现出自己的能力、努力时，他们会创造出更多的社会财富，从而更有利于社会发展，促进社会正义。这也进一步证明，机会公平与社会公正是密切联系在一起的。

诚然，我们并不否认人与人之间存在能力、努力等方面的差异及其在获得资源方面的差别，但更多的是强调社会弱者在获得资源方面不应被社会强者所隔绝。差别太大的收入分配会导致贫困的人们失去参与经济社会发展的机会。《2006年世界发展报告：公平与发展》就指出，"公平（正义），是指在追求自己所选择的生活方面，个人应享有均等机会，而且最终不应出现极端贫困的结果。"① 智利著名的民意调查公司 Latino-barometro 在 2001 年对拉丁美洲国家做了一项研究，发现平均而言，多数高收入国家的公民通常认为，较低收入的职业应有更多的获得报酬的机会，而相反，较高收入的职业应当适当降低其收入。② 因此，从社会公正的角度来看，机会公平也不仅仅是形式上的公平，还是一种对每个人的价值实现的关注，特别是对穷人的价值实现的关注。人们不仅仅关注收入的公平，还重视每个人的参与过程公平。如果一个人的成就主要取决于其才能和其努力的程度，而不是其种族、性别及家庭背景或出生国等因素，固然是机会公平。同时弱者参与到经济、政治、文化等活动中，使其能分享一部分发展成果，尤其是享受健康、教育等权利，也是机会公平。贫困意味着物质的匮乏，穷人的自由选择会因此受阻，因此，贫困被视为对穷人基本能力的剥夺，被视为对他们的机会公平的剥夺。在机会公平的理念中，应该包括对弱者的机会关注和重视。在《2006年世界发展报告：公平与发展》中，"公平"被界定为一是"机会公平"，即个人的成就应主要取决于其本人的才能和努力，而且这种才能与努力是可控的；二是"避免剥夺享受成果的权利"，即每个人都应享有健康、教

① 世界银行：《2006年世界发展报告：公平与发展》，清华大学出版社，2005，第11页。
② 世界银行：《2006年世界发展报告：公平与发展》，清华大学出版社，2005，第83页。

育、消费的权利，不排除社会上的弱者。① 公平性不仅包括人人参与经济、政治、文化生活的机会均等，也包括人人分享社会发展成果的机会公平。"所有的人都能获得公共服务和基础设施来扩大他们在市场中的生产能力和成功的机会。"②

由此可知，机会公平不仅是社会公平的内容，也是衡量社会公平的主要标准，如果没有机会公平，社会公平是"镜中花，水中月"。公平的社会或机会的公平更有利于弱者利益的实现。世界银行前首席经济学家弗朗索瓦·布吉尼翁也曾说道："公平性与追求长期繁荣是相辅相成的。提高公平性对于减少贫困具有双重的好处。提高公平性有利于持续的全面发展，同时为社会里的最贫困群体带来更多的机会。"③《2006 年世界发展报告：公平与发展》指出，公平性——其基本定义是人人机会均等——应成为任何发展中国家成功的减贫战略不可或缺的组成部分。联合国将推动机会公平作为减贫帮扶、实现社会公平的一个目标，将焦点集中在社会公平与机会公平问题上。④ 近些年，一些经济学家对人类偏好进行的实验研究发现，人类经常自发从事这样两种行为：一是对他人合作并遵守规范的行为进行奖励，即所谓的"利他性奖励"；二是对他人违反规范的行为进行制裁的倾向，即所谓的"利他性惩罚"。这种实验发现人类既有自私的一面，也有利他的一面，但基本趋向仍是维持着一种公平状态。⑤ 这种公平状态跨越了种族、肤色、国籍等而成为人类所共有的东西，它也因此成为不同地域、不同国家的人们相互交往的价值基础。不同文化的人们在追求公平正义的过程中都很重视对社会弱者的关怀，支持法律对他们基本权利的保护。他们普遍认为，正义的社会应该要保护好社会弱者，使社会弱者也能与其他群体一样有尊严地生活，其生存

---

① 世界银行：《2006 年世界发展报告：公平与发展》，清华大学出版社，2005，第 18～19 页。
② 世界银行：《2006 年世界发展报告：公平与发展》，清华大学出版社，2005，第 74 页。
③ 〔法〕弗朗索瓦·布吉尼翁、〔巴〕路易斯·A. 佩雷拉·达席尔瓦：《经济政策对贫困和收入分配的影响》，史玲玲、周泳敏译，中国人民大学出版社，2007，第 1～3 页。
④ 世界银行：《2006 年世界发展报告：公平与发展》，清华大学出版社，2005，第 84～88 页。
⑤ 世界银行：《2006 年世界发展报告：公平与发展》，清华大学出版社，2005，第 81～82 页。

权、发展权能得到有效保护。也就是说，社会应该给予弱者基本生存条件和发展条件，给予弱者公平的机会，甚至他们把机会公平放在优先地位。约翰·罗尔斯认为，社会公平正义包括两个基本原则，一是每个人对于其他人所拥有的最广泛的基本自由体系相容的类似自由体系都应有一种平等的权利。二是要求机会应该向全体社会成员开放。罗尔斯认为，机会平等要优先于差别原则，如果某些地位不对所有人都公平地开放，那么他们就有一种被禁止体验一种基本善、一种履行某些社会义务而产生的自我实现感。①

西方学者约翰·罗尔斯、阿马蒂亚·森、罗纳德·德沃金和约翰·罗默都对社会正义理论做出过贡献，他们也都从不同视角阐述了机会公平的重要性。约翰·罗尔斯关注"社会不利者"的利益实现问题，指出社会经济发展的不平等只有建立在这些社会最不利者的处境得到改善的基础上才是正义的。② 阿马蒂亚·森更关注穷人的功能性活动能力，这里所谓的功能性活动指的是一个人认为值得去做或达到的多种多样的事物或状态。对森来说，所有物品包括"基本善物"，都是一个人功能性活动的投入。社会公平就是在机会平等基础上人们能选择的可能性的集合。罗纳德·德沃金指出，个人在把握机会时会受到个人自身能力因素的影响，也会受到环境的影响。对于个人不能控制或不能为其负责的处境，应该得到补偿。而约翰·罗默也承认个人应该为其自身的福利承担一定的重任。但他认为，外部环境对个人的努力、福利水平的影响会更大，因此，他主张公共政策更应致力于使有利条件在不同境况的人们之间实现均等化，以使人们根据自己的能力自由地配置其努力程度。③ 以上学者都没有强调结果的平等，也没有强调福利、效用的平等，而更关注个人能力的发展和社会条件的影响。关注机会获得的影响因素，这实际上已经揭示出社会正义的核心，即机会公平是社会正义实现的必要条件，没

---

① 〔美〕约翰·罗尔斯：《正义论》，何怀宏等译，中国社会科学出版社，1988，第302页。
② 〔美〕约翰·罗尔斯：《正义论》，何怀宏等译，中国社会科学出版社，1988，第298页。
③ 世界银行：《2006年世界发展报告：公平与发展》，清华大学出版社，2005，第77页。

有机会公平就不可能有社会公平，而机会公平不仅包括起点公平，也包括参与过程的机会公平（能力发展的机会公平）与分享成果的机会公平等。国家应该为包括社会弱者在内的所有社会成员提供机会平等的条件。

三　对社会成员机会公平的规范：制度正义的内容

综上所述，国家应为个人才能的发挥创造公平的条件，让不同才能的人能自由地配置其努力程度，而制度规范如果能使人们自由配置与其发展水平相当的努力程度，则是正义的制度。因此，正义制度能够为人的自由发展提供良好的条件。那么如何通过制度规范实现人的自由全面发展？必须通过制度规范人的机会获得，实现每个人参与活动的机会公平、能力发展和成果分享的机会公平。对人们的机会获取进行规范，是制度正义的一个主要内容。李强指出："制度安排的基本原则应该是机会均等、公平竞争，好的制度应该是不剥夺每一个公民的参与机会。"[①] 正义的制度就应让每个人都有参与竞争、参与政治活动、参与成果分享的机会，应该让每个人有上升流动的可能。但是现实中，人们的才能、努力程度存在差异，资源也有限，不可能让每个人都能获得满足。因此，就会出现相对不公平的制度规范。

一般而言，制度通过对机会获得的主体、客体与中介予以规范达到影响人们的目的。既然制度规范、塑造着人们的活动方式，也为人们提供活动的模式、规则，那么规定"什么可以做""什么不可以做"，就会影响到人们对资源获得的范围大小。制度通过规定"什么可以做""什么不可以做"等形式，为人们的竞争划定了界限。制度还通过告诉人们"可以做什么""什么值得做""禁止做什么""什么不值得做"等规定影响人们对利益追求的走向或趋势。

制度除了规范人们"什么可以做""什么不可以做""什么值得做"

---

① 李强：《农民工与中国社会分层》，社会科学文献出版社，2012，第233页。

"什么不值得做"等之外，还规范着"什么人可以做""什么人不可以做"。通过限制一部分人的活动范围而扩展另一部分人的活动范围，也就影响到某部分人的机会获得。

制度还规范着人们对资源获得的方式，即"通过什么可以获得资源""凭什么获得资源""怎么获得资源"等。它是对"人"与"物"的"中介桥梁"进行规范。机会获得是与有限的资源、竞争的市场环境相联系的。如果资源充足，人们就没有必要竞争，也无所谓利益的获取，正是由于资源有限，人们才会为获得生活资源或生产资源而进行竞争，才会有机会的公平问题产生。于是就产生了制度对人们在资源的可接触性方面的规范。在私有制社会，资源的占有、使用、收益、分配等全部由私人所有，其他人不得任意侵占与剥夺。如果要进行交易，必须遵守市场规则。因此，机会获得离不开健全的市场机制，如果一切都被安排妥当，也无所谓机会的获得。质言之，机会的获得离不开有限的资源与自由的市场条件。

如前所述，制度通过"什么可以做""谁可以做""怎么做"来规范人们对资源获得的可能性，也即机会的获得，通过对客体、主体以及方式的规范来达到公平状态。因此，如何才能实现机会公平？首先，从主体上看，制度规范必须让每个人而不是少数人有机会参与到经济、社会建设中来，有参与经济、社会活动的相同平台。要求打破一切藩篱，促进人的自由流动，实现人与物的自由组合，使每个人"各尽其能"。通过自由市场，发挥每个人的能力，实现劳动者与生产资料的充分结合，促使私人劳动转为社会劳动，创造更多社会财富。通过合理规范降低成本，增加财富，推动社会进步。其次，从方式上看，制度规范也必须让每个人都能发挥自己的才能、能力等，从而在收入上"得其所得"。制度规范使人们的付出与所得相一致，收入反映其贡献的大小，而不受到身份、地位等因素影响。最后，从客体上看，制度规范社会公共资源的平等分享机会，让教育、医疗等公共资源对所有社会成员平等开放，而不应把它作为少数人的"专利"。社会发展成果也应作为社会所有成员平等分享的对象，而不是倚重某一群体或集团。

因此，从制度规范的内容上来看，实现人们的机会公平，必须要规范经济参与的机会公平、规范贡献与收入相匹配和分享社会发展的机会公平。人们能够自由选择适合自己发展的方式，发挥自己的才能，实现个人与社会的同步发展。

由于制度具有规范作用，制度一旦形成就具有资源分配的作用，因此它对于人们的机会获得影响深远。制度经济学家经常引用欧洲在 15 世纪初，对其征服的殖民地国家施加不同的制度，由于不同的地区创造了不同的制度，结果证明其差别是巨大的。这种历史发展的结果正好证明了制度在社会发展中扮演着中心角色。当前的社会事实也说明，从经济增长到公共服务的提供，制度起着十分重要的作用。在生产资料私人占有的私有制社会，私有制度决定着生产利润归少数人所有，社会发展的成果由少数人支配，而公有制度决定了生产利润归社会成员所有，社会发展成果归所有社会成员所分享。只有正义的制度才有导向好的结果的可能性，良好制度保持社会的繁荣和提供更加公平的机会，而私有的制度导向相反的结果，它限制了人们对社会红利进行分配的机会，利润全部归少数人所有，影响到所有社会成员自由发展的机会。由此，主要的社会制度分配根本的权利和义务，也塑造着利益划分与机会获得。

在历史上，对于如何规范人们参与社会发展的机会公平，自由主义与平均主义两派有着迥然不同的看法：在自由主义者看来，抛开身份、地位等先赋性因素的影响，资源应对所有人开放，有能力者应获得更多的资源；而在平均主义者看来，社会成员之间在获取资源、实现需求等方面应一律平等，而不应计较"自然的差距"，所有机会都应均等。这两种观点都存在弊端。在自由主义者看来，只有在市场参与方面才有所谓的机会平等，由此延伸到社会领域，导致社会分化严重，从而可能导致财富对穷人社会权利的侵犯。相反平均主义者则主张在所有方面都要实施平均，导致经济领域缺乏竞争性，乃至影响社会财富的增加，前者有利于人的积极性的调动，从而有利于社会财富的增加，但如果不加以控制,则会抑制穷人的积极性,阻止穷人与资源的接触机会。后者由于抹杀人的实际差异,以至于不论效率高低、贡献大小,一律实行平均分配,从而也会抑制有才能的人的积极性,不利于社会财富的增加。因此,要尽力做到机会的公平,一方面,要充分发挥个人的才能与积极性,鼓励个人参与市场竞争,获得更多收入。在竞争中,机会公平体现为有才能的人、勤奋工作的人比无才能、懒惰无为的人收获要丰厚。如果没有公平的机会,一个社会收入分配领域中收入不是靠勤奋而获得,而是靠身份而获得,则社会必定会打击有才能的人的积极性,挫伤他们的斗志。在一个利益分化和利益主体多元化的社会中,真正公平的社会并不是它没有或很少有矛盾或冲突,而是表现为它能容纳不同的利益存在,并促进社会整体利益的发展。另一方面,又要照顾弱者,不能剥夺弱者参与社会发展的机会与分享社会发展成果的机会。社会公正下的机会公平不能抛弃弱者,要包括弱者分享社会红利的机会。因此,公平不仅是人人应获得与其能力相当的机会,还指最终不应出现极端贫困的结果,这样的社会才是公平的社会。而在市场中,人与人的能力不可能是一样的,市场竞争也必定会导致一部分人失利,一部分人获得更大的利益。因此,两极分化的出现,并不意味着机会的丧失。处于社会不利地位的人不至于因为失败而失去一切机会。贫穷的人不至于因为缺少物质而丧失改善自身处境的可能。为了使社会不利者能够有平等的机会,必须要给予他们相应的帮助或补贴。否则,他们会失去"尊严",不利于社会的长久发展。因此,正义的制度首先要保护公民的自由平等权利,一切优质的生产资料或好的岗位都应向劳动者公平开放,不能因身份、地位等因素而受到限制。劳动者应有自由流动或自由选择岗位的权利。国家应制定某种分配制度,使收入能反映出劳动贡献的大小,使人们通过劳动获得相应的收入,得其所得。公平的社会应该是公共资源向所有人开放的社会,社会成果也向所有成员开放,穷人也能平等分享到它,有机会实现他们的价值,从而促进社会的和谐发展。

总而言之,机会公平是社会正义的必要条件。制度通过对机会拥有主体、机会所指向的对象以及机会获得方式三方面进行规范来影响或决定人们的机会获得。只有所有资源向所有人开放，才能真正反映人们获得就业岗位的机会公平，使"人尽其能"；只有打破身份地位对机会获得的影响，使收入的获得与个人能力相联系，使"得其所得"；只有社会成果向所有人开放，人的发展与社会发展同步，与社会生产力发展同步，人的全面发展才能逐渐实现。在一定社会条件下，制度规范要使那些具有同等能力的人达到相同结果的平等，这就是正义的制度。当前，不公平的制度规范对个人机会获取的影响越来越大。制度的制定者本身所处的社会地位不同，在阶级社会，统治阶级掌握多数资源，因此也掌管大部分工人的收入分配权力，他们都影响工人的生存机会与发展机会。他们制定符合他们利益要求的标准，用以继续利用制度为他们服务。他们不仅掌握大量生产资料，还掌握着大量社会资源。在社会资源分配中，其拥有主导地位，影响到工人的社会发展机会获取。作为资源掌管者的统治阶级，往往把自己的价值作为社会标准，工人只有符合资本家的要求进工厂从事相关的工作，才能获得生存的机会。在分配中，按照统治者所认同的价值标准才能获得更高层次的发展机会。因此，必须推翻私有制，让多数人有机会施展才华，发挥自己的特长，锻炼自己的能力，实现人的自由全面发展。

第二章　马克思主义的正义思想及
社会主义制度正义分析

　　马克思有正义思想吗？如果有，马克思的正义是探讨什么的？艾伦·伍德（Allen Wood）认为，马克思很少谈论正义理论或原则，马克思没有正义原则。因为在伍德看来，马克思把正义原则视为一种法权而不应指导人们的行动。马克思既不主张通过任何正义原则来建构未来社会，也不诉诸正义原则来谴责资本主义社会，因为基于正义原则来建构或批判一个社会都是与历史唯物主义不相容的。伍德看到马克思对抽象的正义原则的批判，马克思反对把正义原则视为固定的模式，然后进行社会制度评论。但在胡萨米看来，马克思是有正义原则的。胡萨米认为伍德将马克思的道德社会学（moral sociology）和道德理论（moral theory）相混淆。道德社会学是对道德的社会起源的解释，属于解释体系；而道德理论则是对道德的评价，属于评价体系。① 当马克思说只要资本主义交易行为与生产方式相适应或相一致就是正义的，只要与生产方式相矛盾、就是非正义的时候，他其实是以资本主义为案例来阐明他的道德社会学，因而属于解释性话语而非道德理论，即非评价性话语。因此，在胡萨米看来，这一道德社会学解释被伍德误认为是马克思对资本主义的评价。因此，胡萨米认为马克思是有正义道德原则的。

　　对于马克思是否有正义思想，西方一些学者常常做出工具性行为和

---

① 李雪强：《马克思主义正义思想及其时代价值》，《求实》2012 年第 11 期。

价值行为的二元论区分，其实，马克思主义并不认为可以在人类行为中做出这样一种二元论区分，如果从规范与价值的层面讲正义问题，其实很容易陷入二元结构中去。

布坎南同意正义原则只适用于它由之产生的生产方式，但他认为不能由此推断资本主义就是正义的，或诉诸正义对资本主义所作的批判就是失效的。相反，不借助任何外在的正义原则，人们仍然可以从资本主义社会的法权利等概念内部发起对它的批判，他称之为内在法权批判。以对资本主义原始积累的批判为例，可以看到这种内在法权批判的影子。资本主义生产关系形成之初，到处都是奴役、暴力、劫掠甚至杀戮等，然而，资本主义辩护者用勤奋、节俭等说辞来掩盖这一制度起源的非正义性，他们宣称自己所取得的成就是因为他们的勤劳、才能，资本积累来自勤劳的、聪明的、节俭的中坚人物的努力，财富是这些中坚人物经营有方的结果，而从来不谈及他们如何赶走农民、剥夺劳动者的剩余价值。这体现了资产阶级利用正义概念为他们服务所起的意识形态作用，使用正义说教使财富中的巨大不平等合法化。布坎南认为，这种通过对正义等道德概念的意识形态虚幻性的揭示，指出它们如何为现存制度进行辩护，从而批评社会之不正义，就是内在批判。因此布坎南认为，评价资本主义是否正义并不需要诉诸任何非资本主义的正义标准，而只需内在批判就可以确定它。

但无论从规范层面还是从内在法权批判角度都存在一定的弊端，其实马克思通过从人类解放的实践角度与人的自由全面发展角度来批判资本主义制度的不正义。从人类实践的角度来说，马克思的正义思想是建立在劳动实践基础上的历史与逻辑的统一，而并非内在性批判与外在性批判，也并非工具性与价值性的二元论区分。资本主义制度不合理与不和谐就表现在，它维护了少数人对资源的占有，使大多数人失去了生存和发展机会，为了生存，工人只能出卖劳动力；维护了资本在分配中的主导地位，工人失去了分配上的权利和公平分享社会发展成果的机会；维护了少数资本家的自由发展机会，使大多数人失去了全面发展机会。

资本主义制度是为少数人的利益和自由发展而牺牲大多数人的利益和自由发展为代价的。马克思指出，要想实现大多数人的自由全面发展，只有通过消灭私有制度，消除异化及其环境，才有可能。

第一节　马克思主义的正义思想分析

正义是人类长期追求的目标之一，它一直激励着千千万万的人为之奋斗。正义是西方政治哲学的主题，近代西方学者从理性和经验的角度探讨过公平正义，但都存在抽象性。马克思吸收了黑格尔辩证方法，赞扬黑格尔把劳动与自由相联系，认为自由是人的本质，人们在劳动中实现了一种自由，但马克思不同意黑格尔从精神伦理出发理解劳动而强调现实的人的实践劳动。马克思主义正义思想从实践角度出发，融正义价值目标于人类实践过程之中，是一种既遵循客观规律又发挥人的积极主动性的自觉追求过程。

马克思指出，真正的正义是建立在没有人剥削人、人压迫人的共产主义社会，"真正的自由和真正的平等只有在共产主义制度下才可能实现；而这样的制度是正义所要求的"①。在共产主义社会，消灭了私有制，消除了资本对劳动的异化或剥夺，劳动人民是自己劳动的主人，人们在掌握了生产资料的基础上，进行分工合作，共同创造财富，劳动者也能自己支配自己的劳动成果。当然，共产主义正义的实现是通过实践活动并逐步实现的过程，马克思在《德意志意识形态》中认为，公平正义表现为交往关系的合理性，而非抽象的法权。

未来的共产主义社会被理解为无产阶级所追求的正义社会，不是通过政治的形式解放雇佣工人，从政治解放角度去证明人人平等，而应从经济上真正解放全人类，克服私有制带来的对人的发展的阻碍。共产主

---

① 《马克思恩格斯全集》第 1 卷，人民出版社，1956，第 582 页。

义社会能够使劳动者得到全面发展，劳动本身成为自由自觉的活动。而劳动成为自由自觉的活动，其最大阻力就是"资本"的影响。

一　马克思主义正义思想的阐释

马克思并没有具体正面阐释其正义思想，其正义思想是通过对资本主义的不正义批判而揭示出来的，其具体思想表现在以下几个方面。

（一）通过分析工人与生产资料的分离，阐释资本主义私有制下不可能实现真正的劳动机会公平

在西方学者看来，正义不是单独的价值，而是建立在自由、平等、权利等价值基础上的。他们通过对自由、平等、权利的探讨来分析正义。马克思批判资本主义的抽象正义观，认为"正义""人道""自由""平等""博爱"——直到现在除了这些或多或少属于道德范畴的字眼外，没有找到任何别的东西，这些字眼什么也证明不了。[①]

西方学者是从政治权利的平等和政治自由出发来界分物质利益的应得关系，从而推导出正义的原则及其对社会人与人关系的规范。罗尔斯在论证正义原则时，就把权利和自由、权力和机会等基本善放在优先的地位，用自由和机会的优先性来规范人与人之间物质利益的分配，来处理人们之间物质利益的矛盾。这种方式恰恰是颠倒了顺序，"与此一致，近代政治哲学主要围绕着人的政治权利和自由权这类善品讨论应得的正义。"[②] 马克思认为，政治解放并不能带来真正的解放。在《论犹太人问题》中，马克思曾论证人的政治解放并不能带来真正的人类解放。在《资本论》中，马克思对应得正义理论的前提进行了真正的颠覆。马克思正义理论把关注点落实到经济利益的实质平等上来。马克思从劳动的二重性和商品的二因素出发，发现了资本主义的剥削秘密，发现了资本主义私有制的不正义。其不正义首先表现在把生产资料从劳动者手中剥离

---

① 《马克思恩格斯全集》第 6 卷，人民出版社，1961，第 325 页。
② 王新生：《马克思正义理论的四重辩护》，《中国社会科学》2014 年第 4 期。

开来，实现生产资料的少数人占有。在《资本论》中，马克思没有像西方学者那样从政治权利出发探讨正义问题，更没有从抽象的人性出发探讨公平问题，而是将主要精力集中于经济学研究。通过批判"国民经济学"，用生产劳动来阐释生产关系，用生产关系来解释分配关系，从而提出只有从生产关系出发才能分析真正的正义不正义，才能真正找到富人越富、穷人越穷的秘密。而资本主义的正义理论只在于抽象的政治权利平等，平等诉求在于对抽象个人的探讨，而不从社会关系中去探析，最后必然会导致政治权利的平等是虚假的。

西方学者把正义建立在自由、平等等价值基础上，是有其历史背景的。"平等自由是商品经济的产物，是建立在人与人分离的基础上，人与人被看作孤立的单子，这种孤立性是以财产权为表现。从私有财产成为人的权利来看，是私有财产被赋予了人性，人也被赋予物的性质，私有财产（财产权）成为裁判正义的准则"[1]。在工人与生产资料相分离的背景下，工人的劳动不是自由的，而是被迫的。形式上劳动者是自由的，实际上劳动过程中，劳动者是异化的。劳动者不能在自己的生产资料相结合的基础上进行劳动，劳动者与劳动成果也是分离的。劳动成果与劳动者的付出不成比例，劳动者收入是不合理的，劳动者并没有平等可言。在私有制下，劳动者的劳动过程既无占有可言，也无平等可讲，因此，资本主义所谓的正义也是"虚假"的。工人所追求的平等权利只是一张"空头支票"。

马克思通过对私有制的结构进行分析，揭示出资本主义社会的异化本质，这种异化表现在人与其劳动成果、人与自身、人与人的关系等方面的异化。这种异化是对劳动者的生存机会和发展机会的剥夺。由于劳动者与生产资料的分离，工人只有出卖劳动力，才能获得生存机会。只有拼命工作，才能获得一些发展机会，也即资本控制了劳动者的生存机会和发展机会。资本主义私有制对劳动者劳动机会的剥夺在于以下

---

① 林进平：《马克思的"正义"解读》，社会科学文献出版社，2009，第107页。

几点。

（1）资本家通过对劳动者的劳动时间的控制，进而影响劳动者的发展时间。工人劳动时间分为必要劳动时间和剩余劳动时间。资本家通过不断缩短必要劳动时间进而延长剩余劳动时间来增加利润。工人普遍要生产 11~12 个小时才能维持基本家庭开支，所以劳动者的发展机会受到了时间限制，没有时间去发展自己的能力。

（2）资本家通过先进技术对劳动过程进行控制，进而影响劳动者的全面发展。为了提高效率，增加利润，资本家普遍采取流水线作业，最大限度地提高劳动强度，而工人在流水线下工作，长时间会导致身体某个部位或器官得到片面发展，进而影响其全面发展。同时，为了节省成本，资本家对工人恶劣的生产环境视而不见。为了节省成本，工人居住区的环境也往往很差，特别是在资本主义生产初期，工厂的环境曾遭受过灰尘污染、噪声污染，直接影响工人的身体健康，这些都没有引起资本家的高度重视。

（二）通过分析工人与劳动产品的分离，揭示资本主导下不可能实现真正的收入公平

资本主义企业家认为工资是公平的，工人做一天工就给一天的工资，并没有什么不公平。马克思对古典经济学所谓的"三位一体"的公式进行了剖析，指出"资本—利润""土地—地租""劳动—工资"，这一"三位一体"的公式①，实际上是把"资本"、"土地"和"劳动"看成抽象的存在物，马克思指出："资本，土地，劳动！但资本不是物，而是一定的、社会的、属于一定历史社会形态的生产关系，它体现在一个物上，并赋予这个物以特有的社会性质。"② 而"作为其中的第三个同盟者的，只是一个幽灵——劳动，这不过是一个抽象，就它本身来说，是根本不存在的。"③ 资本主义本质上是生产资本的，劳动也只有作为社会劳动才

① 《马克思恩格斯选集》第 2 卷，人民出版社，1995，第 576 页。
② 《马克思恩格斯选集》第 2 卷，人民出版社，1995，第 577 页。
③ 《马克思恩格斯选集》第 2 卷，人民出版社，1995，第 578 页。

起作用。因此，离开一定的社会关系而抽象地谈论利润是资本的所得，工资是劳动的所得，是不正确的。

资本主义学者也重视个人的努力、勤奋等自致性因素的价值，试图从个人的努力、能力、选择与技能等角度来探讨分配正义。在西方学者看来，应得正义应该考虑到能力、勤奋、选择等。如何才能发挥人的才能，做到人尽其才、物尽其用？德沃金从责任角度进行了主体分析，分析了哪些因素是不可克服的，哪些因素应由主体负责。他主张除了超出他们控制的环境因素所带来的后果外，人们应该对自己的选择所带来的后果承担责任。为此，德沃金将资源分为人格资源和非人格资源。个人生理和心理健康、才能和力量等属于人格资源，它不能进行人际转移；而土地、原材料、房屋以及现行法律制度等属于非人格资源，它可以支配和转让。对于由自然天赋不同而造成的不平等应该补偿，对于由个人抱负和努力不同而造成的不平等应允许它的存在。而对于应得正义，印度学者森更重视人的组合能力的差别。森认为，无论功利主义的平等还是资源的平等都忽视了人际比较，不同个体在将"资源"或福利转化为自由的过程中是有差别的，而社会出现贫穷现象是由于这些穷人将资源转化为自由的能力不足。因此，国家更应重视穷人的功能组合能力及其发展的机会。

无论是区分个人负责因素还是不可负责因素，也无论区分资源分配还是资源转化为能力的人际不同，他们并没有从劳资双方在分配中力量关系的对比出发研究影响这种转化的深刻制度根源，而只是把社会中的人看成抽象独立的个人，给每个人提供平等的参与机会，使他们获得参与市场竞争的公平起点，实际上仍然是在不违背私有制度这一前提下而进行的"正义"说教。他们没有联系生产资料所有制关系对个人的努力、能力、选择、才能等所能起到的作用进行分析。① 其实，在分配中，个人努力、能力等只占利润分享的一小部分，利润的大部分仍然由资本所占

① 虞新胜：《社会主义制度正义下机会公平的实现》，《理论月刊》2015年第9期。

有。事实也证明，随着资本不断积累，无产阶级的机会越来越少。随着技术的发展、有机构成的提高，机器人代替了工人，工人失业越来越多，工人再努力也无能为力，无产阶级的生存机会和发展机会正受到越来越多的威胁。

马克思深入分析了资本主义制度下资本对劳动者发展机会的剥夺。他指出，资本主义私有制下，"工人拿自己的劳动力换到生活资料，而资本家拿他的生活资料换到劳动，即工人的生产活动，亦即创造力量……工人为了交换已经得到的生活资料，正是把这种贵重的再生产力量让给了资本。"① 工人不得不接受资本的绝对指挥，为资本家追逐最大化的利润。罗默曾指出，"当剥削是一种不公正时，这不是因为剥削本身就是不公正的，而是因为在一个剥削的环境中所花费的劳动和所得到的收入是不公正的财产初始分配的结果。剥削性分配的不正义取决于初始分配的不公正"。②

（三）通过分析劳动者与社会资源的分离，阐释生产资料私有制下劳动者缺少共享社会发展成果的机会

资本主义的正义不仅表现在经济利润的竞争，经济上的不平等渗透到社会领域，导致社会公共领域的机会也不平等。在阶级社会，统治阶级掌握多数经济资源，他们制定符合自己利益的制度，利用自己的优势地位进而控制社会资源。他们在社会资源分配中，拥有主导地位，影响到工人的社会发展机会。例如资本家掌握优质的教育资源，从而导致教育机会的不公平；渗透到政治领域，资本家通过"参与制"而控制议会或政府，影响政策的制定，从而导致政治机会的不公平；资本家拥有大量的财富，在法律服务、医疗水平等领域拥有较多的机会，享有优先的机会等。当然，为了激发人的积极性、增加利润，资本家也会给工人一定程度的公平机会，但这不是为了工人的身心发展，而是为了使工人更好地服务于资本家，为长期的利润增值服务。一旦经济危机到来，资本

---

① 《马克思恩格斯选集》第1卷，人民出版社，1995，第347页。
② 〔美〕罗默：《在自由中丧失》，段忠桥等译，经济科学出版社，2003，第65页。

家为了减少损失、降低风险，将问题转移到工人身上，造成工人失业，工人又会失去发展机会，甚至连生存机会都难以确保。

西方学者对公平正义所做的探讨是基于私有制天然合理和持续永恒这一理论预设的。他们在私有制天然合理和永恒存在的预设下，阐释自己的正义观。资产阶级将"人生而平等"等抽象人性论作为推翻封建等级制度的依据，并将这种抽象的口号写入宪章。这种追求政治权利的平等口号曾激发过许多被压迫者的革命热情。在政治解放实现之后，他们仍诉诸人性和理性，建立资产阶级制度。通过对普遍人性的阐释，建立起一套貌似公平的制度规范，而不再深入实质上的经济上的平等。从经济关系出发，人们发现资本主义所谓的永恒正义，实际上背后是不同阶级之间的利益竞争。在资本家之间，为了得到尽可能多的利润，他们竞相开发产品，改进技术，在不同生产部门进行竞争，资本在不同部门不断移动。为了获得更多的利润，资本不断从利润率低的部门投向利润率高的部门，最终形成利润率的平均化。不同生产部门的资本家按照等量资本要求等量利润的原则，对劳动者的剩余价值进行瓜分，实力雄厚的资本家将获得更多利润分享的机会。在资本家与工人之间，资产阶级也不断加强对工人阶级的利益剥夺，他们通过改进机器，提高劳动强度，获得超额剩余价值，而工人在有机构成不断加大的情况下，劳动强度更大，劳动效率更高，但所获得的劳动收入并没有随之增加，影响工人相应的发展机会。

在资本逻辑的强势控制下工人普遍缺乏发展机会。资本家通过对劳动成果的控制，进而影响工人的全面发展的物质基础。资本主义生产过程实际上是劳动过程与剩余价值生产过程的统一。而剩余价值被资本家占有，意味着劳动者用来发展自己能力的那部分收入被剥夺了。收入的减少意味着工人用来发展自己机会的物质基础没有了，因而影响其发展的可能性。更甚的是，资本家不是一次剥夺。由于资本是在运动中增值的，资本不断运动才能获得更多剩余价值，而资本不断地积累，意味着不断地剥夺工人们的发展机会。

（四）通过分析历史条件和现实关系，阐释正义是在矛盾运动中不断发展的

西方学者并没有把正义放在对立面来理解，而是从抽象的人性来理解，所以西方学者一旦设计出正义原则，就成为神圣的法条而不可更改。实际上，正义社会的实现是在实践中通过矛盾双方的对立统一运动而不断发展的。实践的曲折性也决定了正义是一个曲折发展的过程。而矛盾双方力量的不平衡也会导致经济发展过程中的不平衡、分配中的不平衡。在资本主义社会，工人阶级的公平正义实现的程度取决于劳资矛盾双方力量的对比。在资本主义制度形成之初，资产阶级积极发展生产力，发展科学技术，革除不适应生产力发展的生产关系，制定和完善市场制度，社会财富快速增加，工人的收入也明显提高。但随着自由资本主义向垄断资本主义阶段过渡，资本家竞争也越来越激烈，对工人的剥削方式也从绝对剩余价值生产向相对剩余价值转变，工人的收入份额并没有随之增加。随着工人力量的强大与积极斗争，资本家也逐渐改善工人的福利状况，不断提高工人的生活水平，因此，正义的实现也是一个曲折的发展过程，公平正义问题的解决是一个不断解决矛盾、逐渐实现目标的过程。任何幻想通过正义原则或理论来解决公平正义问题的，都将失败。无论资本家如何提高工人的福利，改善工人的生活，工人被剥削、被压迫的命运并没有改变，他们一直生活在资本的控制中，而不能成为自由自觉的主体。

因此，我们要从历史维度来审视，从矛盾双方斗争来审视资本主义的公平正义，发现资本主义生产方式是一种历史性的、暂时的生产方式，而作为反映这种生产方式的正义原则是历史性的、暂时性的。曾经标榜为正义的资本主义社会存在将随着历史内在矛盾的展开而丧失其正义性，成为非正义的社会存在。[①] 马克思坚持从历史的角度看正义，坚持历史的延续性与阶段性的统一。一方面，更高社会阶段的正义是扬弃了前一阶段的正义，另一方面，这种历史阶段的正义又是与当时的历史背景相关联的正义。

[①] 袁久红：《正义与历史实践：西方当代自由主义正义理论批判》，东南大学出版社，2003，第 316 页。

073

马克思主义的正义思想为我们分析社会主义的正义原则提供了指导。在社会主义阶段，社会主义正义一方面是在批判和继承资本主义正义思想的基础上发展而成的，另一方面，它又与社会主义的现实条件相适应，是社会主义生产方式的反映。目前由于现实条件的限制，人的全面发展的条件还没有达到。社会财富匮乏，利益之争仍大量存在，社会不公平现象仍然存在。"平等的观念，无论以资产阶级的形式出现，还是以无产阶级的形式出现，本身都是一种历史的产物，这一观念的形成，需要一定的历史条件，而这种历史条件本身又以长期的以往的历史为前提。"①因此，我们也要从社会主义历史阶段和条件出发审视社会主义的正义状况。

二 马克思正义思想的精髓：劳动实践基础上实现多数人的自由全面发展

马克思主义不是没有价值追求。马克思从一开始就站在无产阶级的立场上，为维护无产阶级的利益而奋斗终生。马克思主义始终把占人口多数的无产阶级利益放在首位，追求无产阶级的自由平等，争取无产阶级的解放，重视无产阶级的自由全面发展机会。"如果不给我们的工人提供在新鲜空气中，特别是在农业中从事劳动的机会，他们的体质也将变得虚弱"②。马克思主义把人的全面发展作为无产阶级追求正义的目标。但马克思不诉诸正义原则来实现无产阶级的公正社会，而是立足于劳动实践基础上的人的自由全面发展的表现过程。马克思主要从生产方式、基本制度等方面探讨人的全面自由发展的条件，为人的全面发展的实现指明一条道路。有学者认为，历史合理性包括历史评价的两个尺度：其一，是否有利于促进生产力的发展；其二，是否促进人的全面而自由的

---

① 《马克思恩格斯选集》第3卷，人民出版社，1995，第448页。
② 《马克思恩格斯全集》第39卷，人民出版社，1974，第100页。

发展。正是基于这两个尺度，马克思批判了资本主义制度的非正义性。[①]
正是基于这两个尺度，马克思阐释了自己的正义思想。[②]

　　公平正义的社会必须要从现实关系出发，立足于对社会关系的分析。
马克思主义认为，首先要实现生产资料的公有制，大力发展生产力，为
实现无产阶级的自由全面发展创造制度条件和经济条件。正义作为上层
建筑，也直接受到生产资料所有制及其分配制度的制约，它影响到人们
在收入分配中的占有比重。消灭私有制，消灭剥削和压迫关系，为每个
人的机会公平的实现提供平等条件。正义作为上层建筑，它同样受到生
产力发展状况和社会财富状况的影响。没有生产力的发展与社会财富的
增加，很难实现真正的正义社会，生产力的发展与社会财富的增加影响
到人的自由、平等权利实现的程度，影响着人的全面发展的实现状况等。

　　公有制为机会公平奠定了制度基础。在公有制度下，生产资料共同
所有，消除了少数人凭借对生产资料的占有而对其他人的生存和发展机
会剥夺的可能。公平正义从现实关系出发，意味着重视对劳动条件的历
史分析。要对资本主义的不正义进行改变，必须要从其生产方式中进行，
推翻不合理的所有制形式，实现生产资料的公有，为真正的公平正义创
造制度条件。在公有制下，实现社会成员与生产资料的结合，岗位对所
有社会成员平等开放。在分配领域也消除了资本对劳动成果的剥夺，按
照个人对社会所做出的贡献和提供的社会劳动质与量进行公平分配。社
会发展成果也向社会所有成员开放，而不受到资本等的制约。

　　马克思正义思想不同于西方学者强调的意志基础上的正义思想。马
克思不是从意志的合意出发，而是从生产方式出发探讨正义问题。西方
学者基本上把资本主义当作一种经济制度，它有两个基本特征，一是生
产资料的私人所有，二是经济资源主要通过市场来配置，也即讲究合意
性。然而，在马克思主义看来，资本主义是一种生产方式，它的物质基
础就是社会化大机器生产，生产关系就是生产资料的私人所有。作为社

[①]　陈传胜：《马克思恩格斯的公平正义观研究》，合肥工业大学出版社，2011，第27页。
[②]　陈传胜：《马克思恩格斯的公平正义观研究》，合肥工业大学出版社，2011，第28页。

会的基本制度，就是资本对雇佣劳动的剥削。马克思主义认为，最大的公平障碍是生产力发展的规律，而不是合意不合意的问题。只有物质财富充分发展，正义社会才有可能实现。弗里德曼认为，公平分配原则存在一系列无法解决的问题："如果人之所得都要由'公平'准则来决定，而不是由其劳动生产来决定，那么发给他们的'奖品'又从何而来呢？在此人们从事工作和生产的动力从何而来呢？……我们又靠什么来保证人们接受分配给他们的任务，并尽心竭力地完成任务呢？显然，只有靠暴力和恫吓。"[1] 因此，公平正义能否实现并不在于合意不合意，而在于是否与当时的历史条件相符合，物质财富的增长是否符合客观经济规律。

其次，社会发展的目标是人的全面自由发展，而不是少数人的自由全面发展，公平正义的社会是"自由人的联合体"。马克思并不批评资本主义没有解放生产力，而是认为其没有解放人。资本主义私有制度没有让人得到自由全面的解放，而把多数人推入了深刻的异化状态。在《1844年经济学哲学手稿》中，马克思深刻揭示了资本主义社会异化的多种形式，如劳动者与其劳动产品的异化、劳动者与其活动本身的异化、劳动者与其类本质的异化以及人与人的异化等。针对异化，马克思提出了未来社会对异化的消除，提出一个每个人的全面自由发展的美好社会。"上午打猎，下午捕鱼，傍晚从事畜牧，晚饭后从事批判。"[2] 在《共产党宣言》中，马克思指出，共产主义"是这样一个联合体，在那里，每个人的自由发展是一切人的自由发展的条件"[3]。

要克服异化就必须在改变对生产资料的占有方式基础上对社会发展成果进行调控，从而使劳动成果不断满足多数人日益增长的合理需求，而不是归少数人掌控以满足他们的奢侈需求。应改变生产资料的所有制，使劳动成果为社会成员所分享，为实现人人平等的社会创造条件，为实现人的全面发展打下基础。在未来社会，劳动将从资本的统治下解放出

---

① 〔美〕弗里德曼：《自由选择》，张琦译，机械工业出版社，2008，第130~131页。
② 《马克思恩格斯选集》第1卷，人民出版社，1995，第85页。
③ 《马克思恩格斯选集》第1卷，人民出版社，1995，第294页。

来，在自由人联合体中，生产力的发达大大缩短了无产阶级生产的必要劳动时间，增加了无产阶级的休闲时间，休闲时间的增多也为人的全面发展提供了充分的社会条件。在未来社会，劳动不再是人们的生存手段，而成了人的解放手段，因此，生产劳动不再是一种负担而变成了一种快乐或享受。① 但在私有制社会，生产力的发展所带来的社会财富并没有给人的发展带来好处，相反，资本主义社会中资本使得生产异常痛苦，人的劳动变为异化劳动，精神也受到扭曲。时间的缺乏、收入的不足都制约着人们的自由全面发展机会。资本主义社会的对抗性最深刻地体现在无产阶级和劳动人民被限制了全面发展机会。在企业内机器化生产带来的只能是片面发展，在消费方面，物质财富的增加带来的是工人畸形的需求满足。因此，资本主义社会的自由并不是真正的自由，社会也不是真实的正义社会。虽然资产阶级对自由和平等的正义追求具有一定的作用，但毕竟是资本的自由和平等，是资本发展的机会自由和平等，而不是劳动者发展的自由和平等。而建立在生产力高度发达基础上的对所有劳动者全面发展机会的自由和平等追求，才是马克思主义正义思想的精髓。

最后，从历史辩证的角度分析未来社会的公平正义，公平正义的社会是一个不断实现的过程。社会主义公有制代替私有制，也不能说马上能实现公平正义，因为社会主义公有制的生产方式并不能立刻得到发展，生产力的发展仍是一个历史曲折的过程，不能超越这一水平而实现所谓的公平正义。人类社会的发展由于其历史条件的变化而呈现不同的发展阶段，资本主义代替封建社会，社会主义代替资本主义这一发展趋势并不是一帆风顺的，公平正义的实现也是曲折中发展的过程。只有到共产主义社会，生产力极大发展，社会财富极为丰富，人的素质也得到了极大提高，公平正义才会最终实现。在马克思看来，"自由确实是人所固有的东西。"② 人类在发展进程中，不断为摆脱自然界和自身限制而寻求"自由自主"的发展。从人的依赖关系为主的最初社会形态，到以物的依

---

① 《马克思恩格斯选集》第 3 卷，人民出版社，1995，第 644 页。
② 《马克思恩格斯全集》第 1 卷，人民出版社，1956，第 63 页。

赖性为基础的人的独立性阶段，再到建立在个人全面发展和他们共同的社会生产能力成为他们的社会财富这一基础上的自由个性阶段①，人类都在不断走向"自由自主"的过程。人类经过这三个发展阶段，最终进入每个人都能享受到平等发展机会的"自由人联合体"之中。资本主义社会虽然也有自由个性的发展，但这种发展是"冷酷无情"的，资产阶级无情地斩断了束缚人的各种"封建羁绊"，将"温情脉脉"的人情变为"冷酷无情"的市场交换或金钱交换时，自由成了孤立的单子②，人们从权力和奴役中解放出来，但同时也变得陌生冷酷，失去了作为"人"本身所应具有的情感交往，人虽然摆脱了等级束缚，却成为"物"的奴隶，听从于"物"的召唤，还不能回归到"人"的状态，人仍然是不健全的人，只有在"自由人联合体"中，人才会回归到其本真状态，是自由发展的状态，每个人都享有自由平等机会。

马克思还把人的自由全面发展置于共同体之中进行分析，指出个人的自由不是单个人的行为，而只有在共同体中才有个人自由。"只有在共同体中，个人才能获得全面发展其才能的手段。"③ "从前各个人联合而成的虚假的共同体，总是相对于各个人而独立的；由于这种共同体是一个阶级反对另一个阶级的联合，因此对于被统治的阶级来说，它不仅是完全虚幻的共同体，而且是新的桎梏。在真正的共同体的条件下，各个人在自己的联合中并通过这种联合获得自己的自由。"④ 个人想改善生存条件，自由地发展其能力，只能是个人现象，而为了实现自己的个性，离不开其整个的生存条件，离不开共同体的共同发展，即"每个人的自由发展是一切人的自由发展的条件"⑤。

---

① 《马克思恩格斯全集》第46卷上，人民出版社，1979，第104页。
② 汪荣有：《经济公正论》，人民出版社，2010，第114页。
③ 《马克思恩格斯选集》第1卷，人民出版社，1995，第119页。
④ 《马克思恩格斯选集》第1卷，人民出版社，1995，第119页。
⑤ 《马克思恩格斯文集》第2卷，人民出版社，2009，第53页。

三 人类自由自觉的实践活动： 共产主义正义社会的实现途径

马克思指出，作为类存在物，人的本质是自由自觉的活动，即实践活动。通过劳动而不是契约最终达到人的全面发展，通过实践不断实现共产主义正义社会，这是马克思一直主张的思想。离开了人类自由自觉的实践活动，人的全面发展就成为空话或无源之水。每一次制度的更替都是生产力和生产方式的进步，是人类实践活动的不断发展的结果。参与实践活动的机会和分享实践活动成果，是其中的应有之义。

人类的实践活动包括很多内容，改造自然的活动、改造社会的活动和改造人本身的活动，都是人类的实践活动。自主性参加物质生产活动，参加经济、社会、政治管理活动，以及艺术创作活动等，都是人的全面发展的内在要求。如果剥夺了人们参与这些活动的机会，就不会带来人的全面发展。在资本主义社会，劳动者被迫从事生产劳动，跟随机器的节奏进行片面的重复操作，而忽视了人的协调发展，他们被剥夺了自我实现的价值，从属于资本的支配。他们的发展机会让渡给了利润增值的需要，因此只会导致人的片面发展，他们抱怨并不是因为他们得不到某些外在的奖赏，更为重要的是他们失去了自我成就感，失去了自我实现的价值。他们依赖于机器，成为机器等的奴隶，失去了自我。他们被剥夺了人类的一种基本善①，即一种人的全面发展的善。

同时，人类的实践活动也是随着需要的递进而逐渐发展的。人的自由全面发展包括人的活动的全面开展和能力的全面发展，以及人的合理需要不断满足。合理需要也是人的本性反映，从需要来看，人的合理需要从最低层次的生存需要到享受、发展需要。在一定历史阶段，人的需求满足受到经济、社会活动的影响，如果一个人被剥夺了参与经济活动的机会，就会影响到其生存需要的满足。如果一个人被剥夺了参与社会

①〔美〕约翰·罗尔斯：《正义论》，何怀宏等译，中国社会科学出版社，1988，第84～85页。

活动的机会，其行为得不到社会的承认和接受，就会影响到其发展需要的满足。因此，对经济的参与机会影响到人的基本需求的满足，对社会的参与机会影响到人的发展需求的满足。但是除了这些基本需求外，人的全面发展也包括身心愉悦、精神享受、才华展现、自我实现的追求，人的能力的全面发展意味着自己的体力、智力、发展潜力等的自由发展。这些需求及能力的发展只有摆脱了物质条件的束缚才有可能。人能够按照自己的特长、兴趣、爱好，自由选择参加实践活动。只有这样人们才能成为生活的主人，从而可以自由自在地在实践活动中发挥他的全部才能和力量，人的素质得到提高、个性得到自由发展。因此，在生产资料公有制实现之后，人们自由自觉地按照客观规律从事实践劳动，在实践劳动中发挥自己的才能与力量，最终真正实现自己的全面自由发展。而只有人的各种合理需求得到满足后才能称之为真正自由的"人"，"人的本质力量"就体现为"人"的各种发展需要的满足。

人的全面发展最根本的途径就是不断发展生产力，不断改进生产方式。生产力的发展是影响人的全面发展和社会发展的根本力量。生产力的发展不仅提供丰富的物质财富，为人们从事精神生产、参加政治活动等提供了条件，还为人的自我实现的能力发展提供了平台。当然，有了发达的生产力也并不意味着人的全面发展就会到来。因为人的全面发展也包括人对社会关系的全面占有和控制，"社会关系的发展不仅表现在其内容的丰富性上，而且还表现为个人之间的关系成为他们自己的共同的关系，联合起来的个人实现对他们社会关系的全面占有和共同控制。"[①]具体表现在对实践活动的参与与实践成果的共同分享上。在私有制下，除了生产力的发展，更主要的是生产关系的发展。资本主义社会虽然生产力得到较好的发展，但实践成果并不能为所有人共享。试想一下，在企业内，工人们进行机械的流水线操作，延长的劳动时间与较低的收入只能导致人的片面发展，一个没有时间、没有物质基础的人何以谈论全

---

① 吴向东：《论马克思人的全面发展理论》，《马克思主义研究》2005 年第 1 期。

面自由发展？只有少数资本家才有机会得到全面发展。

人的全面发展也离不开人的主动性与自觉性，离不开人们对发展机会的自觉把握和主观努力。一方面，人的物质实践活动、精神实践活动、文化实践活动等都离不开人们的参与，另一方面，机会公平也是人的自由个性彰显的必要条件。人的各种天赋、潜力的发挥都离不开主体自身对机会的积极获得。"马克思说，自由个性是建立在个人全面发展和他们共同的社会生产能力成为他们的社会财富这一基础之上的。"[1] 机会公平促使人的智力与体力的健康发展和自由运用。因此，机会公平的实现除了基本制度的影响外，还与主体自身的素质、能力、选择性等有关，与主体自由自觉地参加生产实践活动有关。而生产实践过程给每个人提供表现自己体力和脑力等能力的机会，生产实践成果也将会增加劳动者的荣誉感和自我价值实现的成就感。共产主义的人不仅有全面的能力，还有较高的素养。

人的全面发展还离不开一定组织的安排。恩格斯在《反杜林论》中谈道："当社会成为全部生产资料的主人，……旧的生产方式必须彻底变革，特别是旧的分工必须消灭。代之而起的应该是这样的生产组织：在这个组织中，一方面，任何个人都不能把自己在生产劳动这个人类生存的自然条件中所应参加的部分推到别人身上；另一方面，生产劳动给每一个人提供全面发展和表现自己全部的即体力的和脑力的能力的机会，这样，生产劳动就不再是奴役人的手段，而成了解放人的手段。"[2] 恩格斯的思想告诉人们，人的发展不是无组织的、无政府的，人们的发展机会获得也离不开一定的组织方式，离不开岗位等的要求。

由此可见，人的自由自觉的活动实际上就是劳动者自由运用自己能力的机会，平等分享劳动成果的机会，自由发挥自己潜能和彰显自身个性的过程。马克思主义的正义思想为社会成员的自由全面发展奠定了理论基础，为广大无产阶级的解放提供了理论指导。马克思指出，劳动实

---

[1]　转自韩庆祥、亢安毅《马克思开辟的道路：人的全面发展研究》，人民出版社，2005，第163 页。

[2]　《马克思恩格斯选集》第 3 卷，人民出版社，1995，第 644 页。

践是实现正义的正确路径，劳动者的全面发展是正义社会的特征。这为社会主义政党实现社会主义的公平正义提供了方向。社会主义政党应在一定组织与制度安排下，实现劳动者权利和机会的平等，让劳动者拥有分享发展成果的机会，通过不断实践，实现社会公平正义。

第二节　社会主义制度正义：机会公平的制度保障

马克思的公平正义思想是建立在实践基础上的，是现实的、历史的、辩证的统一，它符合社会规律，是价值追求与客观规律的统一。马克思主义的正义思想告诉我们，必须从现实关系而不是从抽象原则上去分析正义，从辩证、历史过程中而不是永恒发展中去分析正义。马克思主义正义思想的特征为我们分析社会主义初级阶段的社会正义原则提供了指导。社会主义公有制为社会正义的实现提供了制度基础，但社会主义初级阶段的国情又使社会正义的实现成为一个长期的历史过程。社会主义公平正义的实现不是基于契约或人们的良好愿望，也不是基于理性的力量，而是基于我国社会主义初级阶段的客观现实。马克思指出，生产以及随生产而来的产品交换是一切社会制度的基础。一切社会变迁和政治变革的终极原因，不应到人们的头脑中或到人们对永恒的真理和正义的日益增进的认识中去寻找，而应当到生产方式和交换方式的变更中去寻找。[1] 马克思在《哥达纲领批判》中指出："我们这里所说的是这样的共产主义社会，它不是在它自身基础上已经发展了的，恰好相反，是刚刚从资本主义社会中产生出来的，因此它在各方面，在经济、道德和精神方面都还带着它脱胎出来的那个旧社会的痕迹。"[2]

在社会主义公有制度形成后，已经从根本制度上消除了影响机会不公平的制度束缚，但它并非公平正义发展的充分条件。在社会主义初级

---

[1] 《马克思恩格斯选集》第 3 卷，人民出版社，1995，第 617 ~ 618 页。
[2] 《马克思恩格斯选集》第 3 卷，人民出版社，1995，第 304 页。

阶段，由于经济条件的制约、不同阶层之间的矛盾，以及人们的主观能动性、个人努力、认识能力的限制等，目前仍然需要解决机会公平问题。在资源有限的条件下，不同利益主体之间存有矛盾，国家开放什么资源，向谁开放，如何开放，人们对于资源的获得采取什么标准等，都必须要规范好、调整好。对这些问题没有处理好导致我国现阶段仍有机会不公平的问题产生，表现为有些人的才能、智慧并没有得到自由发挥，岗位并没有向所有人开放，并没有按照贡献大小进行分配，社会发展成果并没有为所有社会成员所共同分享，等等。社会主义存在的这些不正义现象仍然与落后的生产力发展有关，如果离开这一矛盾谈论社会主义正义就会犯错误。社会主义初级阶段的现实告诉我们，大力发展生产力，为社会正义奠定物质基础，是解决社会正义问题的首要任务。当然，大力发展生产力的同时也要处理不同群众之间的利益关系，让所有社会成员按照所能提供的社会劳动分配劳动成果，使得社会主义发展成果为多数人而不是少数人所共享。为多数人而非为少数人服务，实现多数人的自由全面发展，这是社会主义公平正义区别于资本主义公平正义的主要标志。

一　社会主义制度正义分析

（一）发展生产力：社会主义制度正义实现的基础

马克思主义反对脱离条件而空谈正义，脱离条件谈社会主义正义的实现是空想社会主义者的做法。社会主义的正义必须要联系社会主义的现实。"生产力的这种发展之所以是绝对必需的实际前提，还因为如果没有这种发展，那就只会有贫穷、极端贫困的普遍化；而在极端贫困的情况下，必须重新开始争取必需品的斗争，全部陈腐污浊的东西又要死灰复燃。"① 马克思指出，在共产主义社会高级阶段，当脑力劳动和体力劳

———————

① 《马克思恩格斯选集》第1卷，人民出版社，1995，第86页。

动的对立消失之后，当劳动已经不仅仅是谋生的手段，而且本身成了生活的第一需要之后，当生产力增长起来，而集体财富的一切源泉都充分涌流之后，才能建立起正义的社会。

在社会主义初级阶段，如何才能发展生产力值得思考。我国宪法规定，坚持实现公有制为主体的多种所有制经济共同发展。社会主义正义必须实现生产资料公有制，当然，生产资料公有制并非人人实际占有生产资料。生产资料全民所有不等于生产资料使用权全民所有，由于社会化大生产的组织特点，它表现为岗位对全民开放，即岗位竞争应反映个人能力的大小，有才能的人应与好的岗位充分结合，让有技术、能创新、懂管理的人与优质的生产资料相结合，充分调动他们的积极性，实现人与物的自由结合，创造更多的社会财富。社会主义制度正义应该是保证岗位向有才能的人开放，人人能通过努力充分接触优质的生产资料，这样才有利于调动他们的积极性。

社会主义发展需要给予所有社会成员公平机会。机会公平有利于社会财富的增加，更好地实现社会公正。机会公平意味着每个主体都有平等的权利和机会为社会做出贡献。从社会角度来讲，机会公平是指个人的劳动转化为社会劳动的渠道是通达的、开放的。而市场经济的竞争规律是让每个参与者有同样的竞争机会。当经济发展还不发达、社会财富还不充足时，个人劳动还需要转为社会劳动才能获得收入分配的资格。而个人劳动要转变为社会劳动就必须在机会上给予平等对待，这样才能发挥个人的才能，使人尽力为社会服务，因此，机会公平可以有效地激发社会活力。同时，机会公平有利于减少人们之间的摩擦，有利于形成和谐安定的社会环境，因为它能给予每个人不同的关怀和照顾，能充分发挥每个人的已有能力，充分照顾到了每个人的利益。相反，在一个收入分配体制高度不公平、不合理的社会中，极少数人占有社会的大部分财富，不仅容易导致社会动荡，并且既得利益集团也将倾向于推行社会政策以稳固自身的相对优势地位，从而对社会经济发展产生不利影响。

社会主义生产力的发展不能离开竞争机制，实现多种所有制共同发展有利于社会财富的增加，机会公平的实现也不能排斥市场机制。如何实现个人劳动转变为社会劳动？就必须要依靠市场体制机制，打破不合理束缚，让劳动力流动起来，充分发挥市场的调节作用，实现优胜劣汰，实现人与物的自由结合、优质的资源与优秀人才的结合。发挥市场在配置资源和提供激励方面的作用，通过市场中的竞争机制和价格杠杆把物质资源和劳动力配置到最有效益的环节中，让市场起真正的决定性作用。

（二）按劳分配：社会主义制度正义的评判依据

生产决定分配，生产方式决定分配方式。我国地区发展不平衡，发展层次也不一样，为了不断调动积极性，必须实现多种所有制经济共同发展，而多种所有制经济发展要求必须形成不同的收入分配形式。而我国社会主义初级阶段的基本经济制度决定了必须要坚持按劳分配原则，应当允许和鼓励生产要素参与分配，这样才是真正符合社会主义市场经济发展的分配制度。

好的岗位向有才能的人开放，使有才能的人能为社会做出更大的贡献，然而，如何激发他们为社会多做贡献？要从分配上入手，使收入反映其能力和才能、知识水平等，这样才有利于调动他们的积极性。在社会主义时期，劳动者所提供的劳动多种多样，劳动仍是生存手段，因此，坚持按劳分配为主的多种分配方式并存，乃是社会主义初级阶段的正义原则。社会主义收入分配中，应坚持"得其应得"，收入分配要体现个人的能力、技术、勤奋等与收入的对应。为了发挥个人积极性，收入分配必须要体现才能在社会财富创造中和分配中的贡献，否则就会导致平均主义或懒惰之风。收入应体现贡献的多少，实现多劳多得、优劳优酬。"要把按劳分配、劳动所得，同允许和鼓励资本、技术等生产要素参与收益分配结合起来，坚持效率优先、兼顾公平。"① 应该体现能力、贡献大

---

① 《江泽民论有中国特色社会主义》，中央文献出版社，2002，第58页。

小与收入多少相一致,权利与义务相一致,实现应得正义。

在社会主义初级阶段,由于生产力水平不高,不能实现按需分配,劳动还是生存手段,而劳动还存在社会劳动与个人劳动的差别,个人劳动如果能转化为社会劳动,就能增加社会财富,否则就会被市场所淘汰。所以,为了反映人的贡献大小,社会根据每个劳动者所提供的劳动数量和质量进行收入分配,而作为劳动提供者的主要提供要素——社会劳动必须要在利润分配中有相应的收入份额,即收入要体现"应得"原则,收入多少主要还是看私人劳动向社会劳动的转化可能性。私人劳动要转变为社会劳动,才能获得收入分配,转变越多收入也就越高。无用劳动不能获得收入、参与收入分配,这有利于增加社会财富,提高社会生产力。马克思在《哥达纲领批判》中指出,"生产者的权利是同他们提供的劳动成比例的;平等就在于以同一尺度——劳动——来计量。但是,一个人在体力或智力上胜过另一个人,因此在同一时间内提供较多的劳动,或者能够劳动较长的时间;而劳动,要当作尺度来用,就必须按照它的时间或强度来确定,不然它就不成其为尺度了。这种平等的权利,对不同等的劳动来说是不平等的权利。"[①] 但是这些弊病,在经过长久阵痛刚刚从资本主义社会产生出来的共产主义社会第一阶段,是不可避免的。权利绝不能超出社会的经济结构以及由经济结构制约的社会的文化发展。在社会主义初级阶段,按劳分配仍是主要分配标准。劳动收入要反映人们参与社会劳动的时间和强度,要反映人的才能、技能,从而体现出"得其应得"。制度正义必须要体现个人对社会做出的贡献大小,政府应制定合理的收入分配制度。目前,我国实行按劳分配为主体、多种分配方式并存这一分配制度,这种分配制度既能体现社会正义,又能激发劳动者的积极性,使其"得其所得"。

市场经济为按劳分配和按社会劳动分配提供了良好的平台。市场经济要求按照对社会的贡献进行收入分配,个人的社会劳动及生产要素都

---

① 《马克思恩格斯选集》第3卷,人民出版社,1995,第304~305页。

参与收入分配，按生产要素分配就是市场经济根据生产要素所有者提供的生产要素的不同价值作用，给予相应的收益回报。这必须在流动机制健全的市场中才有可能，因此，做好按劳分配需要劳动力与生产要素的自由流动。在资本主义国家，按生产要素分配制度十分完善，而公有制代表着人们在生产资料占有上的平等关系。因此，这就排除了人们凭借对生产资料的占有而无偿地占有他人的劳动成果的可能。但处于社会主义初级阶段的我国市场发育还不完善，更需要发挥市场作用，把按劳分配和按生产要素分配有机结合起来。"坚持按劳分配为主体、多种分配方式并存的制度。把按劳分配和按生产要素分配结合起来，坚持效率优先、兼顾公平，有利于优化资源配置，促进经济发展，保持社会稳定。"[1] 为此，必须规范市场行为，完善市场制度，保护人们的合法权益，做好规则正义，使每个人都能有发挥自己才能、获得相应收入的机会。

（三）以人为本：社会主义制度正义的价值归向

马克思主义的正义思想也告诉人们，社会发展必须要以所有社会成员的自由全面发展为目标。由于社会主义的条件限制，还不能实现人的全面自由发展，但应努力为人的全面发展创造条件，这是这一时期公平正义追求的目标。"以人为本"是社会主义初级阶段制度价值的取向。"以人为本"的制度取向，简单地说，就是制度规范以所有人的发展为目标，制度规范体现经济、政治、社会等领域的"为人"原则。

一项制度是否公正在于它是不是符合人类生活所追求的理想和价值，是不是符合绝大多数人民的意愿，得到绝大多数人民的认同。从价值评判的角度讲，社会主义社会只有体现出社会主义基本制度的优越性，使广大人民群众共享社会发展的成果，满足更多人的需要，才算是比资本主义体现出了更多的公平正义。所以，社会主义制度正义应该体现在生产效率比资本主义要高，社会成果为更多的人所共享，人的自由程度更高，发展机会比资本主义社会要多、要全面。

---

[1] 《十五大以来重要文献选编（上）》，人民出版社，2000，第24页。

如何才能做到"以人为本",让人们有更多全面发展的机会值得思考。生产力的发展是基础,但生产力的发展带来社会财富的增加不一定带来多数人的生活改善。在资本主义社会,利益被少数人占有,因此要做到制度"为人",制度规范必须要让大多数人获得利益,让更多的人分享到社会发展的成果。在人类社会实践活动的历史进程中,生产力的发展与人的发展之间常常存在矛盾。在私有制下,制度规范往往是以大多数人遭受奴役为代价,也就是说生产力发展的成果往往被少数人所独享,社会由此被划分为经济利益对立的不同阶级。社会主义制度公正体现在,社会财富的不断增长与人民不断分享社会发展成果相互促进。利益共享的制度规范是公有制度的本质体现。公有制打破了少数人对生产资料的垄断,避免了红利被少数人占有的问题。而生产资料全民所有要求社会发展红利为所有社会成员所共享。西方学者认为,只要不侵犯个人自由、平等权利,保护个人财产的制度就是好的制度。其实,对社会发展成果的分享也应是制度规范的对象。个人主义、私有财产与自由契约成为市民社会内部运行的三大主导原则。也就是说,公民社会的组成目的就是要保护一切市民的"生命、自由和财产"安全。这种制度价值只会导致形式上的公平,却不能实现每个人真正的公平。马克思恩格斯指出了这种由各个人所结成的共同体的弊端。他指出:这些个人只是作为普通的个人隶属于这种共同体,只是由于他们还处在本阶级的生存条件下才隶属于这种"共同体"。① 而"革命无产者的共同体中,情况就完全不同了。""它是各个人的这样一种联合(自然是以当时发达的生产力为前提的),这种联合把个人的自由发展和运动的条件置于他们的控制之下。"② 在这种共同体下,人们不受偶然性的支配,而是一种自觉行为,因此,社会主义在谈及成果分享与机会公平时,并不是被迫的,而是一种自觉主动的行为,是人们对生产力发展状况的有意识的调节。

"以人为本"的制度规范,一是对人们的发展机会的公平规范,岗位

---

① 《马克思恩格斯选集》第 1 卷,人民出版社,1995,第 121 页。
② 《马克思恩格斯选集》第 1 卷,人民出版社,1995,第 121 页。

向所有人开放；二是对社会成果共享机会的公平规范，社会资源向所有人平等开放。也即，社会主义社会财富增加，必须要发挥个人才能，调动积极性，做到就业机会公平。同时，在改革成果分享上也要机会平等，重视社会保障的机会平等。而我国坚持公有制为主体、多种所有制经济共同发展这一基本经济制度，为社会所有成员的全面发展机会提供制度平台，大力发展生产力，为人的全面发展机会夯实基础。坚持按劳分配、多种分配方式并存这一分配制度，为社会财富的分配提供基本的衡量标准。坚持社会成果向所有社会成员开放，使社会主义制度下每个人都有尊严地生活。邓小平说，贫穷不是社会主义，发展太慢也不是社会主义，平均主义不是社会主义，两极分化也不是社会主义。"社会主义财富属于人民，社会主义的致富是全民共同致富。社会主义原则，第一是发展生产，第二是共同致富。"① 如果不是共同富裕，就说明社会主义走歪了。"社会主义最大的优越性就是共同富裕，这是体现社会主义本质的一个东西。"② 邓小平的论述为"以人为本"的制度规范提供了思想基础。

"以人为本"的制度规范，更要有助于社会弱势群体的能力全面发展与机会公平的真正实现。在社会财富不断增加时，应坚持按劳分配为主，公共资源平等开放，让改革成果惠及所有人。马克思也谈到，为了体现公平，必须在社会总产品中扣除一部分剩余来满足共同需要的部分，为丧失劳动能力的人设立基金。当然，这种扣除不应以牺牲他们的机会为代价。社会公正的基本含义和最重要的意义就在于机会平等、机会均等。从个人来讲，机会不平等带来的是一个人无法通过努力来改变自身的收入状况和社会地位，从而失去了向上流动的可能性。"如果存在着机会不平等，过程不平等以及结果不平等，人们最不能容忍的首先是机会不平等，而不是结果不平等。因为，机会不平等的背后实际上剥夺了人们的

---

① 《邓小平文选》第3卷，人民出版社，1993，第172页。
② 《邓小平文选》第3卷，人民出版社，1993，第364页。

选择权利，也意味着剥夺了人们参与市场竞争的机会和资格。"① 在经济活动中，由于存在各种差别，人们的劳动条件也存在差别，市场经济也会导致一部分人在市场竞争中落伍，失去获得资源的机会，如果对这部分人不管不问，就会导致这些人对生活失去信心，也不利于他们的自由发展。如果社会资源把这部分人排挤在外，这些人的劳动价值得不到体现，参与竞争的机会以及获取收入的机会被剥夺，人格尊严也就得不到保证。久而久之，趋炎附势的风气就会盛行。在等级社会，下层人依赖于上层人的施舍，多数人依赖于权贵而生存，人格就不独立，只有听从于权贵安排才能获得基本生存资料，一旦得罪权贵则有生存担忧。这样的社会不可能充满活力。在平等社会，有能力的人凭借自身的才能而获得相应收入，不再依附于权贵而行事，人格也就有了独立性。如果国家向全社会成员平等开放优质生产资料，如果所有的工作岗位向劳动者平等开放，采取择优录用的竞争机制，实现就业机会的公平，那么人们就会积极进取、对社会充满希望、对自身前途怀有美好憧憬，社会就会充满生机与活力。对于被市场淘汰的人，国家也应给予他们基本的生存资源，使他们有机会获得再次发展的机会，从而为社会发展贡献自己的力量。重视机会的公平获得，这实际上已经揭示出社会正义的核心，即机会公平是社会正义实现的必要条件，没有机会公平就不可能有社会公平，而机会公平不仅包括起点公平，也包括参与过程的机会公平（能力发展的机会公平）与分享成果的机会公平等。

二 社会所有成员的机会公平：社会主义制度规范的内核

如何才能做到社会正义视域下的机会公平值得思考。如前所述，社会应为个人才能的发挥创造公平的条件，让不同才能的人能自由地配置其努力程度，特别是对社会弱者的生存机会与发展机会进行关心和照顾，

---

① 权衡：《收入分配与收入流动——中国经验和理论》，上海人民出版社、格致出版社，2012，第 19 页。

让其能力得到相应的发展。而制度就应针对这一理念进行规范，如果制度规范有利于促使人们自由配置与其才能、努力程度相适应的机会，则这种制度就是合理的，它有利于所有人的自由全面发展。如果制度规范有利于促使人们获得与其才能、努力程度相适应的收入，能够平等分享公共资源与社会发展成果，则这种制度也是合理的。因此，正义制度有利于所有人的自由全面发展，能够为所有人的自由发展提供良好条件的保障。

社会主义制度正义下机会公平的基本要求：社会主义制度通过对生产资料、公共资源的规范来实现"客体"的机会公平；通过对所有社会成员而不是部分人进行公平对待来实现"主体"机会公平；通过按劳分配为主的收入分配等规范实现"中介"的公平。最终实现对"什么可以做""谁可以做""怎么做"的规范的公平性。从内容上看，机会公平主要体现为以下几点。

（1）基本生存的保障。这是机会公平的基础。要维护人的尊严，人的自由发展的基本物质条件必须要保证。人们的基本生存底线即衣食住行要得到基本保障，人们的基本权益要保护好。目前，对低收入群体的保障成为维护社会公平正义的主要任务。党和国家提出的最低生活保障也旨在不断改善这些贫困人口的基本生活生存条件，使社会更加公平，这方面包括提供基本医疗保障、基础养老保险和最低生活保障等。

（2）基本的发展能力和发展机会。这是解决社会弱者机会公平问题的根本。人们的基本发展能力是获取基本生存资料的能力，政府应该提供一些技能或就业培训，使每个社会成员都拥有基本生存能力。有了这些能力才能生存下去，有了这些能力才能维护好尊严。因此，给予每个人的基本发展能力成为政府的一个任务。这方面包括政府提供基本义务教育、基本职能、技能培训等。

（3）利益共享的机会。在解决了基本生存和基本能力之外，还要有一个发展红利的共享机会。这是基于公有制和人的全面发展而提出的更高层次的要求，因为公有制实行生产资料的全民所有，其所带来的红利也应归全体社会成员拥有。因此，社会成员生活条件的改善应与社会经济发展同步。这方面包括基本公共服务均等化、工资的正常增长等。

马克思指出，无产者自身的生活条件、劳动以及全部生存条件都不能加以控制，"因为他在本阶级的范围内没有机会获得使他转为另一个阶级的各种条件。"[1] 要想实现自己的个性，就应当消灭他们迄今面临的生存条件……应该联合起来把个人自由发展的条件置于自己的控制之下，自己为主人，让他们都能有机会实现自己的个性。这些条件是个人自由活动的条件，并且是由这种自主活动产生出来的。[2]

在我国，由于实现的是生产资料公有制，社会主义基本制度安排保证机会公平能够实现。机会平等在制度安排中主要体现为，在经济资源的获得上，每个人能够有发展自己的特长、找到适合自己的岗位的机会。国家的经济资源向所有人开放，生产资料应根据人的才能进行开放。在政治资源的获得方面，每个人的权利必须保障好，职务岗位向所有人开放，晋升机会平等地开放。它不因个人的身份地位、财富的多少而受阻碍。每个人都有参与政治选举和被选举的权利，有行使监督权利、参与政治的畅通渠道。在社会资源的获得方面，如在教育文化方面，就是对每个具有相似动机和禀赋的人来说，都应当有大致平等的教育和成就前景。在社会保障方面，国家应对所有社会成员同等对待。简言之，社会主义制度正义应体现在有才能的人能和优质的生产资料充分结合，即岗位向所有人开放；收入能按照贡献的大小分配，而不应受到其他先赋性因素的影响；每个人的权利有真正保障，社会劳动成果为所有人共享，改革红利为所有人共享，等等。

三　社会主义制度正义下的机会公平状况

在社会主义初级阶段，我国消灭私有制，实现公有制，消除不公平的制度基础，但并不因此就说明社会主义就达到了正义，机会公平的实

---

[1] 《马克思恩格斯选集》第 1 卷，人民出版社，1995，第 120 页。
[2] 《马克思恩格斯选集》第 1 卷，人民出版社，1995，第 123 页。

现本身是一个历史过程。"由于这些条件在历史发展的每一阶段都是与同一时期的生产力的发展相适应的"①。因此，必须重视机会公平实现的现实条件。社会主义公平正义的实现具有鲜明的时代性特征，主要表现在与生产资料接触方面、在社会财富分配方面、在社会成果分享方面都存在不同时代的特征。

中华人民共和国成立之初，经济一穷二白，工业几乎一片空白，商品极为匮乏，社会财富极少，生产力水平也极低。如何在这样一个经济文化比较落后的国家建设社会主义，是摆在党和全国人民面前的重大任务。实现工业化是近代以来中国历史发展的必然要求，这也是民族独立和国家富强的必然要求。为此，毛泽东指出，以工业为主导，把重工业作为我国经济建设的重点。发展重工业，是维护国家独立、统一和安全所必需的，也是国家富强所必需的。如何在这样一个农业人口占绝大多数、农业是主要产业的国家发展好工业？毛泽东提出了以农业为基础，以工业为主导，以农轻重为序的发展经济总方针。为了发展工业，筹集工业发展资金，我国采取"剪刀差"的形式，低价收购农产品，高价出售工业产品，从而牺牲了农民的利益。为了防止农民进城，国家出台了阻止农民进城务工的户籍制度及其相关制度，以保证工业和城市得到优先发展。

然而，实行以户籍制度为核心的一系列具体制度，导致了农民与市民在生产资料接触方面、在社会财富分配方面、在社会成果分享方面都存在明显差异。第一，户籍制度影响到农民工对"最初资源"的占有。农民工是属于农民的一部分，他们在流入城镇之前，仍然被限制在农业、农村，相对于工人所拥有的较为先进的工业生产资料而言，农民拥有的生产资料相对落后，生产力较为低下。第二，户籍制度影响农民工对城镇公共教育资源等的获取。在农民工流入城镇之前，他们与子女在一起，其子女也在农村上学。但农民工在城镇务工，逐渐与其子女分开，导致

---

① 《马克思恩格斯选集》第1卷，人民出版社，1995，第124页。

留守儿童现象。留守儿童的产生，与农民工在城镇所分享的公共教育资源较少有关。第三，户籍制度成为人们的收入分配、社会保障的依据。当前，社会资源的分享仍或多或少受到户籍制度的制约。有些地方政府以户籍制度作为分配公共资源的根据。在收入分配上，多数国有企事业单位的分配制度并没有反映劳动时间、劳动强度与个人努力的状况，而仍然是与编制性质、身份、岗位等级等相关联。

当然，除了制度影响外，不同分工条件也会产生相应制约。马克思也指出过："迄今为止的一切交往都只是在一定条件下个人的交往，而不是作为个人的个人的交往。这些条件可以归结为两点：积累起来的劳动，或者说私有制，以及现实的劳动。"① 私有制已经被公有制所代替，但现实的劳动条件仍不平等。个人在进行生产过程中就包含着不同的条件。"分工从最初起就包含着劳动条件——劳动工具和材料——的分配"，② 这些条件是造成不平等的重要因素。人们在现实中进行普遍的物质与精神的交换，必然受到不同条件的阻碍，主体之间进行相互沟通，必然会受到不同制约，但主要是制度的影响，制度的影响深刻且长远。随着国内国际环境的变化与生产力的发展，原来户籍制度所调整的社会关系也发生了较大变化，但有些地方政府仍然使用这一制度约束或控制农民工，进行社会利益的分配，从而导致不公平现象。户籍制度已成为人们机会公平的主要阻碍因素。以户籍制度为主的一系列制度阻碍了农民工的机会的平等获得。

改革开放以后，我国逐渐放宽了户籍制度的限制，允许农民进城，允许劳动力的流动，特别是社会主义市场经济体制建立后，户籍制度的影响逐渐减小，但至今其影响仍然存在，而且成为农民工机会不公平的主要因素。

---

① 《马克思恩格斯选集》第 1 卷，人民出版社，1995，第 127 页。
② 《马克思恩格斯选集》第 1 卷，人民出版社，1995，第 127 页。

第三章　农民工及其问题表现：社会主义制度下不公平现象透视

如果一个制度有利于所有社会成员的自由全面发展，则这个制度就是正义的。如果一个人的成功取决于他的才能以及努力等，而非其拥有的家庭或社会背景，则说明这个市场制度是公平的。如果一个人获得收入多少是取决于他对社会做出的贡献大小，而不受其他因素影响，则说明这个分配制度是公平的。如果社会岗位向所有人开放，而不涉及身份等不相关因素，这说明这个就业制度是公平的。相反，如果某一个制度不利于多数人的自由全面发展，则这个制度就是不正义的。

在我国，社会主义公有制这一基本制度是正义的，它有利于社会成员的自由全面发展，但并不排除在某些具体制度规范中有不公平的现象。目前，我国农民受到的机会不公平对待，很大程度上就是与户籍制度为主的制度体系有关。这些不公平的制度规范导致农民工在就业岗位上有正式职工与临时工的区别，临时工干脏活、累活。在分配上，编制、身份成为评价个人劳动贡献的依据。正式工与临时工虽然进行同等的劳动，但收入就是不一样。农民工工资普遍没有正式工高。在职位升迁上，农民工升迁的可能性非常小，而正式工升迁概率要大得多。在社会资源、公共服务的分配上，农民工也常常被排除在外。农民工所有这些不公平现象都与户籍制度等制度规范有关。学者们也对户籍制度的不合理性进行了抨击，指出农民工的不公平状况与户籍制度的关联。但从机会公平角度对户籍制度进行批评的不多。

　　诚然，衡量一个社会或一个制度是否公平，确实是一件困难的事情。从社会学中，机会的公平通过职业流动和收入流动反映出来。一是将职业流动与个人的学历、技能进行相关性分析，以检测岗位是否向有才能者开放。将地位的获得与家庭、父母职业等进行相关性分析，以检测地位升迁是否受先赋性因素影响。二是将收入流动与户籍制度相联系进行分析，以检测不同机制、编制等对收入、社会保障的影响，以检测是否"一致对待"。将收入流动与其劳动时间、劳动强度进行相关性分析，以检测是否符合"得其应得"原则。

　　职业流动是从就业角度来谈的，反映了劳动力市场的资源优化和配置情况。而收入流动是从分配角度来谈的，反映的是不同收入阶层之间的变化和流动，以及劳动者贡献大小与收入多少的关联情况。职业流动受阻意味着资源没有得到优化，有能力的人没有得到重用，而收入流动的受阻意味着一些人的贡献没有得到回报。总之，这两种方法都能反映农民工的不公平现状。"一方面，收入流动性的大小可以让我们检验社会机会公平的程度，社会机会越公平，那么收入流动性越大。另一方面，收入流动性的大小也是我们判断一个国家制度公平性的有效指标，一个社会收入流动性越大，表明这个国家的制度越公正。"[1] 而职位升迁，其基本要义也就是就业机会的平等开放。职位升迁畅通就意味着这个社会不同阶层之间面临平等的就业机会。地位升迁是从社会资源来谈的，反映的是劳动者对社会资源的获得情况，能够测量人们的社会机会状况。

　　以上是学者们对社会公平及机会获得的测量方法。本章也借鉴上述分析手段来分析农民工的公平状况及机会公平状况。从户籍制度如何影响农民工的就业、收入、社会保障、公共服务等方面分析探讨，并根据学者们所做的调查分析，进一步分析农民工的机会不公平主要受到户籍制度为主的多种制度的影响。

---

① 　卢现祥等：《有利于穷人的制度经济学》，社会科学文献出版社，2010，第11页。

第一节　认识农民工：农民工机会不公平的现状

农民工在城市务工，一切都面临与农村不同的新的挑战，所遇到的机会也不公平。农民工在城镇的机会不公平表现在择业方面，他们并没有接触到与其能力相当的生产资料。其测量办法就是，职业流动性。表现在收入方面，并没有获得与其能力相当的收入，其测量办法就是，收入流动性。"收入流动性的一个基本要义就是机会平等。一个社会不同收入阶层之间收入流动性较高，就意味着这个社会不同收入阶层之间面临平等的机会。"① 表现在公共资源的分享方面，由于身份等的限制，不能享受同等的社会保障；在公共服务上面，由于身份的限制，不能享受到平等的教育资源、公共卫生等公共服务。其测量办法就是，社会保障是否平等、随迁子女的机会是否平等等。具体表现在以下几点。

一　就业机会的不公平：同样的岗位，不一样的编制

农民工机会不公平表现为农民工在城市的工作总是被隔离在优质资源之外，职业流动难，岗位受到限制。

农民工进城务工，所从事的多是建筑业和保姆等服务业，这些领域的劳动强度大，工作环境差，多处于产业链底端。多数农民工是在吃"青春体力饭"，这种凭借年龄和体力的优势而在职业上获得优势的人，在劳动力市场上并不具有长远的竞争实力，因为一旦过了青春年龄或随着产业升级，劳动密集型部门劳动力饱和，他们的就业机会就会减少，马上就会面临着下岗或裁员的威胁。根据潘泽泉所做的城市问卷调查样本，农民工平均年龄为30.3岁，年龄结构以18～27岁居多，占总人数的

---

① 权衡：《收入分配与收入流动——中国经验和理论》，上海人民出版社、格致出版社，2012，第11页。

51.5%，28～37 岁的人数占总人数的 30.5%，二者合在一起占总人数的 82%。①

农民工进入国有企业或事业单位的可能性小，即便进入这样的岗位，由于不是正式编制，无论在劳动管理、技术培训还是在福利分享方面都与编内人员有较大差别，由于没有职称，他们也没有正常的工资增长机制。由于没有上升的机会，他们也就缺乏职业升迁引发的自我成就感。现在不少企事业单位录用农民工以后，不能做到同工同酬，同工同时，同工同权。表现在工种分配、工资发放、职务升迁等方面都还是在实行两种办法、两种制度。有些人即便已经工作十年、十五年、二十年了，还是流动岗位，无名无分，随时可能被替换掉。由于得不到正式职工的身份，有的农民工即便很能干，表现也很出色，但还是被排挤在正常的渠道之外，得不到应有的任用、培训、升迁。在潘泽泉所做的调查中，专业技术人员占总人数的 19.6%，办公与管理人员占 10%，多数为工人，主要是无编制的临时工。

人们必须有机会获得一技之长，能参与到社会分工当中来，以便应对社会经济的激烈变迁。但由于这些农民工缺乏知识，他们很难转换到好的工作岗位，以平行流动为主。李强对农民工的职业流动进行了初次职业流动与再次职业流动分析，得出的结论是：初级农民工的职业流动上升了。据他的调查，68.6% 的农民工从事农业，转变为 12.4% 的人从事农业。农业向工业或其他产业转移明显。② 但再就业职业升迁的比例很小，据调查，72.7% 的农民工地位变化值为 0，农民工只发生水平的职业变化，没有发生垂直的地位变化。③ 单身年轻农民工更看重个人职业前途，表现出更高的工作转换倾向，因为他们的转换成本比成家的农民工更低。但他们一直处于水平转移，而不是垂直上升。他们从一个企业跳到另一个企业，仍然处于底层岗位。

---

① 潘泽泉：《国家调整农民工社会政策研究》，中国人民大学出版社，2013，第 47～48 页。
② 李强：《农民工与中国社会分层》，社会科学文献出版社，2012，第 134 页。
③ 李强：《农民工与中国社会分层》，社会科学文献出版社，2012，第 138 页。

对于进入企业的农民工，获得职位晋升与生活改善的机会基本上是通过学习技术从而走上技术岗位和管理岗位，而对于建筑业的农民，由于其工作技术含量不高，上升机会很少。技能培训意味着农民工能掌握一技之长，获得技术优势，这样有更好的机会参与社会生产，也能顺利地获得更高的职业地位和更好的前途，经济条件也会相应得到提高。所以，职业培训直接影响农民工的生存和发展机会。[1]但调查发现，参加技能培训的人不多。据金维刚等人的调查，近三年来没有参加过职业技能培训的农民工为48.7%。从培训技能的承担主体来看，务工所在地工作单位是培训承担主体，占47%，资金来源也以单位出资为主，占52%。[2]由于工作单位举行培训，培训内容以实用性为主，更多的是服务于本企业，因此功利性也很强。

而这些现象的产生虽然不排除个人的能力和技能差，但户籍制度影响不能被忽视，户籍制度的影响导致农民工初次就业没有和较好资源接触的机会。

二　收入待遇的不公平：同样的工作，不一样的收入

农民工收入权益缺乏表现为三方面，即收入低于其贡献、同工不同酬的差异化收入、基本权益不受保护。李强根据国家统计局2000年的数据，分析了流动劳动力与经济发展的关系，发现流动劳动力对各省人均GDP的社会贡献最大。[3]美国《时代》周刊也将"中国农民工"作为2009年度人物放在了封面。如果说收入低与其文化水平有关，那么同工不同酬、同工不同权还有一定的合理性可言。但是，在一些国有企业或事业单位，也招收了一部分农民工，他们做的事情与正式职工一样，甚至比正式职工做得更好，但始终享受不到相同的工资和待遇。同样的工

① 潘泽泉：《国家调整农民工社会政策研究》，中国人民大学出版社，2013，第347页。
② 金维刚、石秀印主编《中国农民工政策研究》，社会科学文献出版社，2016，第224~225页。
③ 李强：《农民工与中国社会分层》，社会科学文献出版社，2012，第234页。

种不应有体制内和体制外的差别，而只应反映能力的大小和工作量的多少。然而，这样同工不同酬、同工不同权的现象在部分事业单位和国有企业中大量存在。农民工仅仅获得的是微薄的收入，仅仅维持自己和家庭生存，甚至只能维持自己的生存，这种收入没有反映"得其应得"。在金维刚等人的调查中，超过半数的被调查农民工工资收入在2000元以下，在2000～3000元的占22.7%，3000～4000元的占5.2%，4000～5000元的占2.8%，5000元及以上的占0.4%。① 《人民日报》2010年5月24日发表的"北京师范大学收入分配与贫困研究中心"调研组的数据，说明了我国城乡收入差距的进一步拉大，其中户籍、出身是收入差距拉大的主要推手。②

在权益保护方面，正式工与农民工也存在差别。正式工人每天8小时工作制，每周能享有双休日，法定的节假日不减少薪水，而农民工很少有双休日，没有节假日的观念，每天工作时间不固定，当订单多的时候还常常要加班加点。我国劳动法规定工人每月加班不得超过36小时，而不少企业人均加班在60～100小时，甚至达到140～150小时，从而导致工作人员昏倒在工作岗位上，甚至有工人吐血的现象发生。③ 虽然加班有加班费，但很低。农民工付出了如此辛勤的劳动，却得不到应有的经济待遇。农民工的工资普遍较低，在20世纪90年代，他们的工资收入还要缴纳多种不合理的费用，如外出务工许可证费、进城务工管理服务费、暂住证费，到务工地要交城镇劳务许可证费等。

据陆学艺的调查，在职业流动中，初职地位获得的影响因素除了受教育程度外，还有户口制度，即出生于城市的非农户口的人，能够比农村人口获得更好的就业机会，并升迁到较高的社会阶层。④ 而农民工选择体制外的劳动力市场，意味着在就业市场中面临更多风险和不确定性，

① 金维刚、石秀印主编《中国农民工政策研究》，社会科学文献出版社，2016，第229页。
② 曲哲涵：《收入差距为何不断扩大》，《人民日报》2010年5月24日。
③ 李强：《农民工与中国社会分层》，社会科学文献出版社，2012，第217页。
④ 陆学艺：《当代中国社会流动》，社会科学文献出版社，2004，第188页。

意味着更有可能遭受非正式经济所带来的贫穷与边缘化。[1] 正规的就业岗位有持续的就业预期，企业也会进行能力培训，并且有获得内部晋升的机会，而边缘就业的农民工缺乏这些机会，报酬也过低。一些私人企业的老板想尽一切办法降低自己的风险而从农民工身上榨取更多的利润。这些农民工由于随时被解雇，他们处于生存危机的边缘，他们不敢和老板顶嘴，因为没有这份工作，意味着他们将面临饿肚子。一些年纪大的人就忍辱负重，工作条件差也不敢说。这些非正规的单位由于资金少、生产力水平低，没有在官方的机构登记，没有得到政府的承认，更没有受到政府的制度规范。这些老板为了追求利润，社会保护措施能省就省，不顾及农民工的身体健康。

三　社会保障的机会不公平：同样的风险，不一样的保障

农民工的工作大多是辛苦甚至危险的工作，如高压线安装、建筑施工、油漆装潢、垃圾清理、地下道清淤等。大部分农民工所处的工作环境恶劣，甚至影响健康，工作时间长，也易造成工伤。农民工一旦遭遇到失业、疾病和工伤等风险与困难，企业或政府不会为他们提供援助和保护，他们很容易陷入窘境之中。而城市职工社会保障已经建立，养老保险、医疗保险、失业保险、工伤保险和生育保险几乎全覆盖。这些保障措施加强了他们抗风险的能力。而城市市民生活贫困也被纳入最低生活保障或社会福利中。此外，国家还为市民建立了一系列住房支持项目，即公积金制度、经济适用住房或廉租房等。

近年来，我国农民工的社会保障制度也得到了重视，除了强制性较高的工伤保险外，医疗保险与城市逐渐统一，但养老保险、失业保险、生育保险、最低生活保障等还与市民存在较大差别。在金维刚、石秀印做的调查中，农民工参加养老保险的人数占总数的 50.5%，一直没有参

---

① 潘泽泉：《国家调整农民工社会政策研究》，中国人民大学出版社，2013；第 193 页。

加养老保险的占 27.7%。参加失业保险的人数比例只有 24.5%，有47.1% 的农民工表示"一直没有参加"。甚至工伤保险也不能实行全覆盖，仍有 24.5% 的农民工表示"一直没有参加"，23.1% 的农民工自己都"不清楚"。[①]

正式编制与非正式编制在社会保障方面和福利待遇方面就存在较大的差别，而农民工很难进入正式编制，因而影响其收入和社会保障。在社会保障方面，制度设计和执行方面存在困难，导致实际享受的人更少。在制度设计上，针对农民工社会保险的规定，大多是企业买单。而这些雇主出于节约用工成本的考虑，不愿帮农民工出这笔钱，甚至不配合政府做好工伤保险工作，往往能拖就拖，能合并就合并。在执行方面，根据我国《劳动合同法》，雇主要为农民工缴纳工资 20% 的保险金，个人缴纳工资的 8%，计入个人账户。但实际是，雇主不愿交这笔钱，而农民工也不愿把 8% 的钱用来做长期的养老投资。因此，做好政府监督对于农民工的社会保障具有重要意义。

当然，社会保障与工作的稳定性也有关系。收入水平较高、有能力将家庭迁入城市的农民工更愿意参加社会保险，以更好地应对工伤、疾病等风险，同时，能获得较为优质的教育资源。而对于收入低的农民工，由于社会保险与义务教育并没有为他们提供更多的收入，故对迁居影响不大。

四　公共服务不一致：同一个城市，不一样的服务

教育公平是社会公平的基础，保障每一个公民接受教育的权利，是国家的根本义务。教育的机会与城乡二元制度有关。由于教育资源有限，城市教育资源以"农业户口"和"非农业户口"进行区分。由此衍生出流动农民工子女不能享受到城市的教育资源等问题。但是根据调查，在

---

① 金维刚、石秀印主编《中国农民工政策研究》，社会科学文献出版社，2016，第 238～247 页。

中小学阶段的儿童中，47%的农民工的子女不能跟随父母到城市读书，16.2%的农民工子女在家乡或离家乡较近的城镇上学，还有1.8%的农民工子女辍学，只有23.9%的农民工子女能够随父母在城市中小学上学。而在这些上学的孩子中，只有5.5%的农民工子女能够在城镇公办学校上学并免交借读费。[1] 虽然国家相继颁布了《流动儿童少年就学暂行办法》《关于进一步做好流动人口子女义务教育工作的意见》《国务院关于解决农民工问题的若干意见》等一系列规则制度，但受到地方政府的各种理由阻挠，这一问题至今仍没有得到很好的解决。[2]

按照宪法规定，公民应有权享受国家和用人单位提供的福利设施和种种福利待遇，劳动者应该有在年老、患病、工伤、失业、生育和丧失劳动能力的情况下获得物质帮助的权利。但是在现实中，农民工的劳动合同签约率低，由于流动性强、季节性强，劳动缺乏保障，农民工的工伤、失业、患病等社会福利普遍缺失。[3]

社会主义红利共享难以普及农民工。国家重视改革成果共享，但对于如何共享，则缺乏机制保障。国家一般对正式编制的人进行保障，但对于正式编制之外的农民工，却没办法进行保障。公积金制度、公租房制度等都没有农民工的份，最低工资的调整也很艰难。

由于共享机会与经济发展水平有关，而教育、医疗、住房、养老等公共资源有限，还难以在短时间内实现全国均等，但公平分享是一个趋势，必须做到一致对待，从而减少农民工的相对剥夺感，促进社会稳定。

五　政治权益不公平：同样的规定，不一样的保护

政府一般对正式单位的职工利益进行规范和保障，而对非正规部门

---

[1]　金维刚、石秀印主编《中国农民工政策研究》，社会科学文献出版社，2016，第250页。

[2]　潘泽泉：《国家调整农民工社会政策研究》，中国人民大学出版社，2013，第295页。

[3]　潘泽泉：《国家调整农民工社会政策研究》，中国人民大学出版社，2013，第310页。

中农民工利益规范很少，特别是在20世纪80～90年代，涉及农民工利益的制度规范更少，这种对非正规部门的制度规范缺位导致了农民工待遇不平等、收入不公平、劳动维权艰难的背后逻辑。不公平的制度规范可以修改，但问题是这种不公平的制度规范是如何形成的，在制度制定过程中，有没有农民工的参与，有没有考虑到农民工的利益，这才是农民工利益缺乏保障的关键。体制外劳动力市场运作的逻辑要求政府不仅考虑雇主的用人决策和市场基于利润的逻辑，还要考虑农民工的安全与利益需求。如果没有制度规范或任由雇主进行规定，那么为了追求高回报率，或者出于短期利益考虑，雇主有可能随意解雇或处罚工人，擅自调整或延长工作时间，这导致一部分人的利益以牺牲另一部分人的利益为条件。当前，有的农民工处于恶劣的工作环境之中，噪声大、灰尘多、环境污染严重，但为了生计，他们不得不忍受。而城市政府劳动保障部门只针对市民进行保护，对于农民工的遭遇却视而不见。[1]

由于政府管理没有把农民工纳入其范围，农民工缺乏参与制度规则的制定权利。"强调权利平等和社会公正的一大要义是让弱势群体参与制定制度规则，并促使现有的规则趋于更合理、更公平。"[2] 我国迁入地政府在制定制度规范时，没有代表农民工合法民意的人员参加，迁入地人大或政协都缺少农民工代表或委员。在珠江三角洲的许多城镇，外来人口超过了本地户籍人口的现象非常普遍，外来人口甚至是当地人数的好几倍，然而，农民工却没有自己的声音，也没有自己的组织，无法参与规则制度的制定。制度为什么会不公平呢？道理很简单，因为政治体系的安排并不是总是给予每个人的需求同等的权重的。[3] 在工厂企业里，通常来说具有重大决策权的职工代表大会，也很难看见农民工的身影。他们也不能享有应有的民主权利，即便能参加，也要另外登记，难以享受到与正式工人真正一样的平等权利。"农民工在城市中遭受制度性排斥的

---

① 潘泽泉：《国家调整农民工社会政策研究》，中国人民大学出版社，2013，第296页。
② 潘泽泉：《国家调整农民工社会政策研究》，中国人民大学出版社，2013，第191页。
③ 世界银行：《2006年世界发展报告：公平与发展》，清华大学出版社，2005，第20页。

一个根本原因就是在制度的制定和实施过程中，始终缺乏他们自己的代言人，所有的制度性排斥是城市居民和政府共同参与决策的结果，是代表城市居民的利益所必需的。"①

农民工有政治表达的需求，如权益被侵犯需要维护，合理利益需要争取。农民工群体被排斥出政治决策过程，这些人没有声音，没有代表他们声音的组织或团体。这主要是缺乏相应机制，而农民工的户籍在农村，理应到农村参加选举和被选举，事实上农民工不太可能会去农村行使他们的权利，因为他们的利益之地在城市，不在农村，他们在城镇中产生利益矛盾，也只有在城镇中解决，然而，城镇中当地政府没有给予他们政治权利的行使平台。所以，进城农民工中，有的在城市居住长达十多年，但政治上仍然扮演局外人的角色。他们不能参与制度的制定，所以他们在城市中的利益（住房、医疗、教育、水电煤气等）也就不能得到很好的反映和照顾。农民工在城市没有表达机会和渠道，不利于矛盾的解决。"合法权利的贫困导致了机会的贫困，机会的贫困又导致了经济的贫困。"② 在农民工遇到权益受损问题时，用脚投票这种最原始的反抗方式，带来的是工作的频繁变动，最终会导致社会保障的转移、工作经验的累积出现困难等问题。

六 社会资本不一致：同一个地域，不一样的交往圈

农民工在城市找寻工作的信息来源、方式和进城的安排都依赖于亲缘圈。地缘、亲缘等方式的利用更多的是为了节约找工作的费用，提高就业的可能性。占多数人的农民工在城市的第一份工作及以后的换工作都是通过自身的社会关系网络实现的。对于工作上的事情，农民工也较多找老乡帮忙。很少有农民工通过政府或正规的职业介绍所谋取职业。

---

① 潘泽泉：《国家调整农民工社会政策研究》，中国人民大学出版社，2013，第191页。
② 潘泽泉：《国家调整农民工社会政策研究》，中国人民大学出版社，2013，第422页。

由于受到农民工的人际关系和信息交流的影响，农民工与主流社会交流的机会较少，容易导致就业信息的缺乏，进一步恶化了再就业的可能性。农民工在资源的获取上总是处于不利地位。"这种以'投靠亲友'为主要特征的就业渠道，使农民工择业缺少确定性，随之不断地更换工作，在不同工作间、单位间、行业间、城市间频繁流动。"① 农民工往往利用过年回家聚在一起聊天的时间，交流信息，在比较了短期利益和各种条件之后，决定是否换工作。这种方式与农民工自身的思维方式、近利心理有关。由此带来的结果是，农民工发现哪里工资高就往哪里跑，一旦遇到困难就一走了之，这样导致其在单位内工作不稳定，即便有一些福利待遇，他们也享受不了，工龄也无法累积。习惯于短期的工作变换，也使得他们没有城市依恋感。由此造成的心理问题是难以融入城市，缺乏归属感。

以上学者们在对农民工的不公平待遇的调查中，都涉及农民工的身份户籍影响。这里使用的数据由于存在年份差别而有所差别，但总体趋势表明，户籍制度的约束正在不断减少，影响也在不断减小。户籍制度的影响在工资方面越来越小，在中小城镇的影响越来越小，但不能认为户籍制度对农民工的影响就没有了。其实，户籍制度仍有影响，只不过影响方式上，由直接影响转变为间接影响，由物质影响转变为心理影响。在影响群体上，由老一代农民工转变为新一代农民工。

第二节　实证方面：农民工机会受阻与户籍制度的关联

以上对农民工所遭受的机会不公平的现象进行了梳理，主要是根据近些年来的学者们所做的调查进行分析的，本节结合中国社会科学院2011以及2013年度"中国社会状况综合调查"（CSS 2011、CSS 2013）

---

① 潘泽泉：《国家调整农民工社会政策研究》，中国人民大学出版社，2013，第419页。

的资料，进一步分析制度对农民工不平等的影响，从机会公平的构成要素角度对农民工制度不公平进行实证研究。[①]

一　农民工总体状况

本次调查共涉及 2205 名农民工，从总体来看，男性农民工较多，占总体的 60% 左右；平均年龄为 39.8 岁，年轻农民工比重较低，结合《2014 年全国农民工监测调查报告》的数据，可以看出，农民工具有逐渐老化的趋势，我国的人口红利也正在逐年降低；教育程度方面，农民工平均受教育程度偏低，以小学与初中文化水平为主，两者合计占总体的 65.4%，大学专科及以上学历仅占总体的 10%；在婚姻状况方面，未婚农民工较少，仅占总体的 11.7%，这与农民工的平均年龄较大一致。从总体来看，农民工的婚姻状况较为稳定，初婚有配偶比例为 81.9%，而离婚的农民工所占比例仅为 1.7%，远低于全国平均水平。具体农民工基本状况如表 3－1 所示。

表 3－1　农民工基本状况

单位：人，%

性别	频率	百分比	性别	频率	百分比
男性	1306	59.2	女性	899	40.8

① "中国社会状况综合调查"（Chinese Social Survey，简称 CSS）是中国社会科学院社会学研究所于 2005 年发起的一项全国范围内的大型连续性抽样调查项目，目的是通过对全国公众的劳动就业、家庭及社会生活、社会态度等方面的长期纵贯调查，来获取转型时期中国社会变迁的数据资料，从而为社会科学研究和政府决策提供翔实而科学的基础信息。该调查由中国社会科学院社会学研究所执行，项目主持人为李培林教授。该调查是双年度的纵贯调查，采用概率抽样的入户访问方式，调查区域覆盖了全国 31 个省/自治区/直辖市，包括了 151 个区市县，604 个村/居委会，每次调查访问 7000 到 10000 余个家庭。此调查有助于获取转型时期中国社会变迁的数据资料，其研究结果可推论全国 18～69 周岁的住户人口。关于 "中国社会状况综合调查" 的详细信息，参见 http://css.cssn.cn/zgshzkzhdc/xmjs/。作者感谢上述机构及其人员提供数据协助，本书内容由作者自行负责。

婚姻状况	频率	百分比	教育程度	频率	百分比
未婚	257	11.7	未上学	113	5.1
初婚有配偶	1805	81.9	小学	469	21.3
再婚有配偶	41	1.9	初中	972	44.1
离婚	38	1.7	高中	294	13.3
其他	64	2.9	中专	117	5.3
年龄	均值	标准差	职高技校	19	0.9
N = 2205	39.8	11.4	大学专科	123	5.6
			本科及以上	97	4.4

二 农民工工资收入、劳动待遇与户籍制度的关联

尽管近年来农民工的工资收入水平得到了很大的提升，但从调查数据来看，2013 年，农民工的平均月收入为 2852.8 元，较城镇职工的月均收入低了 500 元以上。这其中并没有计算包括奖金、分红、提成等非常规收入，然而事实上，这些非常规性收入更是经常性地提供给在城市正规劳动部门工作的城市职工，而农民工几乎没有可能去获得工资性收入以外的收入。因此，在实际收入水平上，城镇职工与农民工的月收入水平差距可能更大。农民工月收入与工作时长见表 3 - 2。

表 3 - 2　农民工月收入与工作时长

	月收入（元）		月工作天数		日工作小时	
	均值	标准差	均值	标准差	均值	标准差
农民工	2852.8	4751.4	24.3	6.1	9.3	2.6
城镇职工	3370.1	7641.7	23.4	4.8	8.4	2.3

　　在劳动强度方面，农民工与城镇职工的差距依然非常明显。在月工作天数的平均水平上，农民工为 24.3 天，比城镇职工多了将近一天。而在每日工作时间上，农民工每天要工作 9.3 个小时，同样要比城镇职工多了将近 1 个小时。按照月均收入除以月工作天数再除以日工作小时的计算公式可以算出，农民工平均每一小时的劳动报酬为 10.9 元，而城镇职工平均每一小时的劳动报酬则为 13.7 元，两者相差了将近 3 元/小时。[①]

　　从农民工与城镇职工从事职业所属的行业来看，两者存在明显的行业与职业分割。37.8% 的农民工在私营企业工作，从事个体工商户的农民工人数次之，所占比例为 19.3%，另外还有 18.7% 的农民工根本就没有单位。已有研究表明，单位曾经是我国进行社会资源分配的最基础的环节，单位不仅提供了就业机会，同时还承担着住房分配、社区教育、社会保障等多个方面的社会功能。尽管在 20 世纪 90 年代中期之后，由于国有企业的改制以及城市民营经济的发展，单位逐渐剥离了所承担的这些非生产性功能，并逐渐将其过渡给社区、街道等政府机构，但是出于制度惯性与改制不彻底等原因，单位特别是国有企业与事业单位，仍然承担了部分社会保障与社会福利的功能。农民工在国有企业及国有/集体事业单位工作的人数仅占总体的 13% 左右，大部分的农民工在缺乏社会配套设施的私人部门工作。与之相比，超过一半的城市职工在国有企业以及国有/集体事业单位工作，所占比例为 52.7%。农民工所从事行业与技能要求见表 3-3。

　　与农民工—城镇职工的行业分割相呼应的是关于两者对于所从事的职业技能要求的自我判断以及工作满意度的测量。接近三分之二的农民工认为，他目前所从事的工作主要是吃"青春饭"的体力劳动工作或是半技术半体力劳动，对于工作技能要求的判断印证了布雷弗曼的判断，

----

　　① 由于存在较多的异常值，此处计算的平均每小时收入采取的是 5% 的截尾修整均值。从中位值的水平来看，采取 5% 截尾修整均值更为准确。农民工每小时劳动报酬的中位值为 9.6 元，而城镇职工的中位值为 12.5 元。

表3-3　农民工所从事行业与技能要求

单位：%

单位性质	农民工	城镇职工	技能要求	农民工	城镇职工
国有企业	6.8	26.1	需要很高的专业技能	3.9	10.7
国有/集体事业单位	6.3	26.6	需要较高的专业技能	11.6	25.9
集体企业	1.8	3.0	需要一些专业技能	25.2	35.1
私营企业	37.8	25.1	半技术半体力劳动	28.4	16.4
"三资"企业	2.0	1.6	体力劳动工作	30.8	11.8
个体工商户	19.3	8.6	工作满意度	农民工	城镇职工
其他	7.3	4.1	分值（8~80）	51.6分	54.7分
没有单位	18.7	4.9			

即资本主义正在通过去技能化的方式使劳动力完全服从机器的安排，工人只能通过单调的、重复的体力劳动来获取报酬。[①] 布雷弗曼在对劳动过程的考察中指出，资本主义对于劳动有两种控制方式：工匠控制与管理控制。工匠控制指的是把劳动力分解为组成它的最简单部分，让劳动的每个过程都尽可能地脱离专门知识与专门训练，变为简单的劳动。管理控制则指的是泰罗的科学管理方法，包括三个过程：第一，尽可能地将劳动与技能分离，使工人的劳动完全依靠管理部门的想法；第二，构想与执行分离，关于产品以及劳工分工、过程的构想全部由管理者完成；第三，管理者利用知识的垄断控制劳动过程的每个步骤和方式。在我国社会转型时期，东部沿海地区的打工经济正在重现发达资本主义国家曾经经历过的这一个典型历程。农民工在没有经过专业技能培训的情况下到城市寻找工作机会，这其中大部分的人最终只能在不需要技能要求的私人企业部门工作，不仅对我国转变产业结构、升级产业模式的发展道路形成了阻碍，也不利于农民工人力资本的积累与自身社会地位的上升。

---

① 转引自沈原《社会转型与工人阶级的再形成》，《社会学研究》2006年第2期。

而城镇职工在对于职业所需技能的判断方面则要明显好于农民工，大部分的城镇职工认为，他们所从事的职业需要较高的专业技能或者一些专业技能，只有11.8%的城镇职工认为自己从事的是单纯的体力劳动工作。在工作满意度得分方面，城镇职工同样要高于农民工，具体到工作环境、工作轻松度、工作的安全性、晋升机会、收入及福利待遇等各个方面的满意度得分，城镇职工都要明显高于农民工，只有在"与领导的关系""与同事的关系"两个维度，农民工的满意度得分要高于城镇职工。

在目前中国城市劳动力市场上，外来劳动力与城市本地劳动力的就业机会和工资存在差异，在多大程度上是人力资本差异的结果，其他不可解释的因素（主要是制度造成的歧视）的影响又有多大呢？我们利用CSS 2013年度的调查数据，运用布朗等人的分析方法，对农民工与城市本地劳动力的工资差距进行分解。[①] 首先需要利用 Multinomail Logistic 模型，对外来劳动力和城市本地劳动力的就业岗位获得进行估计，即考察劳动者的就业岗位获得的影响因素。模型的简化形式为：

$$P_{ij} = \frac{e^{\beta_j x_i}}{\sum_{k=1}^{j} e^{\beta kx_i}} , i=1,\cdots\cdots,N, j=1,\cdots\cdots,j$$

其中 N 为样本规模，j 为就业岗位分类数，X_i 为一组影响获得何种就业岗位的变量。

在估计这个模型时，需要将一个就业岗位作为参照组，其系数标准化为零。自变量的估计系数为正，意味着相对于作为参照组的就业岗位来说，该变量对处于此种就业岗位的相对概率为正的影响；自变量系数为负，意味着相反的情形。

我们将农民工与城市本地劳动力的就业岗位划分为四类：没有单位者、自我雇佣者（个体经商户）、国有企业/事业单位职工、私营企业职工。将"没有单位者"作为参照组。所用自变量分别为男性虚拟变量（女性为参

---

① 转引自王美艳《城市劳动力市场上的就业机会与工资差异——外来劳动力就业与报酬研究》，《中国社会科学》2005年第5期。

照组)、受教育程度(大学本科及以上为参照组)、年龄(受调查时的周岁年龄)、年龄的平方项、在本单位连续工作月数的对数。要了解农民工与城市职工的就业机会差异,我们需要对农民工与城市本地劳动力的就业岗位获得分别进行估计。在估计之前,首先进行检验。检验结果表明,两类劳动力的就业获得之间具有显著的结构性差异。模型估计结果见表3-4。

表3-4 农民工与城镇职工的就业岗位获得:Multinomail Logistic 模型估计结果

	外来劳动力		本地劳动力	
	系数	显著性水平	系数	显著性水平
国有企业/事业单位职工				
男性	-0.994	0.000	-0.294	0.395
年龄	-0.185	0.012	-0.327	0.012
年龄的平方项	0.002	0.012	0.003	0.020
工作月数的对数	0.263	0.003	0.906	0.000
未受过教育	-3.814	0.000	17.310	0.992
小学	-3.548	0.000	-4.498	0.000
初中	-2.552	0.001	-3.769	0.000
高中	-2.053	0.012	-0.502	0.658
职高技校中专	-1.083	0.256	-0.228	0.866
大学专科	18.082	0.000	-0.424	0.688
私营企业职工				
男性	-0.893	0.000	-0.467	0.176
年龄	-0.153	0.020	-0.304	0.017
年龄的平方项	0.001	0.070	0.003	0.030
工作月数的对数	-0.104	0.145	0.254	0.020
未受过教育	-1.627	0.053	34.407	0.976
小学	-1.319	0.087	-2.380	0.014
初中	-1.060	0.160	-2.767	0.001
高中	-0.601	0.455	0.575	0.614
职高技校中专	-0.023	0.981	0.740	0.586
大学专科	18.914	0.000	0.119	0.911

续表

	外来劳动力		本地劳动力	
	系数	显著性水平	系数	显著性水平
个体工商户				
男性	−1.437	0.000	−0.742	0.047
年龄	−0.201	0.006	−0.257	0.057
年龄的平方项	0.002	0.024	0.003	0.076
工作月数的对数	0.078	0.358	0.153	0.190
未受过教育	0.846	0.524	20.260	.
小学	1.329	0.292	−2.791	0.025
初中	1.588	0.202	−1.116	0.227
高中	1.848	0.150	0.848	0.482
职高技校中专	1.995	0.152	1.336	0.345
大学专科	19.999	.	0.344	0.762

注：loglikelyhood：农民工 = 272.5，城镇职工 = 172.9；

Prob > chi 2：农民工 = 0.000，城镇职工 = 0.000；

伪决定系数：农民工 = 0.205，城镇职工 = 0.138。

从估计结果看，性别对农民工与城镇职工的就业岗位获得有着明显的影响。男性城镇职工相比女性，更容易成为个体工商户和在私人企业工作。而男性农民工相比女性农民工则基本上更容易在流动的、不稳定的没有确切单位的机构工作。从男性城镇职工与男性农民工对比可以看出，男性城镇职工进入国有企业/事业单位工作的概率接近于男性农民工的两倍。年龄对于就业岗位获得的影响在农民工与城镇职工之间比较类似，年龄越大，进入国有企业/事业单位的概率越低，更容易从事自我雇佣或者在私营企业工作。在同一单位连续工作的时长对于农民工与城镇职工的影响也基本上一致，连续工作时间越长，越容易进入国有企业/事业单位工作，这明显与单位性质有关。国有企业/事业单位的工作相对比较稳定，所以连续工作的时间都比较长，而没有单位的劳动力则基本上都是流动性的，很难在一个机构长时间工作。受教育程度对于就业岗位获得的影响则存在显著的区别，对于农民工而言，受教育程度越高，越容易进入国有企业/事业单位工作，大学本科的学历水平相对于未上学以及仅小学学历的农民工有接近50倍的概率进入国有企业/事业单位工作。然而对于城镇职工而言，受教育程度与就业岗位的获得之间的关系并不特别显著，一个比较可靠的解释就是，农民工相比城镇职工缺乏进入国有企业/事业单位工作的机会，对于农民工来说，通过教育基本上是唯一的手段，而对于城镇职工而言，他们可以通过社会资本、顶岗等多种方式进入国有企业/事业单位，受教育程度对于他们的就业岗位获得并没有特别明显的影响。

我们还需要计算出两组劳动力各类职业的所有自变量的均值，用以对外来劳动力和城市本地劳动力的工资差异进行分解。

从表3-5可以看出，农民工与城镇职工的工资收入差异中的84%是农民工与城镇职工的教育、年龄、性别这些个人人力资木因素导致的，收入差异中的16.01%是无法通过教育、年龄、性别等变量加以解释的，通常我们认为这些不能用劳动力的个人禀赋特征进行解释的都来自制度歧视。可以这样认为，农民工与城镇职工的工资收入差异，有16.01%是来自户籍制度的区别。

表3-5　农民工与城镇职工的工资收入差异分解结果

	工资收入对数	百分比
总工资收入差异	-0.2436	100.00
可解释部分	-0.2046	84.00
教育	-0.2381	
年龄	0.0084	
性别	0.0110	
机会	0.0139	
不可解释部分	-0.0390	16.01
教育	0.26814	
年龄	-0.2815	
性别	-0.1099	
机会	0.0005	
随机效应	0.0839	

我们的计算结果与孟昕、王美艳等人的研究结果有所不同。在孟昕等人的研究中，农民工与城市本地劳动力工资差异的82%是户籍制度的分割所导致的；[①] 王美艳的研究结果则认为农民工与城镇职工工资收入差异中的57%是可以由个人禀赋差异所解释的，而剩余的43%则属于不可解释部分。[②] 由于我们使用的是较新的数据，户籍制度、劳动力市场的改革、市场经济的发展等已经初见成效，农民工与城镇职工工资收入差别的制度歧视也相应地呈逐年下降的趋势。

三 农民工社会保障与户籍制度的关联

关于农民工社会保障的研究表明，大部分农民工出于社保账户无法对接、较高的工作流动性、企业群体歧视等原因无法参加社会保障或者主动脱保，尽管政府自2005年之后陆续出台了多项政策试图将农民工纳入社会保障体系，让他们享受应得的改革红利。通过 CSS 2013 年度的数据分析可以看出，农民工与城镇职工二者参与社会保障的情况仍然存在较大的差异。除了医疗保险参与的比例差不多之外（两者参与的比例都在九成左右），在养老保险、失业保险、工伤保险、生育保险以及社会救助等方面，农民工参与的比例都远远落后于城镇职工。其中，养老保险相差20.4个百分点，失业保险相差30.7个百分点，工伤保险相差24.8个百分点，生育保险相差20.7个百分点，具体见表3-6。

表3-6 农民工与城镇职工参加社保情况

单位：%

社会保障类型	农民工	城镇职工
养老保险参与比例	54.9	75.3

① 孟昕、黄少卿：《中国城市的失业、消费平滑和预防性储蓄》，《经济社会体制比较》2011年第11期。
② 王美艳：《城市劳动力市场上的就业机会与工资差异——外来劳动力就业与报酬研究》，《中国社会科学》2005年第9期。

续表

社会保障类型	农民工	城镇职工
医疗保险参与比例	88.1	89.1
失业保险参与比例	11.9	42.6
工伤保险参与比例	16.3	41.1
生育保险参与比例	9.5	30.2
享受城乡最低生活保障比例	2.7	3.6

表3-6的数据看上去似乎印证了研究者之前的判断，即虽然农民工在参与社会保障的比例上没有达到城镇职工的水平，但总体上来看，社会保障制度覆盖农民工的比例正在向比较乐观的方向发展。但是对于社会保障覆盖水平的判断很容易导致我们忽视社会保障的实际质量问题。从农民工与农民参与社会保障的比较数据来看，我们得出的结果却是恰好完全相反的。去除掉对于农民不太适用的失业保险、工伤保险与生育保险，从养老保险、医疗保险与城乡最低生活保障的覆盖比例来看，农民工参与社会保障的水平不仅低于城镇职工，也远远低于农民的保障水平。养老保险方面，农民的参保比例为63.4%，比农民工要高出8.5个百分点；医疗保险方面，农民的参保比例为94.8%，比农民工要高出6.7个百分点；城乡最低生活保障方面，农民享受该项救助的比例为4.8%，比农民工要高出2.1个百分点，具体见表3-7。

表3-7　农民工与农民参加社保情况

单位：%

社会保障类型	农民工	农民
养老保险参与比例	54.9	63.4
医疗保险参与比例	88.1	94.8
享受城乡最低生活保障比例	2.7	4.8

对于农民工与农民这两个群体参与社会保障水平的比较可以让我们更清晰地看出农民工这个群体所受到的制度排斥。由于身份与工作的二元分割，农民工这个既不是农民也不是工人的"二不像群体"正在被整

个社会边缘化。他们不仅在城市中受到各种制度上的排斥，也在农村中受到歧视。一方面，城市社会认为其不应当承担为农民工提供社会福利的责任，另一方面，农民工长期脱离农村使他们甚至享受不到农村最低水平的社会保障。农民工社会保障水平较低使我们需要重新定位这个群体的生存水平。在过去的研究中，基本上所有研究者都认为，农民工是介于城市人与农村人之间的一个群体，他们的生活水平会低于城镇职工，但会高于那些未外出务工的农村人口。然而，从实际的调查数据来看，这其中的"生活水平"仅限于收入水平，在实际的居住条件、社会保障水平、消费水平方面，农民工是处于最低端的。从农民工所享受的养老保险与医疗保险的具体结果来看，农民工所享受到的社会保障的质量基本上接近于农民的水平。在养老保险方面，能够享受到企业职工基本养老保险（这也是所有城镇职工所享受的养老保险）的比例只有30.3%，将近七成的农民工参加的是农村居民都参与的农村社会养老保险。从医疗保险的数据来看，农民工与城镇职工的差别更加明显。只有16.4%的农民工能够享受到城镇职工基本医疗保险，同时，76.3%的农民工参与的是新型农村合作医疗保险，即新农合。从我国现有的保障水平来看，不管是新农保还是新农合，两者的理念都是基于最低水平的保障系统，它们在退休收入、报销比例、报销种类等方面都要远远低于城镇职工所享受的职工养老保险与医疗保险，具体见表3-8。

表3-8　农民工参与医疗保险与养老保险的类别

单位:%

养老保险	参与比例	医疗保险	参与比例
企业职工基本养老保险	30.3	城镇职工基本医疗保险	16.4
城乡居民社会养老保险	10.2	城镇居民基本医疗保险	6.2
农村社会养老保险（新农保）	57.9	公费医疗	1.1
其他	2.1	新型农村合作医疗保险（新农合）	76.3
		其他	0.6

　　按照制度正义的原则，农民工只要进入城市从事非农工作，他们就应当得到与城市职工相同的待遇，在养老保险与医疗保险的参保比例上，两个群体应该基本上保持一致。然而出于户籍制度、劳动力市场分割、个人人力资本等原因，农民工的社会保障水平与城镇职工的社会保障水平相差甚远。具体来看，在这些原因当中，农民工与城镇职工的身份区隔对于他们所享受到的社会保障水平有多少影响呢？

　　我们将"是否参与企业职工基本养老保险"和"是否参与城镇职工基本医疗保险"作为因变量，将农民工与城镇职工的性别、年龄、受教育程度、单位性质、身份类别作为自变量，分别建立两个二元 logistic 回归模型。模型具体结果如表 3-9 所示。

表 3-9　农民工与城镇职工参与企业职工基本养老保险二元 logistic 回归模型

自变量	模型一		模型二		模型三	
	发生比	p 值	发生比	p 值	发生比	p 值
年龄	0.980	0.000	—	—	0.968	0.000
性别：女性	1.043	0.648	—	—	—	—
教育程度	—		—		—	
小学	1.100	0.800	—		0.927	0.858
初中	2.225	0.025	—		1.325	0.482
高中	6.271	0.000	—		2.790	0.012
中专职高技校	11.093	0.000	—		2.902	0.013
大学专科	10.571	0.000	—		2.260	0.050
大学本科及以上	10.097	0.000	—		1.686	0.215
单位性质	—		—		—	
私营企业	—		0.971	0.796	1.025	0.838
个体工商户	—		0.115	0.000	0.139	0.000
没有单位	—		0.060	0.000	0.094	0.000
其他性质单位	—		0.402	0.000	0.448	0.000
职工类别：城镇职工	—		3.409	0.000	3.146	0.000
对数似然值	2895.429		2603.127		2478.322	
伪决定系数	0.234		0.360		0.407	

我们将受访者所在的单位性质划分为以下几个类别：第一类为党政机关、事业单位与国有企业（此组为参照组），第二类为私营企业（包括集体企业、私人企业与"三资"企业），第三类为个体工商户，第四类为没有单位的人，第五类为其他性质单位（主要为个案量比较少的社会团体、社会组织、民办事业单位、居委会等组织）。其他自变量包括年龄、性别（男性为参照组）、教育程度（未上过学的人为参照组）以及职工类别（农民工为参照组）。二元 logistic 回归分析结果表明，除了性别变量不显著而被排除在总模型之外，其他变量的估计效果与我们之前的分析结果基本上一致。年龄对于参与企业职工基本养老保险的概率有负面影响，年龄越大，参与的概率越小；受访者的教育程度与参与企业职工基本养老保险的概率呈正比关系，基本上是受教育程度越高，受访者参与企业职工基本养老保险的概率也越高，与未受过正式教育的受访者相比，接受过高中以上教育的受访者群体参与企业职工基本养老保险的概率要高出 2 倍以上；单位性质的影响也颇为显著，与在国有企业、事业单位以及党政机关工作的受访者相比，个体工商户、没有单位的受访者以及其他性质的受访者参与企业职工基本养老保险的概率都比较小。从结果来看，在控制了受访者的个体禀赋特征以及单位性质之后，农民工与城镇职工参与企业基本养老保险的概率有着巨大的落差，发生比的取值为 3.146。这也就是说，在年龄、教育程度、单位性质等都一致的情况下，仅仅因为身份的差异，城镇职工参与企业基本养老保险的概率是农民工的 3.146 倍。

从农民工与城镇职工参与城镇职工基本医疗保险的二元 logistic 回归模型的分析结果来看，农民工与城镇职工在医疗保障方面的差异甚至比他们在养老保险方面的差异更大。在控制了农民工与城镇职工的年龄、性别、教育程度以及单位性质等自变量后，城镇职工与农民工参与城镇职工基本医疗保险的发生比值为 3.807，也就是说，在各自人力资源禀赋特征之外，由于身份的差别，城镇职工参与城镇职工基本医疗保险的概率是农民工参与概率的 3.807 倍，具体见表 3 - 10。

表 3 – 10　农民工与城镇职工参与城镇职工基本医疗保险二元 logistic 回归模型

自变量	模型一		模型二		模型三	
	发生比	p 值	发生比	p 值	发生比	p 值
年龄	1.018	0.000	—	—	0.998	0.665
性别：女性	1.086	0.326	—	—	—	—
教育程度	—	—	—	—	—	—
小学	1.150	0.717	—	—	0.925	0.850
初中	2.852	0.004	—	—	1.489	0.304
高中	8.206	0.000	—	—	2.746	0.010
中专职高技校	18.897	0.000	—	—	4.307	0.000
大学专科	25.785	0.000	—	—	3.754	0.001
大学本科及以上	32.341	0.000	—	—	3.281	0.003
单位性质	—	—	—	—	—	—
私营企业	—	—	0.504	0.000	0.598	0.000
个体工商户	—	—	0.059	0.000	0.079	0.000
没有单位	—	—	0.035	0.000	0.060	0.000
其他性质单位	—	—	0.329	0.000	0.373	0.000
职工类别：城镇职工	—	—	5.154	0.000	3.807	0.000
对数似然值	3576.422		3039.114		2936.522	
伪决定系数	0.299		0.458		0.484	

对于农民工与城镇职工在社会保障特别是养老保险与医疗保险方面的差异研究表明，户籍制度、城乡二元分割体制等制度因素仍对农民工具有明显的排斥与歧视。然而一个比较意外的数据表明，这种排斥与歧视并不一定会导致可能的社会冲突。在对于现在所参与的社会保障制度的满意度评价上，1 分为非常不满意，10 分为非常满意，农民工、农民以及城镇职工对于社会保障制度的评价并没有明显的差别。尽管城镇职工的满意度是最高的，但三者差距非常之小，三个群体的满意度均值都为 6.5 ~ 7.0 分。这可能与三个群体各自所参考的群体有一定关系，尽管农民工与农民的社会保障覆盖水平与保障质量都处于比较低的水平，但

是这两个群体的评价满意度主要源于现在与制度改革之前的对比。在过去的十年间，这两个方面的社会保障都发生了比较大的乐观的变化。另外一个原因可能来自农民工的自我身份认同，尽管农民工在劳动期内大部分的时间都在城市生活，但是他们的身份、地位在城市社会中的弱势使得他们并不认为自己属于城市人，他们在身份认同上可能更倾向于农民这一身份而不是城市工人。对于身份的认同使得农民工在消费方式、生活目标、工作机会与流动等方面采取了较为保守的传统策略，这并不利于他们在城市中接受现代性的熏陶并最终转变为城市人，进而可能导致现有的制度性歧视与排斥变得更为合法化。

四 社会融合与户籍制度的关联

近年来对于农民工的研究表明，农民工在城市社会中所受到的排斥与歧视不仅来自劳动收入、劳动环境与社会保障等方面的制度性安排，还来自城市市民在心理方面所施加的主观歧视。这种隐藏于制度、政策等法律文本之下的歧视将农民工不仅在劳动市场上与城市人隔离起来，也在居住空间、社会互动网络等方面将农民工孤立起来。它们将农民工作为一个城市社会的"外来者"排斥于城市社会体系之外，这种排斥又进而导致农民工在自我身份认同上将自己归类为农村人。两种因素相互作用、不断循环，并不断将这股排斥性力量加以强化。用梅西（Messy）的话来说，最终它们将组合成一种"循环性的累积因果"。

对于农民工市民化与社会融合方面的研究试图深入分析这个难题，众多研究者从文化、印象建构、媒体形象等方面进行研究。本部分同样将从身份认同、社会距离以及整体心理印象建构等方面对农民工所受到的主观性歧视加以探讨。CSS 2013 年度的调查中并没有涉及社会融合版块，因此此章节中所援引的数据主要来自 CSS 2011 年度的调查数据。尽管两者在抽样样本数量、样本具体特征方面存在一些差别，但是它们所涉及的样本都是从同一个抽样框随机抽样而得到的，我们有充分的理由相信，使用不同的数据并不会使我们的结果产生不能忍受的偏差。CSS 2011 年度农民工基本状况见表 3 - 11。

表 3 - 11　CSS 2011 年度农民工基本状况

单位：人，%

性别	频率	百分比	教育程度	频率	百分比
男性	874	62.2	未上学	42	3.0
女性	531	37.8	小学	288	20.5
婚姻状况	频率	百分比	初中	666	47.4
未婚	269	19.1	高中	162	11.5
初婚有配偶	1067	76.0	中专	98	7.0
再婚有配偶	18	1.3	职高技校	17	1.2
离婚	23	1.6	大学专科	78	5.6
其他	27	1.9	本科及以上	52	3.7
年龄	均值	标准差			
N = 1405	35.2	11.1			

与 CSS 2013 年度调查一致，我们同样将农民工定义为户口为农业户口或者是居民户口（之前是农业户口）但是主要从事非农工作的人。从表 3 - 11 看，CSS 2011 年度调查所涉及的农民工为 1405 个，样本规模较 2013 年度调查数据有所减少。具体到性别、教育程度、婚姻状况以及年龄的人口学分布上，CSS 2011 年度调查数据与 2013 年度调查数据以及国家统计局所进行的农民工监测报告基本上一致。农民工以男性为主，受教育程度主要集中在初中与高中水平，婚姻状况比较稳定，离异与再婚占总体比例都非常小，平均年龄为 35.2 岁，较 2013 年度调查小 4.6 岁。

（一）农民工自我认同

农民工对于自我身份的认同或者说对于"所属群体"的认知是衡量农民工社会融合的最重要标志。当我们问到"就目前的生活状况而言，您认为自己是城里人还是农村人"时，79.8% 的农民工认为自己是"农村人"，只有 15.7% 的农民工认为自己是"城里人"（见表 3 - 12）。从这个数据来看，在"城里人"与"农村人"的二元身份认知中，绝大多数农民工仍然把自己归属为"农村人"一类，这种身份认知形式反映在农民工具体的行动当中，他们可能更愿意与老乡群体共处，更愿意把城市中积攒下来的收入用于农村消费，也更愿意在农村盖房子，这显然不利于农民工的市民化与社会融合。

表 3 - 12　农民工自我身份认同

单位：人，%

类别	频率	百分比
城里人	220	15.7
农村人	1121	79.8
不好说	63	4.5

哪些变量影响到了农民工的自我认同呢？以往的有些研究认为，除了户籍因素外，农民工远低于城市市民的平均收入水平可能导致农民工自觉"低人一等"，将自己划分为农村人。然而，在引入农民工月收入变量之后，我们发现，农民工的收入水平与其身份认同之间基本上没有联系，相关系数仅为 0.003，其显著性水平也远远超过 0.05，并不显著。这基本上意味着在总体当中农民工的收入并不会对他们的认同产生影响。从表 3 - 13 可以看出，除了月收入在 3601 元以上的农民工认为自己是"城里人"的比例最高，达到 24.8% 之外，其他级别月收入水平的农民工在自我身份认同上面并没有表现出明显的差异。月收入在 2701～3600 元档次的农民工认为自己是"城里人"的比例仅为 16.2%，尚不及月收入仅为 1001～2000 元的农民工。这表明，仅仅通过收入来衡量农民工之间的差别是缺乏依据的，农民工对"农村人"这个身份的偏好可能主要是出于社会制度与文化等方面的原因。如我们在定性访谈中所遇到的一个工厂车间组长，他的月收入为 7000～10000 元，远远高于当地城镇职工的平均工资水平，但是他仍然认为自己是一个农民工，因为他并没有在当地买商品房，也没有获得当地的户口。农民工自我认同与受教育程度分析见表 3 - 14。

表 3 – 13　农民工自我认同与月收入水平分析

认同	月收入水平（单位：%）						
	1001 元以下	1001 ~ 2000 元	1201 ~ 1600 元	1601 ~ 2000 元	2001 ~ 2700 元	2701 ~ 3600 元	3601 元以上
城里人	12.7	18.8	15.1	18.3	17.7	16.2	24.8
农村人	87.3	81.2	84.9	81.7	82.3	83.8	75.2

表 3 – 14　农民工自我认同与受教育程度分析

认同	受教育程度（单位:%）					
	未上学	小学	初中	高中职校	大专	本科及以上
城里人	4.8	9.5	11.9	24.5	44.6	45.2
农村人	95.2	90.5	88.1	75.5	55.4	54.8

从表 3 – 14 的分析数据看，绝大部分农民工之所以将自己定位为"农村人"，主要是与他们的受教育程度有关，两者之间的相关系数为 0.214。农民工的受教育程度越高，他们认为自己是"城里人"的比例越大。其中大专是一个比较明显的分水岭，对于受过大专及以上教育的农民工来说，将近一半的人认为自己是"城里人"。受教育程度对于农民工自我认同的影响主要是通过高教育程度对于他们职位获取的影响而产生的。从农民工所从事单位的性质来看，在党政机关、国有企业、事业单位等正式部门工作的农民工，他们认为自己是"城里人"的比例为 24.2%，在社会组织和自治团体等部门工作的农民工认同比例更高，有 30.3%。而在非正式部门工作的，这主要集中于个体工商户以及没有单位的农民工，他们认为自己是"城里人"的比例仅分别为 10.7% 和 11.3%。由于我国现有的社会流动机制主要体现在高考制度上，农民工的职业地位的获取特别是能够得到在正式部门工作的机会，基本上是属于那些受过大学教育的人。因此，虽然农民工的自我认同与工作单位性质也紧密相关，相关系数为 0.116，但是在控制了"受教育程度"这个变量之后，它们两者之间的相关关系就消失了。

教育程度以及由于教育程度所产生的职业获得是影响农民工自我身

份认同的非常明显的变量。然而，农民工能否取得大学学历并不取决于他们本身的智力或者是努力的水平。长期以来由于城乡二元分割制度的影响，教育资源在农村与城市的投入是完全不对等的，绝大部分的好学校、优秀教师以及学习资料等教育资源都优先分配给了城市，而广大的农村地区却无法获得相应的资源，特别是出于家庭收入比较低等原因，许多农民学子即使考上了大学也有可能由于缴不上学费而放弃学业（这种状况目前正在改变）。对于教育资源在城乡之间分配不平等的研究很多，在此就不再赘述。

（二）农民工社会排斥

对于农民工社会排斥的分析可以从两个方面理解：一个方面是来自城市社会对于农民工的区隔；另一个方面则是农民工对于城市社会的自我隔离。两者是相辅相成的关系，城市社会对于农民工的孤立与歧视容易使农民工产生"外来人"情绪而导致他们更愿意与自己境地相似的群体团结在一起，进而形成各式各样的城中村、农民城等，而农民工的自我隔离则会进一步加深城市社会对于农民工的误解与孤立。

在 CSS 2011 年度调查中，使用了经典的社会距离量表以分析农村与城市的二元排斥，即通过五个依次递进的问题：是否愿意和农村人/城里人一起聊天、一起工作、成为邻居、成为亲密朋友、结为亲家，来分析社会排斥现象。从表 3 - 15 的分析结果来看，农民工的自我排斥与城市居民的社会排斥两个维度的因素都在起作用。城市居民对于农村人的社会接纳随着程度的上升呈现明显的下降趋势，表示很愿意与农村人一起聊天的城市居民其比例在 55%，但是在代表社会接纳程度最高的一项，"是否愿意与农村人结为亲家"，表示很愿意的城市居民比例下降至 35.6%。与此同时，表示很不愿意与农村人一起聊天、工作、成为邻居、亲密朋友、亲家的比例也在逐渐升高，5.2% 的城市居民表示他们很不愿意和农村人结为亲家。比较出乎预料的是，农民工的自我隔离从结果来看似乎表现得更加明显，只有 40% 的农民工表示很愿意和城里人聊天。值得注意的是，随着接纳程度的上升，农民工表示很愿意与城里人打交道的比例并没有与城市居民一样呈现明显的下降趋势，而是基本上保持在一个稳定的水平，这似乎预示着进行自我隔离的农民工是一个固定的群体。

从最终结果来看，不管是城市居民的社会排斥还是农民工的自我隔离，这二者都在一个非常明显、严重的水平上。国外对于社会距离的研究中，在表示最轻微的社会歧视上，即是否愿意一起聊天上，选择"很愿意"的比例很少会出现在60%的水平以下。而从本次的调查来看，城市居民与农民工的社会融合程度仍然比较低。

表 3 – 15   社会距离分析

		很愿意	比较愿意	不太愿意	很不愿意	不好说
城市居民与农村人	一起聊天	55.0	37.2	5.3	0.6	1.9
	一起工作	47.8	40.7	7.2	1.3	3.0
	成为邻居	48.7	39.3	8.2	1.2	2.6
	成为亲密朋友	46.7	39.1	8.2	1.6	4.4
	结为亲家	35.6	32.9	14.1	5.2	12.2
农民工与城里人	一起聊天	40.0	41.5	13.9	1.9	2.8
	一起工作	40.7	42.7	12.3	1.9	2.3
	成为邻居	39.7	44.1	11.1	2.3	2.8
	成为亲密朋友	38.8	43.1	12.2	2.3	3.5
	结为亲家	35.3	38.1	10.8	3.7	12.0

对于城里人与农村人的形象认知的具体分析，可以更加具体地看出农民工对于自我身份的认同与偏好。从表 3 – 16 的分析结果来看，农民工对于城里人与农村人的形象认知存在明显的分界。对于城里人的形象刻画，农民工认为他们主要是属于做事高效率的、思想开放的、做事有计划的、能遵守时间约定的、举止文明的、相信科学的这类群体，基本上，城里人在农民工心目中的形象主要是现代的但又是机械的且没有人情味的。而对于农村人，农民工认为他们是属于待人热情的、遇事不太计较的、待人宽容的、办事讲信用的这类群体。在农民工心目中，农村人富有人情味，但是偏向于传统与保守。总体来看，农民工对于城里人

的形象认知偏重于工作、职业方面的认同，而对于农村人的形象认知则偏重于生活、个人品质方面的认同。关于城里人与农村人的形象的二元化认知，可以部分解释为什么农民工在城市社会中工作多年但大部分人仍然认为自己是农村人的现象。对于农民工而言，城市社会能够给他们带来的主要是工作上、收入上的供给，但是在最终的生活与群体认同上，农民工更偏向于农村的、乡土的人情社会。

表 3-16　农民工对于城里人与农村人的形象认知

单位：%

	城里人	农村人
待人热情的	44.1	94.3
遇事不太计较的	31.7	79.5
做事高效率的	81.4	51.8
待人宽容的	62.1	89.4
思想开放的	95.0	36.4
做事有计划的	94.0	68.1
能遵守时间约定的	87.1	73.1
举止文明的	89.2	61.9
相信科学的	92.2	57.8
办事讲信用的	80.9	92.6

总体而言，CSS 2011 年度问卷调查中涉及的社会融合与社会排斥方面的问题比较少，导致我们缺乏详细的数据资料。但是从现有的关于农民工的自我身份认同与所受到的社会排斥的两个维度来看，即使不考虑工资收入与社会保障制度对于农民工的制度排斥效应，在农民工与城市居民的社会融合上，仍然存在较大的社会文化差距。绝大部分的农民工，不管他们的收入如何、年龄如何、性别如何，只要没有在城市社会中拥有稳定的工作（即在党政机关、国有企业和事业单位等体制内工作），都认同自己是农村人。然而正如前文分析，农民工能够通过自己的努力在体制内获得工作的机会远远少于城市居民。减少社会排斥，努力促进农民工的市民化，我们还有很长的一段路需要走。

127

第四章　农民工机会不公平的
制度影响分析

如前所述，以户籍制度为主的制度体系通过对农民工的就业、收入、公共资源的分享等进行规范，导致农民工受到不公平的对待，即通过对"什么可以做""什么不可以做""什么人可以做""什么人不可以做""通过什么方式获得资源""凭什么获得这些资源"等的规范，影响农民工对岗位资源、社会保障资源、公共服务等方面的机会获得。这些不公平的制度不仅对农民工的经济方面影响很大，还影响到农民工政治参与、心理认同、社会融合等方面，质言之，影响到农民工的生存与发展机会。

马克思主义正义思想立足于现实，是历史的、辩证的，这些特征告诉人们要分析社会主义正义也必须立足于现实，联系历史背景并辩证地分析，要求人们不能脱离当时生产力发展水平和历史条件而抽象谈论正义原则。对于户籍制度为主的一系列不公平的制度的产生、形成与发展也要从历史角度辩证地分析。从目前的农民工生存状况来看，户籍制度以及附着在这个制度之上的一系列制度性安排包括就业、教育、住房、医疗、保障等是农民工问题迟迟得不到解决的核心原因。尽管户籍制度在推动我国的社会经济建设时起到了一定的积极性作用，但户籍制度在规范人们行为时，并没有实现公平性。户籍制度是20世纪50年代计划体制下的历史产物，当时的国际国内背景导致户籍制度的出台。但经过了半个多世纪的历史变迁，国际国内形势发生了较大的变化，社会主义市场经济体制也替代了计划经济体制，成为社会发展的主要体制形式，然而到现在为止，户籍制度仍然对农民工的经济活动和社会待遇起到限制作用，它仍影响到农民工的就业、教育、住房、保障等方面。户籍制度为主的制度体系并没有随着计划体制的淡出而淡出，没有随着历史变化而退出，从而导致社会的不正义，影响社会的稳定和社会主义社会未来的发展。

户籍制度的不正义在于它没有遵循"岗位的开放性"与"公共资源分享的平等性"原则、没有遵循社会成员"一致对待"原则、没有遵循"按劳分配"为主的收入分配原则。正义的制度不能因为个人的身份、地位的不同而区别对待，这并非去抹杀个人的才能，相反，正义的制度允许差别的产生，但差别不是基于身份地位等因素，而是基于才能、努力等的不同而产生。由于生产力不发达，社会仍应承认个人的才能、勤奋等个体因素，承认社会劳动的价值。同时，正义也使每个社会成员都能分享到社会发展所带来的红利，使每个人的权利都能得到保障，能力得到发展。而农民进城所面临的机会不一致，与户籍制度的规范有直接关联。因为户籍制度不根据个人才能、努力程度进行收入分配，不根据才能、努力程度进行岗位竞聘，而是根据地位、身份等进行岗位、收入的分配。虽然农民工自身确实知识水平偏低、技术普遍缺乏，而如果把农民工的收入低仅仅归于文化水平低、缺乏能力和技术、个人努力不够等自致性因素，而忽视社会制度或政策安排则有失公平。

农民工的生存状况如何，是否有所改善，在很大程度上取决于两个维度：第一个维度是农民工自身的努力，第二个维度是国家的制度安排。人的主动性、积极性和能力固然重要，但积极的生活方式、态度在许多情况下并不是成功的充分条件，只有为农民工提供平等的制度环境和相应的帮助，并发挥其积极性，才能实现真正的机会公平。因此，农民工的机会公平的实现离不开国家所提供的公平的制度环境，也离不开个人的积极努力，其中，制度影响仍然重要深刻（见图4－1）。

在我国，户籍制度导致农民工的机会不公平。乡城劳动力流动应是

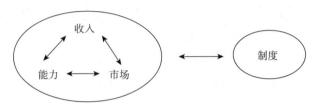

图 4-1　农民工收入、能力与制度影响的关联

生产力发展、社会分工的结果，然而在我国，农民工由农村向城市流动不是基于一种城乡之间"自然"的差别和自然分工的需要，而是夹杂着人为因素的社会政策扭曲。[①] 由于资源贫乏，生产力落后与国际国内环境的影响，所有公民的合理需求难以满足。为此，对某些群众的需求进行优先满足成为必要，而出于对一部分利益的保护，将国家的理念偏好制定为制度，导致制度的偏向，这就成了户籍制度出台的深层次原因（见图 4-2）。

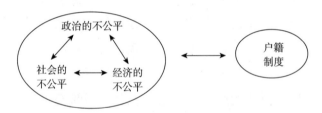

图 4-2　农民工的不公平与户籍制度的关联

第一节　以户籍制度为主的制度性安排对农民工影响的政治逻辑分析

农民工问题与我国的户籍制度为主的一系列制度、政策规范有关。制度正义的判断必须结合现实性和历史性，对于制度的出台必须联系当时的时代背景和国情，对制度的正义价值判断也必须联系当时的现实关

---

① 潘泽泉：《国家调整农民工社会政策研究》，中国人民大学出版社，2013，第 3 页。

系来考察。我国是公有制国家，生产资料由国家或集体统一掌握，国家出台的制度、规范体现党的执政理念和国家意志，直接影响到不同群体机会的获取。因此，在考察户籍制度时，必须与党的执政理念和国家意志联系起来考察。

农民工进城的动力首先来自城乡之间的差距。马克思、恩格斯所设想的未来社会，是消灭了城乡差别、工农差别、脑力与体力劳动差别的平等社会。中国共产党是以马克思主义思想为指导的工人阶级政党，立党为公、执政为民是共产党的本质要求。从这个意义上讲，消灭城乡差别、工农差别、体力与脑力劳动的差别，最终实现城乡融合是中国特色社会主义的题中应有之义，也是共产党的一个奋斗目标。正是党的这一理念，使束缚农民工不公平的户籍制度不断得到修正和改善，不断走向公平公正。本章从历史维度来阐释户籍制度对农民的束缚，以及户籍制度约束的放松、中小城镇户籍的放开等，探讨户籍制度演进与政党政治逻辑的关系。

一　城乡从对立到融合：经典作家对于城乡发展的构想

农民进城是城乡之间发展不平衡而导致的。马克思认为城乡之间存在差别是有其历史必然性的。

城乡差别源自城乡分离，而城乡分离是历史发展的必然过程。在工业革命之前，基本上是农业文明为主的时期，城市发展缓慢，城乡差别不大，工业革命之后，城乡面貌发生了巨大变化。城乡差距的拉大主要在机器化大生产时期。机器化大生产代替了工场作坊生产。在机器化大生产的地区，迅速集聚人流。这些人群不仅包括工厂所需要的工人，还包括这些工人所带来的家属。为了满足工人及家属的各种生活、生产需要，周边其他各类手工业者应运而生，农村附近的剩余劳动者也逐渐加入了整个社会生活圈，从而推动城市的发展。恩格斯在《英国工人阶级状况》中对英国农村剩余劳动力涌入城市的状况进行了描述，对农村剩余劳动力大量涌入城市的状况进行了分析。他曾经这样描述城市的发展："人口也像资本一样集中起来……于是村镇变成小城市，小城市变成大城市。城市越大，定居到这里就越有利，因为这里有铁路、运河和公路……这样一来，大工厂城市的数量就以惊人的速度增长起来"。① 城市的发展也会导致乡村由于人口的流失，日益凋敝。在这里，城市是人口、生产工具、资本、享受和需求的集中地，而乡村则是人口、生产工具、资本、需求隔绝和分散的地方。工业较之农业具有优势地位，无论在政治、经济、文化等方面，城市都处于主导地位，而乡村则处于从属地位，乡村成为城市的剥削对象，正如马克思恩格斯所言："城市已经表明了人口、生产工具、资本、享受和需求的集中这个事实；而在乡村则是完全相反的情况：隔绝和分散。"②

不可否认工业革命给社会带来的巨大动力，这也为城乡条件的改善创造了条件。三次工业革命都推动了城乡的发展。蒸汽机的使用推动了轮船、火车等交通工具的迅速发展，为乡村农民进城提供了方便，蒸汽机的使用提高了机器的效率，提高了工业的发展水平。电力的发明也促进了人类文明的进步，生产效率迅速提高，商品更加丰富，便利的交通和自由的市场使商品交换变得更加频繁，城乡关系得到进一步改善，正如恩格斯在给伯恩斯坦的回信中所言："这一发现使工业彻底摆脱几乎所有的地方条件的限制，并且使极遥远的水力的利用成为可能，如果在最初它只是对城市有利，那么到最后它将成为消除城乡对立的最强有力的杠杆。"③ 信息工业的到来为工业发展再次插上了翅膀，商品渗透到世界每个角落，世界成为"村落"，通信技术带来的物流、人流的极大便利，也使农民进出城市越来越方便，从而也为城乡融合创造了条件。

马克思主义认为，城乡分离与对立是社会发展的阶段性产物，它是

① 《马克思恩格斯文集》第1卷，人民出版社，2009，第406~407页。
② 《马克思恩格斯选集》第1卷，人民出版社，1995，第104页。
③ 《马克思恩格斯选集》第4卷，人民出版社，1995，第654页。

社会发展的必经阶段，并且最终会随着生产力的发展、私有制的灭亡和社会的进步逐步消失，最后形成城乡融合，在城乡融合之时，从事农业和工业劳动的将是同样的一些人，而不再是两个不同的阶级。① 只有职业的区别，没有等级的差别，更没有身份差别。

而在城乡对立走向融合的过程中，农民也将一步一步转化为工人，成为工人阶级的一部分。马克思对农民的关注可以说萌芽于对农民利益和贫困的关注。在《关于林木盗窃法的辩论》中，马克思对各种导致贫民的惩罚进行了批判。在《摩塞尔记者的辩护》中，马克思通过对摩塞尔河沿岸农民处境的考察，认为该地区农民的贫困与当时政府政策有着密切关系。农民在失去土地后，为了生存，必定会流向城市，进入工厂讨要生活。而对于农民转化为工人阶级，马克思指出："自由劳动者有双重意义：他们本身既不象奴隶、农奴等等那样，直接属于生产资料之列，也不象自耕农等等那样，有生产资料属于他们，相反地，他们脱离生产资料而自由了，同生产资料分离了，失去了生产资料。"② 这种分离促进了资本主义工业的发展，也促进了人口的自由流动。在资本主义私有制形成过程中，农民向工人的转化也伴随着遭受暴力和被胁迫的过程。一方面，资本家用暴力强迫农民与土地分离，另一方面，资本家又使工厂和资本结合，为农民进厂创造条件；而工业革命带来的企业发展也需要大量的劳动力。因此，农民转变为工人成为必然。为了使失去土地的农民进城接受雇佣制度，政府也通过一系列血腥法律强迫农民进入工厂车间，为农民向工人转变创造制度条件，资本家也通过工厂制度延长工作时间，压低工资，获得更多利润。

由此可见，马克思恩格斯一方面认为农民转化为工人的过程是伴随资本主义私有制度形成的过程，是农民从被地主剥削转向被资本家剥削的过程。另一方面，马克思恩格斯也认为农民向工人转化是社会分工与生产社会化的必然结果，是社会发展的必然过程。马克思恩格斯对失去

---

① 《马克思恩格斯全集》第 4 卷，人民出版社，1958，第 371 页。

② 《马克思恩格斯全集》第 23 卷，人民出版社，1972，第 782 页。

土地的农民所遭受到的不公正待遇持批判态度。城乡融合是必然的，但融合过程中农民转变为工人是痛苦的。农民向工人阶级转化史也可以看作资本主义原始积累的发家史，是资本对利润最大化追逐而极力剥夺劳动者利益的过程，也是资产阶级运用国家政权手段实施的一系列暴力劫夺和强制的过程，这个过程导致农民遭受不公正待遇的悲惨历史。

而列宁更多地从积极正面的意义来看待农村人口向城市转移这一社会现象。列宁认为，农村人口向城镇迁移是社会分工和劳动社会化发展的必然过程，也可以说，社会分工和劳动社会化必然会导致农村人口向城镇转移。"'迁移'意味着造成居民的流动。迁移是防止农民'生苔'的极重要的因素之一，历史堆积在他们身上的苔藓太多了。不造成居民的流动，就不可能有居民的开化，而认为任何一所农村学校都能使人获得人们在独立认识南方和北方、农业和工业、首都和偏僻地方时所能获得的知识，那就太天真了。"[1] 农村人口向城镇迁移有助于人口增强生存和全面发展的能力，有利于提高流动人口的文化程度及觉悟，使他们养成文明的习惯和需要。只有当农村居民流入城市，生活条件接近了，才能创造消灭城乡对立的条件。

由此可见，在列宁看来，农村人口向城镇转移是历史进步的表现，它不仅有助于人口素质的全面提升，而且为最终使农业人口向非农业人口转移创造条件，当农业人口与非农业人口在生活条件上接近，城乡对立也就消失了，社会就达到了公正状态。因此，实现社会公正，是离不开农村人口向城镇转移这一过程的，恰恰是在这一转移过程中，才创造了农村剩余劳动力在城镇中的多种机会。

从上面看出，马克思恩格斯和列宁分析了城乡分离的原因，指出城乡融合是必然趋势。但他们都认为，废除私有制为消灭城乡对立创造了好的社会条件。只有废除资本主义私有制才能让城乡居民平等相处，共同发展社会生产，最终实现全体人的自由而全面的发展。恩格斯认为：

---

① 《列宁选集》第3卷，人民出版社，1959，第216页。

"由社会全体成员组成的共同联合体来共同地和有计划地利用生产力；把生产发展到能够满足所有人的需要的规模；结束牺牲一些人的利益来满足另一些人的需要的状况；彻底消灭阶级和阶级对立；通过消除旧的分工，通过产业教育、变换工种、所有人共同享受大家创造出来的福利，通过城乡的融合，使社会全体成员的才能得到全面发展；——这就是废除私有制的主要结果。"①同时也认为，城乡融合需要生产力的提高，生产力的提高才能保证有充足的工农产品供应，为城乡关系提供物质基础，从而能够解放更多的劳动人口。生产力的发展在带来大量物质财富的同时，也使政治文化、生活方式等上层建筑发生相应的变化，从而能够满足城乡居民其他更高形式的需求。农民在进城后精神层面和政治文化层面提高素质，日趋接近城市，最终实现长期融合。

在城乡融合过程中，国家必将发挥重要作用。国家在促进城乡融合方面也能够起到积极的推动作用。国家将不断加大对农村的基础设施的投入，让农村平等地享受到城市同等的物质生活条件、公共服务与设施、精神文化产品。乡村随着经济日益繁荣和公共设施的完善，也必然会打破原有的封闭、落后、愚昧的状态。在生产力不断发展的过程中，城乡之间的生活方式虽各有特点，但是日趋接近；农民也不再过着日出而作、日落而息的生活，为了生计而一天到晚拘泥于体力劳动。农业生产率的提高为农民提供了更多的空闲时间，农民也可以从事自己感兴趣的工作。城乡关系由对立走向融合后，每个人都能自由地发挥自己的特长与喜好，展现自己的体力与脑力劳动的能力，从而实现自由而全面的发展。城乡融合为实现人的自由而全面的发展提供了平等机会。如马克思恩格斯所指出的"生产劳动给每一个人提供全面发展和表现自己全部的即体力的和脑力的能力的机会"②。"城市和乡村的对立的消灭不仅是可能的，而且已经成为工业生产本身的直接需要，同样也已经成为农业生产和公共

---

① 《马克思恩格斯选集》第 1 卷，人民出版社，1995，第 243 页。
② 《马克思恩格斯选集》第 3 卷，人民出版社，1995，第 644 页。

卫生事业的需要。"[①] 国家对农村的重视与公共服务设施的投入能够为城乡发展、工农业发展提供条件，缩小城乡之间的差距。国家通过从宏观上对城乡之间的资源进行调节，发挥无可替代的作用。

二　城乡从分离到一体化：中国共产党人的艰辛探索

我国已经实现了公有制，但消除城乡分离与对立、实现城乡融合需要一定的时间，需要更多的物质条件、社会条件和组织条件。社会分工导致城乡分离，但社会分工带来的效率提高也为实现城乡融合准备了条件。社会分工、生产力的发展以及由此引发的工业化为城市更大规模地吸收农业人口创造了有利条件。劳动力流入城市，也为城市的发展创造了条件。

中国共产党在马克思主义思想指导下，高瞻远瞩，统筹规划，不断为农民工进城创造条件。中国共产党在大力发展生产力过程中，也在不断地创造条件逐渐实现城乡融合，使农民工更多地融入城镇，让更多的农民工享受和市民同样的待遇，享受公平的机会。但在不同的发展阶段，侧重点也有所不同。

（一）中华人民共和国成立初户籍制度的形成与城乡分离背景下农民进城就业机会受阻

毛泽东早在七届二中全会上就提出了全国的战略重点由乡村移向城市。中华人民共和国成立后，为了消灭私有制实现公有制，为社会公平创造条件，党中央对农业、手工业和资本主义工商业进行了社会主义改造。1956年底，社会主义改造任务基本完成，标志着社会主义制度的最终确立。但是，面对一穷二白的国情，如何改变积弱积贫的现状，发展生产，建设好社会主义社会，是摆在党中央面前的一道难题。毛泽东在探索中国社会主义建设道路的过程中，对如何实现社会生产提出了不少有价值的见解。受到当时的国内情况与国际环境的影响，毛泽东提出统

---

① 《马克思恩格斯文集》第9卷，人民出版社，2009，第313页。

筹兼顾，发展重工业的战略思想。1954 年 6 月制定的《关于中华人民共和国宪法草案》中，毛泽东指出："现在我们能造什么？能造桌子椅子，能造茶碗茶壶，能种粮食，还能磨成面粉，还能造纸，但是，一辆汽车、一架飞机、一辆坦克、一辆拖拉机都不能造。"① 而中国不可能像西方国家那样依靠海外掠夺的方式进行工业资本的积累。为了支持城市工业化发展，筹集工业建设资金，党中央提出了在农村走合作化道路，有计划按步骤走集体化道路。通过合作化、集体化，商品粮和工业原料就增多了，工业发展就有了支撑，为最终实现四个现代化奠定了基础。

中国近代的落后就在于没有强大的机器工业，中国共产党人深谙只有在大工业的基础上才能实现社会主义，"中国社会的进步将主要依靠工业的发展"②。而发展工业的资金只能依靠农业，从农业中获取，这必然采取"剪刀差"方式损害农民利益。为此，毛泽东和梁漱溟进行了一场争论，争论的焦点是"能不能以牺牲农业和农民的方式进行工业化"。在 1953 年 9 月 11 日的政协会议上，梁漱溟阐述了之前近 30 年时间，中国革命都是以农村为根据地，农民干部进入城市之后，农村变空虚了。由于工业多集中在城市，城里的工人生活水平提高很快，而乡村农民生活得很苦，因此，农民都希望能进城，却被赶回农村，由此形成"九天九地"的矛盾。毛泽东对此进行了批评。在毛泽东看来，仁政有两种，一种是为当前利益着想的所谓小仁政，另一种是为长远利益着想的所谓大仁政。而照顾农民是小仁政，发展重工业是大仁政。毛泽东认为，为了实现国家的富强，我们的重点应放在大仁政方面或长远利益方面。因此，当时主要的任务是发展重工业。我们施仁政的重点应当放在建设重工业上。要建设，就要资金。所以，人民的生活虽然要改善，但一时又不能改善很多。也就是说，人民生活不可不改善，不可多改善；不可不照顾，不可多照顾。照顾小仁政，妨碍大仁政，这是施仁政的偏向。但是毛泽东把农民利益的实现局限在农村和农业领域，没有看到农民的最终出路

---

① 《毛泽东文集》第 6 卷，人民出版社，1999，第 329 页。
② 《毛泽东文集》第 3 卷，人民出版社，1996，第 183 页。

是非农化，特别是在毛泽东领导社会主义建设时期仍强调"阶级身份、所有制身份、户籍身份"，严重地抑制了农民的发展空间，使得农民进城发展的机会几乎是一片空白。

从国际关系上来讲，当时美国等西方国家对中华人民共和国采取孤立、遏制等政策，而苏联在社会主义建设方面取得了一定的经验，他们给予中华人民共和国一定的物质技术方面的帮助。因此，我国主要学苏联"重工业优先发展"的经验，也强调重视重工业和基础设施的发展，但重工业发展必定会影响到农业和轻工业的发展，从而造成一定程度的比例失调。虽然后来毛泽东在《论十大关系》中提出，要独立自主地探索适合中国情况的社会主义建设道路，其中谈及重工业、轻工业与农业的关系时，就谈及走一条与苏联有所不同的中国工业化道路，但农业始终被定位为支持工业的角色。

由此可知，一方面党中央试图通过政治手段来解决物质匮乏的问题，以政治手段取代经济手段，以行政的手段和思想动员来解决经济落后问题。另一方面，国家出台了阻止农民进城务工的户籍制度及相关制度，限制农民进城，为工业积累资金，以保证工业得到优先发展。为此，政府直接控制农村生产要素配置，从农副产品购销两方面开始切断农民对农村剩余产品的自主支配权，禁止农副产品自由流动，禁止农民自由流向城市，并通过定量供应粮食而达到目的，形成了一套包括统购统销、人民公社、户籍制度等在内的城乡隔离的二元经济制度。政府统一调配资源以降低发展重工业的成本，统一招工、上报招工的计划，生产要素被政府调拨，被行政手段控制。从 20 世纪 50 年代初到 60 年代中期，我国已经初步形成了社会主义的工业化体系，但也付出了较大的代价。国家通过严格的户籍管理、购销管理和招工限制，基本上实现了限制农民自由流动的机会与可能，农民被固定在集体所有制的土地上。

因此，20 世纪 50 年代城乡之间的流动壁垒，很大程度上起因于工业化道路的选择。为了支持工业化建设，党中央和政务院采取了一定的措施，在生产关系上限制农民进城。城乡工农之间的"剪刀差"很大程度上是为了保障农业多生产剩余产品以支援工业发展。而户籍制度的出台，也是配合这种工业化发展的需要，缓解城市就业压力，维护市民利益。1952 年 7 月，政务院就农村剩余劳动力的出路问题专门召开全国劳动就业会议，制订了《关于解决农村剩余劳动力问题的方针和办法（草案）》，同年 7 月 25 日，通过的《关于劳动就业问题的决定》中指出：农村中的剩余劳动力目前是在无组织无计划地盲目地向城市流动着，这也增加了城市中的失业半失业现象。该决定中还指出，"农村中大量的剩余劳动力不同于城市的失业半失业人员。他们是有饭吃有地种的。但他们有大量的潜在的劳动力没有发挥出来，应该积极设法使之发挥到生产上来……（城市）在短时期内不可能大量吸收，故必须大力说服农民，以克服农民盲目地向城市流动的情绪。"[①] 随后，一系列制度和计划体制的建立都把农民束缚在土地上，李先念也指出："人总是要吃饭的，问题是在农村吃还是在城市吃。我看在粮食和副食品并不宽裕的条件下，该在农村吃饭的，还是在农村吃好，因为在农村吃比在城市吃要省得多。城市并不缺乏劳动力，各行各业也并不缺人，因此要尽量不增加职工，更不要轻易从农村招收职工。"[②] 国家采取统购统销的制度直接影响到 20 世纪 90 年代。为了缓解工业品供给不足和满足农村发展非农产品的需要，中央提出"三就地"原则（就地取材、就地生产、就地销售）的"五小"（即小化肥、小水泥、小农具、小五金、小纺织），实现了农业劳动力基本上就地就业，自力更生，解决农民问题，这也是后来乡镇企业的雏形。[③] 这说明改革开放以后，党中央制定的制度或政策仍然受到二元制度的影响。[④]

---

① 《建国以来重要文献选编》第 3 册，中央文献出版社，1992，第 293 页。

② 《李先念文选》，人民出版社，1989，第 285~286 页。

③ 武力：《中国共产党与当代中国经济发展研究（1949~2006）》，中共党史出版社，2008，第 238 页。

④ 1982 年 11 月 5 日，万里在农业书记会议上讲道，退出承包地的农民仍留在农村从事各种专业生产，他们离开土地而不进城，叫作"离土不离乡"，参见赵文远《新中国户籍迁移制度史研究》，郑州大学出版社，2012，第 112 页。

以户籍制度为核心的一系列制度，对农民的机会获取影响深远。这是农民工这一群体形成的根源，也是农民工问题形成的主要制度症结所在。中国农民工是农民的一部分，农民受到的不公平待遇，在农民工身上同样发生，只不过农民工后来迁移到城市从事工业，才暂时离开了土地而已，农民工的一系列身份制度都是进城之前的户籍制度造成的。因此，农民工问题最早应该追溯到社会主义制度建设初期国家的一系列政策制度。

这种制度导致了社会的机会不公主要表现在以下几点。

1. 在生产资料的接触方面，国家通过计划手段对资源进行统一调配

农民被限制在土地上面，三大改造完成后，社会流动性大大减弱，农村的阶级关系也变得单一，几乎所有农民都成了合作社的社员，都要通过合作社参加劳动挣工分吃饭。由于国家实行重工业优先战略，国家逐步垄断几乎全部重要的政治、经济和文化资源的分配。资金密集型和技术密集型的工业排斥劳动力。"在相当长的时间内，经济结构的变化未能起到推动就业空间扩张和职业结构转变的作用。"[1] 企业的外部资源的调配和内部资源的安排都被国家组织垄断。国家出台一系列政治制度、经济制度、劳动人事制度、分配制度等，维护二元化社会结构，维持城市优先于农村的战略，其中最主要的相关制度安排和政策规定有：禁止城镇单位自主招用农村劳动力的劳动用工制度，这种制度使得农民务农、市民做工成为制度化的社会分工，受到人为影响很大的社会分工，而不是自然的分工。[2] 落实粮食供应政策，发布《市（镇）粮食定量供应暂行办法》和《农村粮食统购统销暂行办法》，规定农民吃自产粮，农民要迁居外地，必须凭借户口迁移证到国家粮站办理粮食供应转移手续。城镇市民均按核定的供应数量发供应凭证。从此，票证登上了历史舞台。[3]

---

① 陆学艺主编《当代中国社会流动》，社会科学文献出版社，2004，第23页。
② 由于国家大力加强基本建设需要，国家还是招收了1500万~2000万农村劳动力进城支援城市建设，这一部分人进入工业，但仍然随时有被赶回农村的可能。
③ 赵文远：《新中国户籍迁移制度史研究》，郑州大学出版社，2012，第39页。

在岗位流动方面，城市居民主要在国有企业和集体企业就业，农村中农民主要在生产公社劳动。招工和解雇的权力被国家掌握，国家统一招工，统一分配就业。城镇就业主要实行统包统配制度，取消实际用人单位的劳动人事管理自主权，也取消了农民进城就业的机会及享有社会保障的机会。为了禁止农村剩余劳动力盲目挤占城市就业机会，政府实行就业统一安置、粮食统一供应、住房统一分配等相配套的制度，从而堵死了农民进城的门路。① 为了从根本上控制农民流入城市寻找就业机会，1958年1月9日，《中华人民共和国户口登记条例》第十条第二款规定："公民由农村迁往城市，必须持有城市劳动部门的录用证明，学校的录取证明，或者城市户口登记机关的准予迁入的证明，向常住地户口登记机关申请办理迁出手续。"② 第一次以法律形式阻止农民进城寻找发展机会。1958年2月至1959年3月，中共中央、国务院多次发布限制农村人口外流的通知、指示，要求各企业事业单位清退和停止招用流入城市的农民。③

在职务升迁方面，社会流动基本趋于固化，从而形成一套以政治—职业为轴心的流动机制，而不是基于能力为轴心的流动机制。这也就是说，流动性更多的是带有政治目的，不是经济目的。④ 在这种制度化的流动机制中，社会成员的流动由以下几个方面决定，一是宏观的制度安排和政策规定，二是经济结构的需要，三是个人先赋因素的家庭出身，四是个人的后天努力。后天努力基本上表现为政治忠诚和工作积极。⑤ 在集

---

① 杨云善、时明德：《中国农民工问题分析》，中国经济出版社，2005，第60页。
② 中共中央文献研究室：《建国以来重要文献选编》第11册，中央文献出版社，1995，第18页。
③ 1958年2月25日，国务院再次发布《国务院关于制止农村人口盲目外流的指示的补充通知》，1959年1月、2月和3月，中共中央、国务院发出《关于立即停止招收新职工和固定临时工的通知》《关于制止农村劳动力流动的指示》《关于制止农村劳动力盲目外流的紧急通知》，要求各企业事业单位清退和停止招用流入城市的农民。转引自别红暄《城乡公平视域下的当代中国户籍制度研究》，中国社会科学出版社，2013，第51页。
④ 陈光金：《身份化制度区隔——改革开放前中国社会分化和流动机制的形成及公正性问题研究》，《江苏社会科学》2004年第1期。
⑤ 陆学艺主编《当代中国社会流动》，社会科学文献出版社，2004，第37页。

体所有制单位或全民所有制单位内部，存在从低级工到高级工的上升机会，只要符合一定条件就可以上升。在干部内部，存在从低级干部晋升为中高级干部的可能性和机会。但是，农民内部没有一个上升的岗位制度，生产队普遍实行工分制，身强力壮的每天工分计算为 10 分，妇女为 8 分，熟练不熟练不与福利挂钩，只有体力强不强的区别，因此熟练不熟练的农活对于农民的收入提升没有任何意义。

2. 在收入分配方面，按劳分配不能反映个人能力的大小

虽然 20 世纪 50 年代末期，国家也制定了工资分档制度，但在计划体制下，国家"吃大锅饭"现象严重。私人劳动与社会劳动不分，分配标准不以生产产品的社会必要劳动时间来衡量，而是以私人劳动时间来衡量，只要出工就能赚工分，取得收入。因此，导致大量出工不出力等磨洋工现象发生，生产效率低下，生产积极性下降。在农村，平均主义非常严重，"磨洋工"现象十分突出。农民的儿子（除了少数人升学和部分人参军、少数女性嫁到城里外）只能在公社就业，一到 18 岁就参加公社劳动，统一赚工分，采取工分制导致的结果是，干好干坏一个样，干多干少平均分。而在城市，市民的子女到 18 岁也直接进厂参加劳动，也同样存在"平均主义"分配，但他们的劳动单位是国有企业或事业单位，待遇普遍比农村农民要好。

虽然国家也在城市中实行低工资制，压低工业发展的劳动力成本，以提高工业积累的水平，但低工资必须是在控制粮油等基本价格基础上才有可能，这样才不会引起城镇较低收入的工人的生存困难。因此，农民粮油价格被国家压得更低，农民的生活水平比城市市民更低。行政手段扭曲粮油等生活必需品的价格水平，并使之制度化，从而导致农民收入一直提不上去。尽管国家也极力控制城市居民的购买力，抑制居民的消费数量，但是城市市民的收入水平和生活水平仍大大高于农民的水平。因此，大量农民仍然希望进入城市分享福利待遇。

3. 在社会保障方面，农民被隔离在国家补贴之外

我国的社会保障设计从一开始就进行了城乡区分。在城市，所有职

工都享有国家包下来的社会保障。如果有区别，也只是单位性质的不同而已，或在同一类型的单位中，也存在县级以上和县级以下单位的不同。他们的工资待遇虽然也有一些不同，包括生育、养老、工伤、医疗等社会保障也存在一些差别，但不管如何，城市职工都有较好的社会保障，而农民没有社会保障，即便有也是较低水平的社会保障。

1952 年 2 月颁布的《中华人民共和国劳动保险条例》所保护的就是城市企业职工，尤其是国有企业职工。实施劳动保险的企业，资方需按月缴纳职工工资总额的 3% 作为劳动保险金，而不得在职工的工资内扣除，也不得向职工另行征收。职工因疾病、负伤、残疾、年老、生育、死亡等，均可以享受一定标准的补助工资、医疗费、补助金、抚恤金等，同时，他们供养的直系亲属也可以享受到一定的待遇。[①] 1952 年 6 月政务院对于全国各级政府、党派及事业单位等工作人员的医疗待遇进行了规定。[②] 对于国家机关、事业单位，国务院和一些部门还颁布单项法规进行规范。1955 年 9 月由财政部、卫生部和国务院人事局联合发布的《关于国家机关工作人员子女医疗问题》对其子女在医疗费方面进行规定。1955 年 4 月，政务院颁布的《关于女工作人员生育假期的通知》对职工生育保险进行了规定，1955 年 12 月国务院分别对国家机关工作人员的生育待遇、养老待遇等做了规定。[③]

而除了社会保障的优越性外，在城镇，单位还有广泛的单位福利，如各种上下班交通补助、职工食堂等，而广大农民无法享受到国家为城市职工提供的各项福利，享受不到取暖补助、粮油补贴、职工住房等待遇（职工住房到 1994 年才有所改变）。在城镇，由于女职工上班，单位还负责她们的小孩的入托、上学等。托儿所、幼儿园等基本建设费用由国家和单

---

① 石宏伟：《中国城乡二元化社会保障制度的改革和创新》，中国社会科学出版社，2008，第 127 页。

② 参见 1952 年 6 月政务院颁布的《关于全国各级人民政府、党派、团体及所属事业单位的国家机关工作人员实行公费医疗预防措施的指示》。

③ 参见 1955 年 12 月颁布的《国家机关工作人员退休处理暂行办法》及《关于国家机关工作人员退职处理暂行办法》。

位出资，经常费用从本单位的福利基金、事业费和行政经费中开支。

而在农村，农民作为公社人，通过"集体所有制单位"（公社、大队与小队）来对农民进行保障。农村中生产队是"人人有活干，人人有饭吃"的基本单位，农民从出生到死亡大多安置在生产队（除了极少数通过升学、参军、嫁人等离开）。农民的社会保障几乎来自集体公益金，国家不拨付经费。单位福利也只是在生产单位内实行粮食分配制度和"五保户"制度，但由于粮食等农业产品在国家优先发展工业的调配下所剩余的不多，剩余的粮食在农村人口增加的情况下也仅仅能够维持生存（由于没有实行计划生育，人口增长也较快）。因此，农民在农村的社会保障水平极低。在"三级所有，队为基础"的人民公社制度内，实行"按劳分配，多劳多得"的工分制度。为了解决劳动力少而供养的人口多的家庭口粮问题，生产队基本上实行人口与工分 5∶5 分成，或 4∶6 分成。对于"五保户"，基本上实现集体供养。

因此，在计划经济时代，国家和社会高度融合，只有"单位人"而没有"社会人"，国家通过"单位制"而实施对劳动者生老病死的保障，市民一般都是单位人，都有编制，因此，市民的生老病死多被国家所保障，单位对他们来说意味着保障。但改革开放以来，随着农民工进城，他们已经融入了机器化大生产之中。他们虽然进城务工，但不是正式的工人，仍是单位外人员。即便是同一个单位，由于"编内"和"编外"的不同，收入待遇和保障也存在很大差别。"不仅仅是医保、住房公积金、年终奖金等福利完全不同，同一岗位的'编内'员工和'编外'员工，工资收入也相差很多"。[①] 在社会主义市场经济体制下，虽然政府对

---

① 在各大国有企业如中国联通、中国移动、中国电信以及国有银行里，竟然数十年如一日地存在正式工和劳务派遣工（简称劳务工）的差别，工资奖金方面相差悬殊，福利待遇方面也有惊人的差别。垄断企业所谓的正式工，不过是一窝关系户而已。多年来，劳务工没有享受过一次职工体检，没有发放过一次取暖费。另外，正式工还有"烤火费"、"防暑降温费"、饭补、车补等多项补贴，就连话费补贴也远高出劳务工两倍多。春节前公司发放购物卡，正式工 2000 元，劳务工只有 300 元。"三八妇女节"女正式工有购物卡，而女劳务工什么都没有。劳务工职业前景暗淡，岗位上升空间有限。参见《研究生为何争当环卫工》，《光明日报》2013 年 1 月 28 日，第 1 版。

国企进行了改革，国企拥有了独立性，但福利这一块始终没有与企业脱离，直到20世纪90年代中叶，国家才逐渐把社会保障从企业剥离开来。

总之，在全民所有制企业，国家为城市职工提供广泛的保障，包括医疗服务、养老金、儿童照顾、教育和住房等。但对于在集体所有制的农村，生产、医疗卫生、教育等基本上依靠农民自己，国家支持得很少。

（二）改革开放后，社会主义市场经济体制的建立与农民工对就业、社会保障机会公平的期盼

十一届三中全会以后，"包产到户"政策的实施，打破了原来的计划手段配置资源的方式，赋予家庭、个体一定的独立自主性。家庭承包责任制的实现，使农民以家庭为单位，直接掌握和使用土地等生产资料。虽然所有权仍归集体所有，但农民享有广泛的使用权、收益权等，农民的积极性大大提高，生产力也得到快速发展。农民可以自行决定经营方式，粮食产量也大幅度增加。国家逐渐放开价格市场，让市场反映农副产品的价格，通过市场调整农村经济结构，实现优胜劣汰。制度的改变使得农民获得了更多的自主机会，农户获得了新的选择和发展机会。

1984年，我国农村改革扩展到了城市，开始了城市经济体制改革。1984年，中共十二届三中全会提出，社会主义经济是公有制基础上的有计划的商品经济。1987年中共十三大明确提出允许私营经济的存在和发展，提出加快建立和培育社会主义市场体系，发展好资金、技术、劳务等生产要素市场。党的十四大明确提出，我国经济体制改革的目标就是建立社会主义市场经济体制。通过竞争机制，把资源配置到效益较好的环节中去。理顺产权关系，落实企业自主权，使企业真正成为自主经营、自负盈亏、自我发展、自我约束的法人实体和市场竞争的主体。

国家在城乡的制度调整直接打破了城乡二元对立的局面，原来的户籍制度约束下的就业藩篱被打破了，农民可以进城经商务工，从事服务业，制度改革为乡城人口流动和社会繁荣带来了活力。改革开放后，资源的配置方式发生了重大变化。首先，配置主体发生了变化。城市的国有企业也扩大了企业的自主权，开始形成自己的独立的利益，面对市场，有自己的相对独立的经营决策权。过去由国家掌握的组织资源，也越来越多地转移到企业管理者手中，无论是招工还是奖惩，都不再由国家计划调节。企业也重视市场调节对其生产经营的作用。企业可以根据市场需要而确定岗位和招收工人。而农村剩余劳动力作为人力资源，也有了一定的自主权。其次，市场规则也发生了变化。企业招收工人，不再以身份而以能力为标准，以完成工作任务为目标。而对于身份、地位和待遇相对较高的事业单位，也开始通过考试向社会招录办事员，使不具有干部身份的农村人员进入机关单位上班，为他们取得白领岗位提供可能机会（不一定是公务员）。在分配方式上，国有企业和非公有制企业的利益追求使得招录工人不再以户籍等身份为唯一标准，而农村优秀的人才得到企业的青睐，使得农村劳动力通过努力和勤奋有了更多获得相对高的收入的机会。收入分配不再按照身份地位进行分配，而是按照工作量的完成情况进行分配，因此，包产到户，包干到人，超额完成任务就有更多奖励，极大地激发了人们的工作积极性。最后，资源也逐渐向社会开放，允许鼓励多种所有制共同发展。民营企业也能掌握一定的生产资料。而所有制的改革，使得非公有制企业大量出现。个体工商户和私营企业主的数量增长较快。1978 年全国城乡个体工商户 183 万户，从业人员 227 万户，到 1991 年，户数增长为 1417 万户，从业人员增长为 2258 万户。①

国家的制度变化带来了社会繁荣、经济发展的良好局面。农民获得了较多的致富机会，资源的分流为农民进城创造了较多的就业机会。改革开放以后，先赋性因素逐渐被弱化，社会身份（如户籍身份、政治忠诚和表现）的作用日益减弱，而自致性因素（教育水平、能力才干等）具有重要作用。

农民工接触工业生产资料的机会大大增加，自主谋业的农民工数量也日益增加。农民工的自身能力得到了充分的发展，有些农民工成为突

---

① 朱明方等：《私有经济在中国》，中国城市出版社，1998，第 239 页。

出的销售人员、采购人员、建筑工程师等市场性人才。商业管理人员、经营管理人员的岗位也有农民工的身影。经济增长与城镇的扩张使得农民就业机会大增。农民工的职业和就业机会得益于技术进步带来的经济结构的扩张，以及与之相应的城市化发展带来的岗位的需求。在多种因素的影响下，农民工的职业地位（权力、收入和声望等）发生了程度不同的变化。他们通过自己的能力和努力，实现了自己的发展机会。农民工实现了从"农业劳动者"到较高层次的"工人""个体工商户""商业服务人员"的流动。进城务工的农民工的收入也发生了较大的变化，他们的整体生活水平显著提高。劳动、资本、技术、管理等生产要素按贡献参与了收入分配。这除了经济增长和经济结构变化因素外，国家的制度或政策调整是重要原因。国家制度安排和政策规定也为农民工通过自己的努力获得高收入创造了条件。"体制转轨是重要原因。"[①] 1993 年，粮食进一步商品化，最后一批票据彻底退出市场，户口与票据的联系被切断，使得农民进城不再自备粮票。1986 年 7 月国务院发布通知，废除"子女顶替制度"，斩断了就业领域不公平的制度规范，为农民在城市务工提供了更多的机会。1996 年 10 月，劳动部发出了《关于实行劳动合同制度若干问题的通知》，劳动合同制的全面推行，使得与户口相联系的统包统配的劳动就业制度走到了尽头。这些改革都证明，要体现机会的公平，打破资源与身份联系，必须要把资源的分配与市场联系起来。就业资源与能力联系而不与编制联系；收入与贡献联系而不与身份联系；等等。要做到公平正义，首先要剥离各种资源与身份等的联系，改变户籍制度的功能。

但我们也必须看到，这一时期农民进城仍然受到户籍等制度的较大制约。虽然农民工能够进城务工，但大多数是从事脏、累、苦的工作。工作环境恶劣，工伤事故频发，职业病也不被重视。侵权事件经常曝光于媒体，农民工讨薪事件、员工跳楼事件等都反映了农民工仍处在不公

---

① 李路路：《当代中国社会分层的制度化结构》，《教学与研究》1996 年第 3 期。

平之中。即便有一些技术的农民工受到一些企业的欢迎，但仍被排除在正式工之外，收入待遇与正式职工不一样。即便是一些国企，为了增效也聘用了一些有能力的农民工，但在国企工作的农民工由于受到身份的限制也属于临时工，他们的工资待遇也明显低于正式工。甚至在同样一个事业单位上班的"白领"，出于身份、户籍等原因，工作十余年或几十年也仍没有摆脱"体制外"的地位，不能享受到同样的待遇与社会保障。农民工就业主要集中在中小企业，一部分中小企业能为农民工提供较多就业岗位，但由于这部分企业资金不雄厚，技术不先进，管理不规范，操作不严格，侵犯农民工权益的事件频发。农民工在这些中小企业务工，普遍遭受工作时间延长、劳动强度大、劳动环境差、劳动收入低等不平等对待。农民工也经常受到来自一些制度的侵犯。"孙志刚事件"说明，农民工在城市的发展受到国家制度或政策的影响还是巨大的。"农村劳动力的迁移，与国家制度密切相关。农民工的讨薪事件，也与国家的政策有关。"[①] 2003 年 6 月，国务院总理签署了国务院令，《城市生活无着的流浪乞讨人员收容遣送办法》被废止，这意味着农民工进城减少了一些不公正制度的阻碍。

20 世纪 90 年代，国家政策的重心是如何做好国有企业下岗职工的再就业和社会保障问题，但对于农民工，社会保障几乎没有涉及。对于城市市民来说，有些中小企业，由于经营不善，裁减人员，这些工人也失去了优越地位，加入了自谋职业的行列，虽然他们失去了原来优厚的福利，但仍广泛享有国家社保制度和低保制度，从而保证他们的生存与发展可能。当地政府也积极出台再就业制度，使他们的工作机会比农民工多。而对于农民工来说，却无法享受到这些保障，公共服务仍然受到排挤。农民工对城市的社会管理造成了冲击，加上城市居民也出现了许多失业问题，因此，如何进一步控制农民工成为迁入地政府的头等大事。为了控制农民工，城市加强了暂住证的管理。对于不满足条件的农民工，

---

① 潘泽泉：《国家调整农民工社会政策研究》，中国人民大学出版社，2013，第 166 页。

当地政府强行把他们送入收容所。① 20 世纪 80 年代末，农民工对城市基础设施和社会管理造成冲击，因此，国家也开始制定一些制度进行调整。只有那些有才能并且符合城市劳动力缺口的，才被允许进入城市务工。

　　除了人们所熟悉的城市教育资源区别对待外，在最低生活保障制度、公租房制度方面也排除农民工。"虽然国家不再拥有对就业和生活物质的控制权，但是其仍是城市社会福利与保障的主要供应者。"② 1994 年 7 月 18 日，国务院发出了《关于深化城镇住房制度改革的决定》，其要求："建立与社会主义市场经济体制相适应的新的城镇住房制度，实现住房商品化、社会化；加快住房建设，改善居住条件，满足城镇居民不断增长的住房需求。"上海在住房制度改革中率先实行了公积金制度，起到重要的作用。到 2003 年，全国有 7036 万多名职工加入了公积金账户，共提取公积金贷款 2243 亿元，公积金成为职工的一种补贴。但农民工极少有人分享这一红利。1997 年国务院发布《关于在全国建立城市居民最低生活保障制度的通知》，要求全国建立城市居民最低生活保障制度，并对保障对象的范围、保障标准、保障资金等进行了规定。该通知明确规定，最低生活保障制度的保障对象是持有非农业户口城市居民中的家庭人均收入低于当地最低生活保障标准的人口，其中领取失业救济期满后还没有就业、家庭人均收入低于最低生活保障标准的居民都能享受到这一保障。最低生活保障是城市居民的最后一道安全网，而没有向农民工张开双手。农民工仍然以土地作为最低生活保障。与此同时，与农民工的社会保障缺位形成鲜明对比的是，下岗职工领取基本生活费的时限最长为三年，期满后未实现再就业的，可以按照规定享受失业保险待遇。③

　　如果说，中华人民共和国成立初我国实现户籍制度是有其历史原因的，是社会主义国家为了全国人民的长期利益进行的统筹兼顾、适当安排的结果的话，那么这种安排必须有计划按步骤平衡进行，而不是长期

---

① 李莹：《中国农民工政策变迁》，社会科学文献出版社，2013，第 38 页。
② 李莹：《中国农民工政策变迁》，社会科学文献出版社，2013，第 38 页。
③ 彭森、陈立等：《中国经济体制改革重大事件（下）》，中国人民大学出版社，2008，第 786 页。

牺牲某一群体的利益。中华人民共和国成立后，集体主义被确立为意识形态的主流，个人的利益服从于国家整体利益，短期利益服从于长远利益。"城市和农村的劳动力，都应当适应社会主义建设的需要，进行统一的有计划的安排……盲目流动迁徙，那就对国家、人民不利，对他们自己也不利。"① 因此，从整体利益和国家的长远利益来考虑，牺牲农民利益具有了意识形态的理由。但改革开放以后，当计划体制改革了以后，仍然沿用这一制度，并且用来规范多数人的利益就显得不正义。如果从维护全国人民的利益出发，那么就否定了一个事实，即中华人民共和国成立初期，80%以上的人是农村人口，而把农村人口限制在农村，不是从全国人民的利益出发，而是从少数人的利益出发。如果从国家的长期利益出发，采取先后顺序逐渐解决农民利益问题，那么中华人民共和国成立后 40 多年就应该要重视农民的利益，而不是继续限制农民进城，进一步牺牲农民的利益。因此，直到 21 世纪初，社会保障只保障市民的利益而不保障农民工的利益，不符合"一致性对待国民"的正义原则。保护市民的就业机会而排斥农民工对岗位的要求，不符合"自由平等"的原则。

（三）21 世纪以来城乡社会保障制度的改革与农民工社会保障机会的逐步实现

当历史进入 21 世纪，特别是党的十八大以来，我国的经济发展和国家面貌也达到了一个更高的水平。我国已实现了小康，开始向基本实现现代化、人民过上比较富裕的生活目标迈进。根据马斯洛的观点②，当人们的生理需求已经满足后，会向更高一些的安全需求即人身安全、健康保障、工作职位保障等迈进。这一时期人们更加强调规章制度、职业保障、福利待遇、医疗保险、失业保险等。也就是说，人们的关注重点由生存机会公平转向公共服务、社会保障的机会公平。21 世纪以来，国家

① 罗瑞卿：《罗瑞卿论人民公安工作》，群众出版社，1994，第 359～361 页。
② 马斯洛把人的需求分成生理需求、安全需求、爱和归属感、尊重和自我实现五类，并由低到高排列。

不断改善农民工政策，提高农民工的待遇，特别是 2008 年世界金融危机以来，城市公共服务、国家社会保障等不断向农民工覆盖。以胡锦涛为核心的领导集体曾根据 21 世纪新阶段世情、国情、党情的新要求，提出城乡统筹战略思想和科学发展观，"以人为本"思想是科学发展观的实质和核心，坚持以人为本，必须坚持以实现最广大人民的根本利益为出发点，必须统筹城乡协调发展。统筹城乡协调发展就必须解决城乡利益问题，而农村劳动力进城务工是提高农村收入、实现城乡一体化的主要途径之一，因此，保护好农民工的利益，让农民工在城市有稳定的收入、有较好的保障，也是城乡协调发展的应有之义。2003 年国务院《政府工作报告》中提出"支持农民进城务工就业，清理和纠正对农民工的歧视性政策和乱收费，保护他们的合法权益，同时加强引导和管理"，并提出"注重把在城镇稳定就业和居住的农民工有序转变为城镇居民；放宽中小城市落户条件"等，表明党中央对农民工的逐渐重视和关心。2004 年中央一号文件明确鼓励农民工进城务工，以提高农民收入，缩小城乡差距。在《中共中央国务院关于推进社会主义新农村建设的若干意见》中，中央提出"工业反哺农业，城市支持农村"的城乡协调战略思想和"多予少取放活"的方针。值得关注的是，政府开始关注城乡联动发展，不再把农业问题局限在农业内部解决。促进城乡协调发展，是新形势下解决"三农"问题的重要途径。从此，党中央和国务院开始把农民工问题作为"事关我国经济和社会发展全局"的重要工作全面来抓，要求"各级人民政府要把促进农村富余劳动力转移就业作为重要任务"[①]。

在就业权益保护方面，政府加大了对农民工用工制度的规范和权益的保护力度。2003 年，国务院就对不合理的约束农民工进城的制度规章进行了清理废止。同时，加强了对农民工的权益保护。重点解决农民工工资拖欠问题并对生产安全环境进行监督。严格规范用人单位工资支付行为，对农民工工资实行专门账户，建立工资支付监控制度或保证金制

---

① 《国务院关于解决农民工问题的若干意见》（国发〔2006〕5 号）。

度，从根源上保护了农民工的合法权益，使得农民工能够"得其应得"。改善农民工的劳动环境，对工作环境差的企业要求其进行整改，确保农民工的工作环境安全。对在休息日、法定假日工作的农民工，责令企业支付合理的加班工资。对于雇主恶意欠薪事件，除了列入红黑榜之外，还加大惩罚力度，甚至直接入刑。同时，政府也成立了专门的机构负责农民工的日常事务。2008年人力资源和社会保障部首次设立农民工工作司，这是为农民工专门设立的一个政府部门，作为管理农民工工作的日常性机构。随后，地方政府也相应成立农民工工作司（处）等机构，隶属于各地人力资源和社会保障部门，负责处理本区域农民工的一些日常事务。

在就业公平方面，各迁入地政府也在积极创造条件，改善农民进城务工就业、创业环境，积极开展职业技能培训。迁入地政府采取了积极措施，不是围堵而是疏通农民工与先进生产资料接触的道路，广开农民工就业门路，多渠道促进农村劳动力转移就业，鼓励农民工创业。加强就业信息发布、职业介绍和就业指导工作，鼓励更多劳动者成为创业者。对自主创业的农民工适当降低门槛，在政策方面也给予较大支持，在市场准入、财税金融等方面也提供与市民同样的便利和优惠。

在公共服务方面，迁入地政府也积极关注和重视对农民工在子女上学、生活居住等方面问题的解决。如迁入地政府将农民工子女义务教育纳入当地教育发展规划之中，尽量让农民工子女享受到和市民同等的教育资源，在收费、管理等方面做到同等对待。加大对基础教育的支持力度，让农民工子女也能在公办中小学为主的学校入学。财政部也随即对接纳农民工子女数量较多的公办学校提供补贴。2008年的政府工作报告中指出：帮助进城农民工解决住房困难问题，深化城镇住房制度改革，满足居民多层次住房需求，努力实现住有所居的目标。说明中央开始帮助进城农民工解决住房困难问题，并重视农民工最低生活保障制度建设。因此，可以说农民工问题不再是单纯的流动人口问题，或经济问题，而是政治问题。引导农村劳动力合理有序流动成为政府的政治工作。

值得重视的是，国家也逐渐有层次地解决农民工社会保障问题，促使农民工在社会保障方面享有平等机会。特别在社会保险方面，范围在不断扩大，层次也在不断提高。坚持分类指导、稳步推进，优先解决工伤保险和大病医疗保障问题，逐步解决养老保障问题。国家在十六届六中全会报告中指出，用人单位必须及时为农民工办理参加工伤保险手续，并按时足额缴纳工伤保险费。特别是农民工较为集中、工伤风险程度较高的建筑行业、煤炭等采掘行业首先必须参加工伤保险。针对大量农民工从事工伤风险较高但参保率较低的工作，2008年，国务院在全国范围内组织实施促进农民工参加工伤保险的"平安计划"，一些地方政府也探讨了按项目参加工伤保险、缴纳工伤保险费的灵活政策。

医疗保险也由原来的农村合作医疗到新农合再到城乡医疗一体化转变，层次不断提高。改革前，农村也实行了农村合作医疗制度，农村合作医疗主要是采取群众缴纳保健费，再从集体公益金中提出一部分作为合作医疗基金，农民自己可以采药记工分等，这种农村合作医疗制度符合农村的特点，具有民办性和公助性。20世纪80年代初，农村经济体制和整个经济体制都进行了重大改革，农村合作医疗制度也发生了重大变化。随着"人民公社"的解体，以农业合作社为依托的农村合作医疗制度失去了集体经济的支持，因而出现了倒退，整个农村合作医疗处于停滞状态。21世纪之初，面对不断上涨的医疗费用，看不起病、因病致贫的问题突出起来。2003年1月16日，国务院办公厅下发了《关于建立新型农村合作医疗制度的意见》，要求从2003年起，各省都要开展试点，对新型农村合作医疗的筹资标准、资金管理等进行了规定。目前，农民工大病医疗保障基本上仍以农村合作医疗为主。令人鼓舞的是，到2016年7月，已有17个省统一了新型农村合作医疗和城镇居民基本医疗保险制度，实行了全省城乡居民统一的基本医疗保险，做到了医疗保险的真正公平公正。

目前，国家正在探索适合农民工特点的养老保险办法。早在2001年，劳动和社会保障部就出台20号文件，指出农民工应是城市职工社会保险项目的覆盖对象，规定"城镇个体工商户等自谋职业者以及采取各种灵活方式就业的人员，在男年满60周岁、女年满55周岁时，累计缴费年限满15年的，可按规定领取基本养老金。"2004年5号文件，劳动和社会保障部办公厅文件也同样规定。2006年，《国务院关于解决农民工问题的若干意见》中指出，坚持分类指导、稳步推进低费率、广覆盖、可转移，并能够与现行的养老保险制度衔接的农民工养老保险办法，逐步解决农民工养老保障问题。特别强调农民工的社会保障要适应流动性大的特点，做好转换接续的养老保险工作。

除了上述几大社会保险外，国家还逐渐推进农民工的失业保险制度。1993年的《国有企业职工待业保险规定》的保险适用范围仅限于国有企业及职工，1999年《失业保险条例》将失业保险范围扩大到城镇各类企业、事业单位，包括外资企业、城镇私营企业、城镇其他企业、非企业化管理的失业单位等。但由于农民工老家有田地，一旦失业，农民工往往返乡种田，因此，这一制度参与度仍较低，这也能够解释农民工的"候鸟式"生活。但在城乡融合后，失业保险范围的扩大将使得全体劳动者均能享受到平等的参加失业保险的权利，使得其在失业期间能够得到基本的生活保障和再就业服务。这些标志着农民工的社会保障机会得到了公平的对待，真正达到"发展和谐劳动关系"的要求[1]，体现了党对农民工问题解决的进一步深入和发展。

目前来看，尽管党和政府在最近的几年中对待农民工的各项政策，努力做到"公平对待，一视同仁"，使他们在就业、社会保障、改革红利的分享等方面和城市职工享有同等的权利和义务。但仍然存在一些不足，具体表现为以下几点。

1. 农民工问题涉及面较广（包括财政、教育、住房、就业等部门），需要一个顶层设计

农民工问题的解决本身涉及面广，在城乡制度分割下，政策太多，

---

① 《中国共产党十六届六中全会公报》，中国新闻网，http://news.qq.com/a/20061011/002118.htm，最后访问日期：2018年3月20日。

规定不统一，导致制度衔接难度增加，很难提高统筹层次。地方差别较大导致地方政府在落实中央精神的同时，往往从自身的利益出发，从维护本地居民利益出发，导致农民工政策执行难。地方政府由于缺乏激励机制，采取的政策也往往是应付性的、临时性的，执行力不足。地方政府在对待农民工问题上采取短效性措施、应急性政策，这样容易导致随意性和事后性，影响权威性。而在农民工问题上，亟待一个顶层设计与统筹安排，既不能一刀切，也不能过于抽象。

户籍制度是农民工机会不公平的主要原因，但随着户籍制度的放开，其他问题浮出水面，如农民工的耕地问题、宅基地问题、计划生育问题、最低生活保障问题、住房问题等，无不需要中央政府统筹安排，做好顶层设计。

2. 中央与地方政府的分权体制导致执行上遇到了阻力

随着国家户籍制度改革一步一步深入，中小城市也逐渐放松对农民工的户籍控制。农民工入城的机会和人数也逐渐增加。在剥离与户籍制度相关的福利待遇后，农民工也逐渐享受到城镇的公共资源以及公共服务机会。但目前，农民工问题能否解决仍然受限于迁入地政府是否作为。《财经国家周刊》2012 年报道，户籍制度的改革遭到几乎所有市长的反对，难点就在于迁入地政府担心户籍制度放开会带来的财政压力，从而导致地方政府选择性地采纳政策来处理农民工问题。除此之外，地方分权导致地方政府对中央政策有一定的消极对待或抵制。中央政府采用原则规定，在很多方面赋予地方政府一定自主权，但地方政府形成了自己的利益目标和行动偏好，却在优先考虑本地利益的情况下对国家政策进行了选择性的执行，即对本地政府有利的就执行，否则能拖即拖，不会全力以赴执行国家的政策。出于对地方经济发展的关注，很多地方政府并没有全力推进农民工的参保政策，以便维持较低的劳动力成本，吸引投资、保持本地经济的竞争力。[1]

---

① 何平、华迎放：《农民工的社会保险政策设计》，《中国劳动》2007 年第 7 期。

中央与地方分权体制导致地方政府对中央的政策有了选择性执行的余地。国家虽然出台了支持农民工参加社会保障的制度，但由于迁入地政府有一定的自主权，迁入地政府根据自身的财力和经济状况，往往选择那些难度小的工伤保险和医疗保险优先推行，养老保险也在进行探索，而对于农民工的公积金制度和农民工子女在城市进行义务教育的推行，则依然步履艰难。目前，农民工迁入地政府也在不断创造条件，不断解决农民工子女的入学问题，而对住房公积金项目，仍由地方政府视条件而定。李莹指出，地方政府对农民工子女教育负有主要责任，但仍有向农民工子女收取额外费用或设置各种条件变相收费的现象出现，这反映出不同地方政府对农民工子女义务教育权利的认可与重视程度。毕竟在农民工供给充足的情况下，地方政府不愿给农民工分一杯羹。[①] 地方政府以保证本地市民生活为由，不愿意承担农民工巨大的经济、社会福利等责任，如廉租房问题、公积金问题等。而对于企业主来说，他们逃避社会保险缴费责任，从而获得更多利润，提高其市场竞争力，也符合他们的利益。由于劳动监察部门的人手不足，他们被惩罚的成本低于缴费成本。因此，雇主逃避缴费的行为时有发生。为此，必须协调好利益分配，使农民工的制度能真正落实到位。这涉及技术问题，更涉及劳动力输出输入地政府之间、中央与地方政府的财权分配问题，还涉及企业主与农民工的管理监督问题。

当前由于农民工的基数较大，不可能一下子将问题解决。经济发展速度和地方财政的差别，导致地方政府执行力不同，因此，有步骤逐渐实施成为上级政府统筹的任务。大城市与中小城市的区别也导致户籍不可能一下放开，逐渐放弃与户籍制度相关的福利，并使社会红利向所有人开放成为首先要解决的问题。而对于农民工群体，也应区别对待。只有有较为稳定工作的农民工愿意加入城市职工养老和医疗保险，而对于流动性强、就业能力仍然不高的农民工，他们不太愿意在城乡之间奔波，

---

① 李莹：《中国农民工政策变迁》，社会科学文献出版社，2013，第64页。

因此在城市职工养老、医疗保险与农民新农合、新农保之间的转移接续不齐全的情况下，仍愿意选择低缴费、低保障的新型农村医疗和社会养老保险制度，他们更愿意把个人账户的养老金缴费直接带回家养老，因为转移接续手续复杂，而且流动性大。[①]

3. 城乡融合遇到了市民的排斥与农民工的自我隔离

在城乡融合过程中，市民常常抱怨农村人不爱干净、随地吐痰、乱丢垃圾、讲话大声且粗鲁等，因此，在市民心目中，农民工就是"外地人"，与农民工的素质低有关。而对于农民工来说，城市市民较为势利，缺乏人情，斤斤计较，缺乏信任。当然，就农民工自身来说，由于户籍制度、经济状况和自身文化水平的限制，他们也容易形成自卑心理，从而导致"自我隔离"。据调查，不少农民工还是愿意返回农村，习惯于农村的生活，过年过节时能与家人团聚，不太喜欢城市闭户锁门的生活方式，因为城市没有稳定性，处处受到限制，没有"自由"的感觉，务工收入低且不稳定，难以在城市有尊严地生活。因此，即使就业机会、社会保障机会已获得公平对待的农民工，也还不能完全融入城镇，这必须从文化心理等方面进行培育和疏导，而文化心理的培育和疏导则需要较长的时间。

第二节　以户籍制度为主的制度性安排对农民工影响的经济逻辑分析

众多研究发现，农民工在城市生活中所遭受的不公平待遇或者说"歧视"源于经济、政治、文化、大众传媒等多方面的社会制度安排，它们以户籍制度为核心，具体表现在劳动权利、工资收入、劳动市场、社会保障、培训及子女教育、居住空间以及社会网络等方面与城市市民的

---

① 李莹:《中国农民工政策变迁》，社会科学文献出版社，2013，第59~61页。

差别待遇或区隔。三十多年来，经过农民工问题研究者们的大力呼吁以及政府的多轮改革，一些"显性"的歧视性制度安排如就业机会优先提供给城市居民、社会保障仅限于市民等逐渐被取消。然而，一些"隐性"的制度藩篱仍然突出，如就业门槛的提高、稳定性差、劳动报酬低且权益缺乏保障、社会保障落实艰难且缺少福利、子女教育受到阻碍且自身缺失培训以及城市住房无保障等问题都还普遍存在。这些方面依然在沿袭并且以更为隐蔽的方式将农民工排斥在城市资源配置体系之外。[①] 本节主要对农民工在城市务工过程中所遭受的制度歧视进行梳理，分析制度对农民工在生产资料的结合方面，收入分配的应得方面，以及社会保障、改革红利的分享方面存在的影响。

一　户籍制度与就业机会、劳动待遇的关联分析

户籍制度，由于被认定为农民工被群体性排斥的根源，一直受到广泛的批评。作为一种对于以户口登记与管理为基础而建立起来的一套社会管理制度，研究者们批评的并不是户籍制度作为人口管理的原始特性，事实上，对于人口进行精细的登记与管理的制度在全世界都广泛地存在。研究者们批评的是依附在户籍制度上的关于就业、教育、社会保障等一系列的制度安排的不公平，直接把农民排除在好岗位和社会保障之外。

我国所实行的户籍制度，诞生于从苏联移植过来的计划经济模式。计划经济试图以一种对生产要素进行精密计算和控制的方式来引导资源的生产与分配，在对经济发展规律充分掌握的前提之下，科学家们试图分析出在经济的每一个部门分配多少资源才能产生最佳的效果。中华人民共和国成立初期，工业基本上是一穷二白的局面，在经济基础薄弱、国际环境严峻的背景下，我国只能采取一种"内部剥削"机制，从农业中提取"养料"以支持工业特别是重工业的发展。农业产品的具体产出、

---

① 刘传江、程建林：《双重"户籍墙"对农民工市民化的影响》，《经济学家》2009 年第 5 期。

价格都被政府以各种机制控制住，大部分的农业产出源源不断地流向城市以支持城市工业的发展。在这种"内部剥削"机制之下，农民的生活水平、福利待遇要远远低于城市。梁漱溟形容它为"城市在九天之上，而农村则在九地之下"。

农村与城市的二元对立境地同样也导致了农村内部的自我调整。从20世纪50年代初开始，大批的农村人口流向城市，试图在城市中找到生存的机会。这引发了政府的担忧，大规模的农业人口流入城市不仅仅减少了农业的产出，同样也增加了城市的负担。1955年，政府开始在农村地区实行户口登记制度，在1958年正式颁布了户口登记法令。这一户口登记制度并不仅仅是传统意义上的人口统计与识别工作，而是将全国人口按照他们所在的地区分成两种户口：农业户口与非农业户口。每一种户口对其职业、居住地都作出了明确的规定。那些被划分为农业户口的人只能从事农业工作，除非通过国家规定的渠道，否则不能更改其职业。他们的子女同样也是如此。此后，以户口登记制度为依据，政府同样对每种户口所享有的社会保障、工资收入、教育地区、住房分配等各项社会公共资源进行了明确的区分。农业户口居民与非农业户口居民在这些社会公共服务的享受上截然不同，农民成为被捆绑在土地上的二等公民。①

在毛泽东"人多力量大"的口号感召之下，从20世纪50年代开始，我国的人口开始迅速增长，到20世纪70年代中期，第一个婚育高峰来临，农村人口比中华人民共和国成立初期已经增长了数倍。然而，与此同时，我国可耕种的土地面积并没有增加。这导致大部分新成长起来的农业人口无法获得足够多的耕地，同时，由于户籍制度的限制，他们又无法迁移到城市工作，只能被迫持续在定量的土地上投入劳动，从而导致劳动的边际效益不断减少，农村重新出现了黄宗智所认为的"内卷化"现象②，维持生计的多样化逐渐变得非常必要。尽管从20世纪70年代末

---

① 关于户籍制度的产生及变化，陆益龙对此进行了一个精彩且详细的分析。参见陆益龙《1949年后的中国户籍制度：结构与变迁》，《北京大学学报》（哲学社会科学版）2002年第2期。

② 黄宗智：《华北的小农经济与社会变迁》，中华书局，2000。

期政府开始承认安徽小岗地区的部分农民所自发推动的农村土地经济制度是一种更为合理的制度，并且在 1984 年全国推行了家庭联产承包责任制，但是人多地少的问题并没有由此得到解决，绝大多数农民仍然需要为维持自己的温饱而努力。

由改革开放所兴起的乡镇企业一开始被政府认为是消化这些农村剩余人口的出路。这些乡镇企业大部分是计划经济时代残留下来的集体工厂。在 20 世纪 80 年代，以费孝通先生为代表的一批学者在考察了江苏这一传统发达地区的乡镇企业发展形势后提出这样一个口号：进厂不进城，离土不离乡。农民可以在他们村集体所开办的乡镇企业工作，农忙时务农，农闲时务工。这种模式在江苏、广东、浙江等地区发展得很好。因为在那里，密集的交通网络和相对完善的投资环境可以使乡镇企业与城市甚全国外市场紧密连接在一起。但是这种模式并不是全国通用的，事实上，在欠发达的中西部地区，由于薄弱的基础设施建设、水电等工业生产资料的缺乏以及商品市场意识的缺乏，乡镇企业并没有得到有效的发展。同时，乡镇企业在各村各地零散式的布局也无法产生规模经济效应，地方政府也不可能为每所乡镇企业提供道路交通、水电供应等基础设施建设，这些因素都削弱了中西部地区乡镇企业的竞争力。当政府决定在城市进行国有企业改革，允许私人资本开办企业之后，这些乡镇企业便很快在与城市企业的竞争中落入下风。

从 20 世纪 80 年代末开始，由土地承包制度改革所带来的制度红利已经被消耗完毕，而新产生的乡镇企业却并没有担当起新的农村经济增长极的任务，农民的收入增长开始滞缓，个别年份甚至出现了负增长。许多学者认为，在这一时期，本应承担消化农村剩余劳动力重任的乡镇企业不但没有发展，相反，"村村点火，户户冒烟"的局面还导致了农村地区巨大的环境污染。与此同时，城市国有经济的改革已经拉开了序幕，私人资本开始在城市兴起并且日益壮大，这些新成立的城市民营企业拥有比乡镇企业优越得多的条件，它们有更为廉价的水电，有更为完善的基础服务设施，有更为庞大的资本，而它们，急需廉价、大量的劳动力以充实它们日益扩大的厂房。

在上述背景下，农民开始利用已有的改革环境，去冲击城乡隔绝的旧体制和传统的工业化战略，其表现就是当时尚被认为是盲流的年盛一年的农村劳动力的异地转移即"民工潮"。对于数以百万计的农村劳动力"离土又离乡"式地向城市流动以寻求就业与生存机会，政府部门在一开始就表现出强烈的担忧。一方面，他们担心农民工的大量"计划外"的无序涌入容易对脆弱的城市管理体制与公共服务供给制度形成冲击，导致流民、犯罪、超生以及类似于拉美地区典型贫民窟现象的出现；另一方面，农民工在城市正规劳动部门中作为没有接受过任何劳动培训的"临时工""合同工"的形式存在，不仅容易导致生产事故，也容易产生"城市工人看，农村人民干"的现象，从而在城市职工中滋生出"贵族"式的"资本主义腐朽情绪"。[1] 1977 年 11 月，国务院批转《公安部关于处理户口迁移的规定》，第一次正式提出严格控制"农转非"，强调："由农业人口转为非农人口，从其他市迁往北京、上海、天津三市的，要严格控制。从镇迁往市，从小市迁往大市，应适当控制"，要求在几年之内把市镇无户口的人员基本动员回农村。

农民工进城，引起了流入地政府的高度关注。20 世纪 90 年代以后，随着改革的深入，部分国有企业也出现了困难，城市本地也出现了大量职工下岗的现象。为了解决本地下岗职工的就业问题，地方政府开始出台措施，限制农民工的岗位或把农民工赶回去。迁入地政府官员认为，是农民工把岗位给占据了，导致下岗工人难以就业。如果把外来农民工赶回去，腾出他们所占据的工作岗位给本地下岗职工，本地的职工再就业问题也就可以解决，从而当地秩序和经济也就能够稳定并有保障。[2] 由此许多城市开始出炉各种"腾笼换鸟"的措施，这些措施直接规定，禁止外来工从事包括收银员和仓库保管员在内的一系列工作，加强对外来

---

① 来安县待业人员安置办公室：《抓纪律，促清退》，《劳动工作》1981 年第 11 期。

② 杨云彦、陈金永：《转型劳动力市场的分层与竞争——结合武汉的实证分析》，《中国社会科学》2000 年第 5 期。

务工人员的各种证件检查。对于较好的岗位要求具备各类证件、制定行业（岗位）准入目录等。为了对这种做法提供依据，迁入地政府甚至国家相关部委还特意制定地方性法规，来限制没有本地户口的外来劳动力进入本地劳动力市场。① 1994 年国家劳动部制定的《农村劳动力跨省流动就业管理暂行规定》第 5 条就规定：企业招收农村劳动力，必须在本地劳动力无法满足需求的情况下，并要经劳动就业服务机构核准，用人单位需招收人员的行业、工种，必须经过劳动就业服务机构核准等。这些规定的基本出发点就是限制外地农民工在本地就业，优先满足当地劳动力就业需求。我国南方一些城市也都制定了外来劳动力的限制政策，对就业工种、专业、人数、使用期限作了全方位和近乎苛刻的规定，从而使歧视系统化、彻底化、公开化和制度化。如上海 1995 年 2 月发布了《上海市单位使用和聘用外地劳动力分类管理办法》，该法规就把工种划分为 A、B、C 三类，其中 C 类属于较好的工种，如金融、管理员等，这些农民工都不能涉足。中国的农民工之所以能够接受他们在城市中的低等地位，是因为他们"在城市能够赚到一点是一点，总比在家闲待要强。相比于农业而言，城里的工作再苦、再累、再差，也比种田收入多。"在他们的思想观念中，他们所客居的社会不是他们借以获得自身认同的社会和空间，而仅仅是他们挣钱养家的地方，真正的家仍在远方农村。

对于作为农民工主要流出地的内陆农村地区而言，由于经济基础薄弱，基础设施落后，几乎没有什么工业收入，农民工的汇款成为地区经济的主要收入来源。因此，为了让本地富裕起来，这些地方政府部门开始鼓励劳动力的流动。但经济发展讲究效率，企业用人不讲究户籍身份，而是看能否完成工作量。因此，企业主更喜欢有技能的员工甚于有户籍的人，讲究人才与资源的最佳配置，提高效率。相比于城市下岗工人，农民工更加吃苦耐劳，更有对工作的渴望，对工作环境要求不高，普遍

---

① 赵敏：《上海若干企业外来劳动力研究》，《中国人口科学》1995 年第 3 期。

有"只要有事做、有钱赚就可以"的心理。而对于农民工流入地政府来说，沿用户籍制度进行管理和排挤农民工，也是最好的方案。利用户籍制度将城市职工与农民工区分开来，流入地政府可以低廉的价格利用这些农村剩余劳动力发展当地的工业与民营经济，同时，也不需要为这些剩余劳动力提供任何与城市职工类似的社会保障。另外，对于外来劳动力与本地劳动力的区分也能帮助流入地政府根据就业与经济形势灵活地调整其劳动力市场政策。当本地劳动力特别是下岗职工需要重新寻找工作的时候，可以限制农民工的流入以维持这些下岗职工的竞争力与就业空间。而当地方经济快速发展急需劳动力时，又可以放开劳动力市场，引导更多的农民工进入工厂工作。

正是在这样一个劳动力"蓄水池"环境之下，农民工迁入地政府与迁出地政府、农民工和市民、企业主五方都在精打自己的算盘，都希望从这一形势下获得更多的利益。

尽管户籍制度的改革为农民工的平等就业权与劳动待遇提供了基本的政治保障，但是反映在现实层面，农民工与城市职工在工作机会、工资收入等方面仍然存在非常明显的差距。在工作机会方面，农民工大部分集中在那些劳动环境差、报酬低、向上流动机会贫乏、社会保障严重缺失的城市"非正规部门"。根据《2014 年全国农民工监测调查报告》，2014 年全国农民工大部分集中在工作强度高、工作环境差的制造业、建筑业以及工作收入低、缺乏社会保障的批发和零售业、居民服务、修理和其他服务业。我国农民工在城市的就业性质一般是属于非正规就业。① 农民工行业分布见表 4 - 1。

---

① 所谓非正规就业，指的是广泛存在于非正规部门和正规部门有别于传统典型的就业形式。它包括非公有部门里的各种就业门类，以及正规部门里的短期临时性就业、非全日制就业、劳务派遣就业、分包生产或服务项目的外部工人等，即"正规部门里的非正规就业"。相对于传统的国有、集体单位的正规就业而言，非正规就业稳定性较弱、流动性较强，加上非正规部门的社会保障制度建设滞后严重，要被城市居民所普遍接受，还需要经历一个很长的适应性过程，这使得这种就业岗位，大多留给进城的农民。参见张慧《农民工就业歧视问题分析》，《上海经济研究》2005 年第 10 期。

表 4 - 1　农民工行业分布

单位：%

	2013 年	2014 年	增减
第一产业	0.6	0.5	- 0.1
第二产业	56.8	56.6	- 0.2
制造业	31.4	31.3	- 0.1
建筑业	22.2	22.3	0.1
第三产业	42.6	42.9	0.3
批发和零售业	11.3	11.4	0.1
交通运输、仓库仓储和邮政业	6.3	6.5	0.2
住宿和餐饮业	5.9	6.0	0.1
居民服务、修理和其他服务业	10.6	10.2	- 0.4

在工资收入方面，《2013 年全国农民工监测调查报告》显示，2013年末外出农民工人均月收入水平为 2609 元，较之上年同期增加了 319 元。虽然农民工收入有所增加，但与城镇职工相比，二者之间收入差距依然很大。同年城镇职工月收入为 3897 元，比务工农民高出 70.2%。高强、孔祥智利用 CHNS 2011 年数据研究证实，在非农就业领域里存在户籍上的工资歧视，并且测算出了因户籍差别形成的工资差异：①从城乡就业人员的整体数据来看，城镇居民的年工资性收入比务工农民高出 10620.54 元；②在控制年龄、性别、教育程度、职业性质以及工作单位等可能影响就业人员工资的变量后，在城乡劳动力常见的 9 个就业行业里，仅因户籍的差异，城镇居民的年工资收入比务工农民至少高出 5000元，而因生产率形成的工资差异占比不到 70%；③通过重点比较分析，务工农民职业选择集中的技术工、非技术工和服务行业，在这些领域内同样存在工资上的户籍歧视，平均而言城镇居民比务工农民年工资至少高出 3000 元。① 许多专题调研报告也证明了"同工不同酬"现象的普遍存在。②

---

① 高强、孔祥智：《"工资剪刀差"及外出农民工的隐性贡献研究》，《中州学刊》2014 年第 9 期。
② 蔡昉：《城乡收入差距与制度变革的临界点》，《中国社会科学》2003 年第 5 期。

总体而言，户籍制度的改革为农民工在平等就业、平等行业进入方面扫清了制度障碍，然而户籍制度改革的不彻底，主要体现在附着于户籍制度上的社会资源分配体系并没有得到完全的清除，从而导致农民工在实际的务工过程中仍然面临着与城市职工同工不同酬、同业不同工的问题。户籍制度就是一种"屏蔽"制度，主要功能是控制社会资源的配置，把一部分人排斥在分享优质社会资源之外。明显的事实就是，对于农民工来说，义务教育、社会保障、人事制度、医疗制度等仍然只承认城市居民，而不承认流动的农民工。[①]

关于户籍制度改革的探讨与赞扬很容易让我们忽视迄今为止仍然桎梏着农民工流动的制度障碍，而把目标转移到关于农民工个体素质的争论。在这一争论中，国家推脱了关于农民工社会公平权益保障的责任，而把责任归结为农民工自身的问题，即他们无法适应市场经济的规则从而沦落到现在的境地，只能从事那些去技术化的或者技能要求比较低的职业。事实上，我们可以从户籍制度改革的结果上反推户籍制度改革的缺陷，可以发现农民工对社会保障缺失的担忧使他们不愿放弃农村土地权益，而不是素质低的问题。朱宇2002年在福建省五市的调查显示，假设没有户籍制度的限制，愿意迁入流动地的流动人口占被调查者的20.6%，若是因为迁入城市户籍而必须要放弃农村土地，这个比例降低为9.1%。[②] 2003年，侯红娅等在全国25个省份所做的调查显示，只有46%的农民工愿意放弃土地和农业劳动进入城市居住。[③] 盛运来认为，户籍管理制度改革的不彻底可能是其中最重要的影响因素，在目前的户籍制度改革中，一些根本的制度约束，如农村人口和城市人口享受同等的公民福利权利等核心问题，并没有得到解决。这种不彻底的或刚启动的户籍制度改革，为人口"流动"创造了条件，但是没有提供人口"迁

---

① 潘泽泉：《国家调整农民工社会政策研究》，中国人民大学出版社，2013，第183页。
② 朱宇：《户籍制度改革与流动人口在流入地的居留意愿及其制约机制》，《南方人口》2004年第3期。
③ 侯红娅、杨晶、李子奈：《中国农村劳动力迁移意愿实证分析》，《经济问题》2004年第7期。

移"所需的基本条件。

二　户籍制度与社会保障的关联分析

户籍制度不仅阻隔了农民工与好岗位的接触，也阻止了农民对社会保障的分享。对于农民工社会保障的关注，从2000年之后才开始逐渐纳入研究者的分析视野。在这之前，研究者们主要探讨的是关于城市管理制度对于农民工的就业权的剥夺问题。随着东部沿海地区工业经济的迅速发展以及绝大部分农民工沦落在次级劳动力市场中寻找工作，城市政府管理部门发现，对于农村劳动力在城市寻求劳动机会加以限制可能会束缚城市经济的发展。另外，农民工与城市职工的劳动力市场分割（城市职工与农民工在不同层次的劳动力市场中就业）也保证了农民工的持续涌入并不会减少城市职工的工作机会。因此，在2000年之后，中央政府在全国范围内开始推行户籍制度的改革与实验，并且制定了多个政策文件从法律意义上保障农民工在城市就业的权利。但随之而来的问题是，农民工在城市从事非农业生产，他们面临着失业、工伤等风险。但他们不能获得抵御这种风险的城市社会保障。

社会保障制度是一项能够充分体现政府合法性与优越性的基础性制度，它主要是通过税收、强制储蓄、转移支付等方式对国民收入进行再分配，以保障社会成员的基本生活水平，提高全体社会成员的生活水平与生活质量。中华人民共和国成立以来，社会保障制度经过了多次调整，覆盖范围从基本的社会保险、社会救助扩展到社会福利、社会安全等方面。然而，总体而言，我国的社会保障制度是建立在以户籍制度为核心的城乡二元对立社会结构之上的。它在制度设计、覆盖范围、保障水平等方面都明显表现出对城镇居民的倾斜，农民以及农民工，则基本上被排除在这个制度之外。一个被社会广泛接受的解释就是：土地就是农民最大的保障，尽管我国的人均耕地面积并不能够保障农民通过土地获取社会均等的收入，但土地的存在至少能够保障农民解决最基本的温饱问题。而整体社会保障制度对于农业户口的排斥也导致了另外一个问题：许多农民即使全年都在城市务工，完全放弃了农业生产，但也不会放弃农村土地的承包权，从收益最大化和风险最小化的目标出发，一方面从事非农工作获得工资回报，另一方面拥有农村土地也能使农民工返乡或年老之后有一条基本的退路。

社会保障制度对于农业户籍人口的缺位导致我国绝大多数农民都走上了兼业化的道路，这种现象不管是从宏观角度还是从微观角度来看都不利于我国的社会经济发展。从宏观角度来看，以我国农业小规模分散经营为基础的农民工兼业行为不利于我国农业的长远发展。我国人均耕地面积远远小于世界平均水平，分散经营的模式更会导致耕种土地的碎片化。如果农民工进城务工而不放弃农村土地的话，即使能够实现快速的城镇化，但土地始终不能流转到种田大户或者是种田能手手里，因此也就不能实现农村土地的规模经营，更谈不上农业的现代化、专业化。从微观角度来看，农业与工业相比，所消耗的劳动时间差不多，但是收入相差悬殊。农民工为了收益的最大化会将大部分的时间与精力投入城市非农产业，而疏于对农业的投入，从而产生"最低保障形态农业"，即对土地的耕种并不是为了获取收入而主要是维持土地的承包经营权。对土地实行粗放式经营甚至撂荒，降低了农业的实际产出，不利于我国农业的发展。

农民工与城镇职工一样都是从事非农工作，而作为调节社会财富分配与维持社会基本公平的社会保障制度却长期将农民工排除在外，不管是从国民权利，还是从政府道德而言，都很难解释。21世纪以来，从政府到社会，对于农民工的社会保障权利的关注与呼声越来越多，部分地区已经开始对社会保障制度进行改革，然而，迁入地政府与企业主对取消户籍制度持有抵制态度。将农民工纳入社会保障体系所产生的高额财政压力以及对于可能加重企业负担、影响企业竞争力的担忧也使得政府在制定社会保障政策时犹豫不定。尽管对于将所有农民工纳入城镇社会保障体系的财政成本并没有一个统一的计算方式与标准，但是总体上现有财政体系与收入无法承担这些成本是不争的事实。一些研究指出，如果完全撤销户籍制度，使农民工与城镇职工享有完全相同的待遇，在不考虑农民工流动的情况之下，需要新增财政教育经费 809.94 亿元以一次性地将农民工随迁子女全部纳入城镇义务教育体系。同时，需要增加 938.13 亿元的养老保险补助，以保障农民工在退休后能够拥有城镇职工养老保险。再者需要每年增加 155.07 亿元的低保支出。最后，还需要在保障房方面投入 13783.63 亿元以满足进城农民工的住房需求。以 2011 年的不变价格计算，如果一次性将现在已经居住在城市的农民工市民化，那么政府需要新增支出 18091.04 亿元。长期而言，考虑到物价上涨和城镇化加速等因素，农民工市民化的人均成本和总成本还可能进一步拉高。① 中国社会科学院的《中国城市发展报告（2012）》指出，未来 20 年内，我国需要实现新增 2 亿多农民的城镇化。按照发达国家的平均城镇化水平计算，我国将有 4 亿 ~5 亿农民需要实现市民化。按照农民市民化人均 10 万元的标准，在未来 20 年内，至少需要支付 40 万亿~50 万亿元的成本。② 另外一方面的担忧则来自对于中国目前以劳动密集型产业为主要经济支柱的观察，一些研究者认为，建立统一的社会保障体系，有可能加重企业的负担，从而削弱它们在国际市场上的竞争力。研究者认为，改革开放近 40 年来，我国经济之所以能够有如此大的发展，经济总量世界第二，工业总值世界第一，成为名副其实的"世界工厂"，最根本的原因，并不在于制度改革所产生的巨大能量，而是由于我国充分利用不平衡的劳动力市场和社会保障体系。东部发达地区大部分的企业，依靠中西部地区源源不断的低廉的农业劳动力，通过价格优势满足了全世界的工业需求。一旦我们放开户籍制度，将城乡社会保障制度统一起来，不可避免地会导致劳动力价格的上升，企业生产成本的提高以及地方政府的财政压力，在我国尚没有完成产业升级与产业梯度转移的情况之下，

---

① 张兴龙、夏显力：《包容性增长视角下的农民工市民化研究》，《广东农业科学》2012 年第 5 期。

② 阚枫：《报告称未来 20 年中国有 4 到 5 亿农民需市民化》，中国新闻网，http://www.chinanews.com/gn/2012/08－14/4107130.shtml，最后访问日期：2018 年 3 月 30 日。

将极大地削弱我国企业的世界竞争力，在以前的国企规模尚且养不起局部社保的情况下，进一步扩大现行社会保障制度纯粹是自取衰败之道。①

面对将农民工纳入城市社会保障体系的两难困境，研究者们从经济、政治、文化等多个方面论证了建立一个将农民工包纳进去的城乡统筹性质的社会保障体系的必要性与紧迫性。研究者与政府管理机构在农民工社会保障进入途径方面达成了保守性的妥协：将农民工社会保障问题作为一个逐步推进的过程，分阶段、分类别地实现社会保障体系的覆盖，而不是一步到位地解决现有制度体系对于农民工的制度歧视。在政府方面，2003 年国务院办公厅发布了《关于做好农民进城务工就业管理和服务工作的通知》，主要是针对农民工的工伤保险问题进行了规范。通知明确要求各级政府"要做好将农民工纳入工伤保险范围的工作"，解决农民工在务工就业期间所产生的医疗困难。2006 年通过的《国务院关于解决农民工问题的若干意见》在原有工伤保险与医疗保障的基础之上，指出要"根据农民工最紧迫的社会保障需求，坚持分类指导、稳步推进……逐步解决养老保障问题"。自此，"分类指导、稳步推进、逐步解决"成为中央政府解决农民工社会保障问题的基本原则和途径。与此同时，在农民工集中的一些省市，特别是东部发达地区的地方政府，也陆续出台了有关农民工社会保障的实施办法，其中包括广东省的《社会养老保险条例实施细则》、厦门市的《外来从业人员基本医疗保险暂行办法》、北京市的《外地农民工参加工伤保险暂行办法》等。② 而学术界尽管赞同农民工社会保障制度的建立不是一蹴而就的，但在建立具体制度上产生了较为明显的分歧：李迎生认为应当对进城农民工与乡镇企业职工实行阶段性相对独立的社会保险制度；③ 郑功成提出应该"分类分层保障农民工的权益"，并提出了相应的保障顺序，即工伤保险、大病住院保障、分类

---

① 陈平：《建立中国统一的社会保障体系是自损国际竞争力的短视政策》，《中国改革》2002 年第 4 期。

② 林海：《农民工的社会保障问题研究》，《中共中央党校学报》2007 年第 1 期。

③ 李迎生：《从分化到整合：二元社会保障体系的起源、改革与前瞻》，《教学与研究》2002 年第 8 期。

实施养老保险。①

　　尽管农民工的社会保障在进入 21 世纪以后得到了长足的进步，政府在法律上也对农民工参与基本养老、医疗、工伤、失业和生育等社会保险项目的权利进行明确的规定和保护，但是从实际情况来看，无论是珠三角还是在长三角等农民工比较集中的地区，农民工参与社会保险的积极性并不高。劳动和社会保障部的调研报告显示，目前我国农民工参保率普遍偏低。除工伤保险参保比例较高之外，养老保险与医疗保险的平均参保率不足 15%，而失业保险与生育保险则基本上没有。根据国家统计局《2014 年全国农民工监测报告》，2014 年，农民工"五险一金"的参保率分别为：工伤保险 26.2%、医疗保险 17.6%、养老保险 16.7%、失业保险 10.5%、生育保险 7.8%、住房公积金 5.5%，比上年分别提高1.2、0.5、0.5、0.7、0.6 和 0.5 个百分点。农民工的较低参保率，不仅无法对其合法权益形成稳定的保障，也对现有农民工社会保障制度的"合法"与"合理"性提出了严峻的挑战。

　　为什么现行农民工社会保障制度与户籍管理制度改革一样，都没有产生预期的效果？已有学者针对农民工参保率低的问题作出了较为合理的分析。吕学静从政府、企业和农民工自身三个方面分析了参保率低的原因：政府方面重视不够，在现行社保制度下，保险关系不好转移；企业方面为了节省成本，积极性不高；农民工收入低、负担不起，加上他们对相关政策不了解，甚至对国家社保制度不信任，因此才会出现不愿参加社会保障的现象。② 杨翠迎等也从这三个方面分析了影响农民工参加社会养老保险的原因，不过其认为政府在农民工的社会养老保险方面的态度是积极的。③ 华迎放认为"社保制度门槛高，转移难"也影响了农民

① 郑功成：《农民工的权益与社会保障》，《中国党政干部论坛》2002 年第 8 期。
② 吕学静：《城市农民工社会保障问题的现状与思考——以北京市部分城区农民工的调查为例》，《学习论文》2005 年第 12 期。
③ 杨翠迎、郭金丰：《农民工养老保险制度运作的困境及其理论诠释》，《浙江大学学报》（人文社会科学版）2006 年第 3 期。

工参加社会保险。① 彭宅文则认为农民工的社会边缘地位是农民工社会保障难的原因。由于农民工的地位边缘化，政策制定缓慢且质量不高，现有政策没有得到有效执行。②

总体而言，农民工社会保障制度的改革与户籍制度改革的模式与结果出现了相同的问题，即结果与政策制定的初衷出现了明显的偏离。从两个制度改革的内部逻辑来看，它们都没有触及问题的核心：从正义、平等的原则出发赋予农民工真正的国民待遇。在资源分配、红利共享和收入标准方面并没有实现真正的公平。当公平条件还不成熟时，农民工自然向对他们有利的一方倾斜。从户籍制度改革来看，户籍的改革只是反映在户口登记本上的性质的转变，而没有出现真正的身份的转变，即从农民到城市工人的转变。而社会保障的制度改革失败也源于此，尽管新的社会保障政策积极号召地方政府部门和企业部门加强对于农民工社会保障权益的维护，但是并没有形成一个真正行之有效的、有约束力和强制力的法律文件。地方政府管理部门在进行改革时不仅需要考虑到财政压力与城市容量问题，同时还要考虑到如果率先进行改革可能出现的"洼地效应"，即其他地区的农民工由于比较效益的选择而大量涌入；企业部门同样也面临着这方面的问题，单个企业对于农民工社会保障权益的关注与提升可能会提升其整体成本，与那些不进行改革的非正式部门相比，将会降低企业的竞争力与生存水平。令人欣慰的是，政府为农民工的待遇及权益保障制定了一系列制度文件，最近二十年内，国务院与各地政府为解决农民工问题制定了具体细则，也就是说，从我国目前的社会经济发展水平来看，农民工面临的制度歧视问题得到了一定程度上的解决，目前，农民工问题的解决难点不在于制度制定，事实上，与其说是现有制度对于农民工的歧视与排斥，不如说是现有制度在执行方面，遇到协调不一、层次不一的矛盾。对于城市职工的优待与超国民待遇，

---

① 华迎放：《农民工社会保障：思考与政策选择——来自江苏、吉林、辽宁的调查》，《中国劳动》2004 年第 10 期。
② 彭宅文：《中国农民工社会保障发展缓慢的原因分析》，《云南社会科学》2006 年第 1 期。

对待国企和民企的要求不一等局面，以及对于正式编制与非正式编制不一的矛盾，仍是制度所带来的"后遗症"。任何一个国家在发展过程中都没有面临像中国这样的庞大的历史遗产。它们在发展过程中是一步步地提升国民的总体待遇，而我国的改革首先面临的问题是在不降低城市职工的现有待遇情况下提升农民工的生活境遇从而达到最终的均衡，即实现帕累托最优。国家给予城市职工的超前的社会保障待遇导致农村与城市之间出现了一个巨大的鸿沟，这个城乡之间的巨大差距进而导致我们很难在制度上进行大幅度的跃进，但是逐步的提升并没有使农民工对此感到相对地位的提升，相反，更糟的局面是，地位的提升使农民工产生了自我意识的觉醒：为什么这个群体要忍受长时期的低于城市职工一等的"国民内部歧视"，特别是正式编制与非正式编制的差别对于他们影响更大。隐藏于户籍制度内部的制度藩篱一日没有得到真正的消除，关于农民工的任何制度改革都很难真正获得令农民工、城市职工双方都满意的效果。

三 户籍制度与社会融合的关联分析

户籍制度的影响不仅仅在于农民工收入的减少、岗位的阻隔，更重要的是户籍制度使他们形成一个"弱者认同"心理，并渗入他们的意识中，他们已经形成"外乡人"的自卑心理。

尽管"社会融合"以及其相反的概念"社会排斥"在 20 世纪 90 年代中期就被引入了学术界视野，但是直到 2005 年前后，研究者们发现只用一些庞大的社会政策、经济结构等无法对农民工相对恶劣的生存境遇加以完全的解释，一些关注农民工的学者试图从一个较为具体化的、微观的角度，通过引入农民工的个体变量包括他们的人力资本、社会网络、身份认同等属性对农民工群体进行测量，以分析这个群体被城市社会整体性排斥的原因。至此，关于农民工的社会融合在近些年内成为学术界的焦点话题。

对于社会融合这个概念的理解，需要结合其相反的概念如社会排斥进行阐释。社会排斥，主要指的是社会组织按照社会规范与准则对于一些特定的人群进行边缘化、标签化的行为，将这些群体通过正式或非正式的手段与正常的社会生活区隔开来的行为。这一概念起源于法国，1974 年，法国学者拉诺尔率先使用这一概念，主要指认那些没有受到社会保障的保护，同时又被贴上了"社会问题"标签的不同类型的人，例如精神和身体残疾者、自杀者、反社会的人、受虐儿童和药物滥用者等其他社会不适应者。① 这些人都属于社会边缘人，他们受到社会的排斥。社会排斥最初是与社会歧视类似，主要指的是经济方面的问题导致个人与社会整体之间关系的断裂。不久后，学者们的充分研究使得社会排斥的研究迅速扩散到社会与政治方面的探讨。20 世纪 80 年代末，社会排斥概念被欧洲委员会所采纳，并将其作为社会政策的核心。欧洲委员会认为，社会排斥不仅仅涉及公民的基本生活水平，更主要的是在这一机制运作之下所导致的公民社会权利、政治权利以及发展权利无法得到充分保障。之后，斯尔维在对西欧和美国有关社会排斥的文献进行分析和总结之后，概括出了关于社会排斥的著名的三个范式：团结范式、专业化范式和垄断范式。② 团结范式讨论的问题聚焦于个人与社会的断裂，专业化范式强调的则是社会分工、领域分割所产生的"技术门槛"将社会成员割裂成无数个小团体的模式，而垄断范式则从阶级的再生产角度出发，讨论社会特权阶级对于资源的有形或无形垄断而导致的社会排斥的结果。

21 世纪初，国内学者开始将社会排斥这一概念引进中国，并结合国内实际，进行了深入的研究。杨团认为，社会排斥是一个不断循环累积的过程。处于弱势地位的群体被总体社会排斥，而这种排斥又加剧了这些弱势群体的问题，从而又形成更大的排斥。③ 唐钧则认为，社会排斥是由游戏规则造成的，不管是何种社会规则，只要是处于规则的运行之下，

---

① 转引自熊光清《欧洲的社会排斥理论与反社会排斥实践》，《国际论坛》2008 年第 1 期。
② 转引自周林刚《论社会排斥》，《社会》2004 年第 6 期。
③ 杨团：《社会政策研究范式的演化及其启示》，《中国社会科学》2002 年第 4 期。

都会产生各式各样的社会排斥。[①] 而社会政策研究的目标就是要不停地修订游戏规则,使之尽可能地惠及每一个社会成员,从而趋于更合理、更公平。曾群、魏雁滨等学者则从制度的角度出发认为,社会排斥主要是由于国家、市场、组织以及特权群体为维持自身的利益而通过制度手段将社会弱势群体排斥出经济活动、政治活动、家庭和社会关系系统、文化权利以及国家福利制度的过程。[②] 石彤则从个体角度出发,认为社会排斥主要针对的是那些出于自身生理心理因素、社会政策及制度安排等原因而被推至社会结构的边缘地位的个人、家庭或社会群体。[③]

社会融合,则是一个与社会排斥相对的概念,它是指个体和个体之间、不同群体之间或不同文化之间互相配合、互相适应的过程,并以消除社会排斥、构筑良性和谐的社会为目标。研究者认为,农民工群体迟迟不能融入城市,只是把城市作为他们打工挣钱的地方而不是最终需要定居的目的地,主要与他们所遭受到的社会排斥有关。这些排斥源于制度与个人的双重影响。户籍、社会保障两个方面的"社会屏蔽"是农民工受到制度排斥的主要原因,而在个人层面,农民工人力资本的匮乏、社会网络的底层化以及其自我身份认同是农民工在社会发展过程与主流社会"断裂"的主要原因。但更重要的是个人层面的人力资源的层面、社会因素的层面都是建立在户籍制度导致的农民工"自我矮化"的心理压力的结果。

在个人层面,农民工较低的人力资本被认为是他们被社会排斥的一个主要因素。大部分的农民工文化程度不高,同时缺乏足够的非农职业技能培训。相当一部分研究显示,全国农村劳动力中,高中及以上文化程度的不到11%,大部分都是初中或是小学程度。在技能培训方面,接受过各类技术培训的人数仅占总体的16.4%。较低的文化程度和专业技

---

① 唐钧:《社会政策的基本目标:从克服贫困到消除社会排斥》,《江苏社会科学》2002 年第 5 期。
② 曾群、魏雁滨:《失业与社会排斥:一个分析框架》,《社会学研究》2004 年第 3 期。
③ 石彤:《城市最低收入保障政策过程的社会排斥》,载王思斌主编《中国社会工作研究》,社会科学文献出版社,2002。

能的缺乏导致农民工可选择的就业范围和就业空间比较狭小,大部分农民工都集中于制造业、建筑业和服务业等对技能要求不高的生产性劳动中。与城市职工相比,农民工较低的人力资本自然而然地导致劳动力市场对他们进行了区分。大部分的农民工只能在劳动报酬低、工作环境差、工作任务重的次级劳动力市场寻找工作。微薄的收入无法使他们享受与城市居民相同的生活方式,只能在地下室、城中村、工厂宿舍居住,导致他们与城市居民产生了天然的生活隔离。

对于农民工个人层面的探讨还有一个近年来比较流行的视角是社会网络。社会网络理论的研究视角认为,农民工或者是新移民能否在新的迁移地定居和生存下去,除了基本的工作机会的获得之外,更为重要的是能否在当地重建一个新的移民—市民社会网络。李树茁等人分别从二人层次、三人层次以及整体网络层次,分析了不同类型农民工群体的社会支持网和社会讨论网的网络特征。他们发现,农民工尽管主要工作与居住地已经脱离了传统意义上的乡土农村,但是他们在务工地的交流仍在以血缘、地缘为主的初级关系圈当中。对于绝大多数农民工来说,他们并没有生成新的、优化的城市社会网络。他们与城市居民的交流几乎没有,农民工社会网络中非市民关系的数量显著高于市民关系,其社会网络的成员主要是城市社会的中下层劳动者。同样,这样一种底层的、同质化严重的社会网络对于农民工收入的提高没有显著的影响。①

对于农民工社会网络的研究基本上都支持农民工作为一个整体而被孤立在城市居民之外,他们虽然在城市工作生活,但是并没有真正地融入城市。他们所交往的朋友仍然是以农村的地缘、亲缘关系为基础而展开的,他们在社会网络中所交换的信息、技术、资本等资源同样也仅限于与他们处境相似的同质性的农民工群体。除非能够跳出次级劳动力市场的陷阱,否则他们很难实现与城市居民的沟通与交流。农民工的这种"城市孤岛效应",不仅严重阻碍了他们向上流动或者是融入城市成为市

---

① 李树茁等:《从先赋到后致:农民工的社会网络与社会融合》,《社会》2011 年第 6 期;李树茁等:《中国农民工的整体社会网络特征分析》,《中国人口科学》2006 年第 3 期。

民的目标的实现，同样也加剧了他们对于自我身份的确认与认同。以往的研究表明，农民工在城市中主要以两种交叉的身份生存：一种是农民的身份，另一种是工人的身份。对于哪种身份的认同将会导致农民工最终采取何种方式生活、工作以及分配他们的资源。越来越多的研究者发现，农民工在整体性制度排斥中正在越来越转向农民的身份，这也是户籍制度改革并没有对农民工产生较大的吸引力的一个重要原因。研究者注意到，乡城迁移者往往以农村、农民为参照来设定他们的生活目标，以及他们在城市的生活方式、处事原则、交往方式等。[①] 他们往往称拥有城市户口的人为"他们城里人"，而称自己为"我们外地农民"，在价值观上仍然把自己界定为"局外人"。据此，他们程度不同地接受他们在城市所处的现实的权利状况和生活状况。[②] 他们也不爱惜城市环境，不爱护城市的设施，他们通常会以"我们是农民嘛"来解释自己的现实状况，当权益受损时，也会将其作为不采取表达、行动的理由。对作为非市民的"农民工"身份的认同，直接影响了"农民工"作为城市居住者的权利意识。身份认同的政治学的相关理论可以为他们的这种沉默提供相应的解释：他们认为自己是城市的局外人，所以在城市中，围绕自己的权利，他们倾向于不行动。"因为我是谁，所以我行动"，这种状况一方面构成了现有制度的合法性基础，另一方面也成为制度维持的重要机制。

当然，对于农民工社会排斥个人层面的探讨并不是为了对我们现存的社会排斥进行辩护。事实上，发生于农民工个人层面的因素，无论是人力资本还是社会网络，都是在原有的社会政策基础上形成的。为什么农民工的受教育程度普遍不高？这并不与农民的智商与学习精神有关，而是由长期以来的教育资源城乡二元分配机制导致的。教育基础设施投入、优秀师资大部分都优先分配到城市，相反，对于占据全国大多数比例的农业人口而言，他们能够获得的教育资源与他们的人口比例是极大地失衡的。农民工为什么缺乏足够的技能培训？培训被认为是提升人力

---

① 陈映芳：《关注城市新移民》，《解放日报》2004年8月22日。
② 陈映芳编《移民上海——52人的口述实录》，学林出版社，2003。

资本的主要路径选择，尽管各地方政府也在积极开展对于农民工的职业技能培训工作，但从实际效果来看，由于经费投入不足，加上培训机构自身实力较弱，缺乏相关配套政策，大部分培训机构只是徒有其表，而缺乏发展的空间。从培训内容来看，培训内容与就业脱节的情况也比较严重。不考虑农民工的文化基础，也不管农民工能不能听懂，自说自话，导致培训效果很差。另外，大部分的培训内容都落后于市场需求，不考虑农民工现实的职业技能教学，而是上文化课，重课堂系统理论讲解，轻实际操作演练；职业资格证书重书面考试，轻技能考核，不考虑农民工参与培训后所学技能是否为社会急需。[①] 这样的培训，难以对农民工产生吸引力。

农民工既不属于农民，也不属于工人。他们既没有在农村生活，也无法在城市扎根。作为一个我国特有的现象与名词，农民工在20世纪80年代以来的中国社会中，是由制度与文化共同建构的区别于"农民"与"城市居民"的第三种身份。在这个建构过程中，城市政府成功地将城乡二元的社会结构移植、复原于城市内部。通过户籍制度，政府、城市居民、社会机构、资本市场四者合力将农民工排除在社会保障、社会福利、首级劳动力市场、公共教育等各个系统之外。这样一个排斥系统是动态循环的，农民工由于这种排斥而无法提高自身的人力资本，同样也无法在务工地形成优质的社会网络。他们只能也只愿意与老乡来往，在不同的企业之间来回跳槽，却做着完全相同的体力工作，没有任何上升的空间，他们主动、被动地与城市居民区隔开来，如在城市中生产各式各样的"河南村""四川村""安徽村"等。虽然户籍制度本身在进入21世纪以后出现了松动，但附着于户籍制度之上的社会区隔与社会排斥并没有消失，农民工想要真正融入城市，不仅取决于个人层面的努力，更取决于制度层面的改善，或者说，只有尽可能地改善这个社会的游戏规则，才不会产生农民工与城市社会的脱离与断裂。[②]

---

① 郑凤田：《新生代农民工群体：10 大关键性问题判断》，《工会博览》2010 年第 7 期。

② 陈映芳：《农民工：制度安排与身份认同》，《社会学研究》2005 年第 3 期。

　　总体而言，我们通过户籍制度、社会保障制度以及社会融合三个视角分析了农民工制度歧视研究的理论脉络。可以明确的是，不管我们的研究是在宏观的层面还是在微观的农民工个体层面展开，不管我们的分析依赖的是制度排斥还是社会融合或者是市民化，对于农民工的研究大都存在这样一个结果：农民工，是一个被城市社会排斥的群体。他们可能与城市职工从事同样的工作甚至承担着更为繁重的工作任务，但是并没有获得相同的报酬；他们的个体素质、职业技能等人力资本与城市居民可能相同，但是他们被整体局限在一个脏乱差的次级劳动力市场，缺少机会进入城市的正规部门；他们无法享受同城市职工相同的社会保障待遇，即使政府正在努力促使企业部门加强对于农民工的保障；他们无法融入所在的城市，虽然他们的一生中最美好的年华基本上是在城市度过。农民工所面临的困境以及所遭受的一切歧视，尽管可能与他们自身的个体特性有关，但是从历史的维度来看，关于农民工的个体特性的问题同样也是制度所造成的问题。为什么农民工的文化程度低、职业培训水平不高？这显然与智力无关，而是同我们城乡分割体制下的教育资源分配有关。为什么农民工不愿参加社会保障？这与农民工的流动性无关，而是同他们不得不在次属劳动力市场寻找工作有关。为什么农民工无法融入城市社会？这与他们的自我封闭性无关，而是同城市社会的歧视与孤立有关。中国要解决农民工问题，仍然需要在制度安排或者说在资源分配机制上进行更为彻底的改革，才有可能争取让农民工在不久的将来成为"历史"。

第五章　西方国家对劳动力流动的
制度规范及其演进

国外基本上没有关于农民工的研究，他们没有户籍制度来限制农民的流动，他们的研究主要集中在流动人口或移民的研究上。西方国家的劳动力流动是建立在价值规律基础上的，由市场来进行调整。西方的移民制度以公民的自由权为基础，强调公民的自由、平等、人权理念，其就业机会取决于市场对人力资源的供需结构与数量要求，其社会保障制度也是建立在公民的生存权基础上的，社会保障也是为抵消自由市场给弱势群体带来的伤害而建立的一种救济与保障机制。

但是，在具体的制度安排方面，我国农民工与西方国家的流动人口或移民仍然有许多相似之处。他们都具有往返于城市和农村之间的流动性、城乡差距的落差性和农民向工人转变的必然性特征，其发展规律也有相似性，如随着社会风险的加大，需要国家提供社会保障的人也逐渐增多。虽然国外流动人口并不存在以户籍制度为主的一系列制度障碍，但是在资本主义自由发展时期，他们同样要忍受不同地域之间的制度歧视。由于国外流动人口知识水平也较低，他们也只能在劳动力市场中找到脏、险、累的工作，闲暇时间以自我娱乐为主，业余生活贫乏而单调。通过多年的英雄般的忍辱负重，然后回家安享晚年。[①] 而跨国劳动力跨国迁移特别是非法劳工的跨国迁移的生存状况和流动方式与 20 世纪 90 年

---

① King, R. and J. Strachan, "The Effects of Return Migration on a Gozitan Village," *Human Organizations* 2 (1980).

代中国农民工早期移动几乎一致。[①] 罗伯茨（Roberts）将中国的流动人口与从墨西哥迁移到美国的流动人口进行了对比，他认为两者存在许多相似性，如他们的流动都是自发性的，迁移网络存在相似性，也都很难得到当地法律承认的居住许可，大多从事非技术性体力工作。也正因为如此，两者都存在"候鸟式"迁移的现象，也尽量保持着与家乡的联系，在年龄大了以后最终返回家乡；另外，墨西哥采取与中国一样的土地不能被交易这一土地与农业政策。[②]

这就是说，无论是国外移民还是国内移民，他们都具有相类似的经历和特征，如普遍文化水平不高，从事低端产业的工作，收入较低；工作流动性大，工作环境差，权益受到侵犯；等等。在流动中，无论是国外移民还是国内移民，他们的就业机会与学历、技能、语言、身高、年龄、心理健康等都存在一定的关联。因此，对西方劳动力的乡城流动进行分析，借鉴西方政府对乡城劳动力流动的经验和做法，有利于我国农民工问题的解决。

第一节　西方国家对流动劳动力的就业机会公平规范

国外学者主要从经济权利的宪法保护角度对流动人口的迁移进行了研究。对于劳动力流动的方向，更多的是从市场供求状况进行探讨。在西方，个人政治权利和经济权利的平等自由是受宪法保护的，其中有关经济活动的自由和权利包括择业自由、营利自由、契约自由、居住和变迁自由及财产权交易自由等。政治自由平等包括迁徙自由，参与国家、

---

① Roberts, K., "China's Tidal Wave of Migrant Labor: What Can We Learn from Mexican Undocumented Migration to the United States," *International Migration Review* 2 (2000).

② Roberts, K., "China's Tidal Wave of Migrant Labor: What Can We Learn from Mexican Undocumented Migration to the United States," *International Migration Review* 2 (2000).

社会组织与管理权利的平等，政治表达的自由等。^①西方政府在执政过程中是不能违背这些法律规定的。

以亚当·斯密为代表的自由主义经济学家，就把个体假设为有能力实现个人效益最大化的"经济人"。个人的经济自由和经济决策受到市场这一"看不见的手"的指挥。资源的分配由理性的个体在市场经济中的表现而确定。而市场就是个人追求经济利益最大化的平台。^②他们不受政府的任何干涉，这奠定了西方学者对流动劳动力迁移的理论基础。

一　制度规范的起点：生产资料与劳动者的分离

在近代西方社会，农民也经历了从"半依附"到"自由流动"的身份转变。在14～15世纪，农民通过租种地主的土地维持生存，由于生产力不发达，农民与地主也形成了半人身依附关系。但是，随着后来毛纺织工业的发展，羊毛成为值钱的原料，养羊业的利润比农业的利润更多，地主也就不再把土地租给农民耕种，而是圈起来养羊，这样出现了"圈地运动"。农民也因此而失去了土地，成为流动的人。这时，一方面从土地上被赶出来的农民流浪到街头。这些移民在农村无法待下去，只有到城市讨生活，"在15世纪末到16世纪初，流浪的人特别多"。而另一方面，随着航海业的发展，手工业、商品经济有了较大的发展，手工业、纺织业、采矿业等需要的人数一直在增长。"煤矿、建筑业、采石业、纺织业，到处都要人。"^③城市手工业、纺织业也需要大量工人。有些人流

---

① 林来梵：《从宪法规范到规范宪法：规范宪法学的一种前言》，法律出版社，2001，第177～182页。

② 在我国，国家或者全民是生产资料的所有权人，个人不需要对经济享受自主决策权利。国家计划代替了个人决策。在二元经济结构下，制度成为影响城乡劳动力流动的重要因素。"可以说，农民工在城市中遭遇的不平等的真正要害在于制度化的不平等，即流动机制的制度化不平等"（潘泽泉：《国家调整农民工社会政策研究》，中国人民大学出版社，2013，第151页）。

③ 〔英〕阿萨·布里格斯：《英国社会史》，陈叔平等译，陈叔平、陈小惠校，商务印书馆，2015，第241页。

入城市，进入工厂，为工厂提供了廉价的劳动力。"圈地运动把农民赶离土地，迫使他们到工业生产中寻找出路。"① 也有些人被赶回了农村，继续从事农业劳动。

工业的发展为流浪街头的农民提供了工作机会，政府也为此制定了一些措施，促使农民向工人转变。15世纪末到16世纪初，"这些流浪者人数非常多，单只英王亨利八世就曾下令绞死了七万二千人，只有付出最大的力量，只有当他们穷得走投无路的时候，才能迫使他们去工作，即使这样，也还要制止他们的强烈反抗。迅速繁荣起来的工场手工业，特别是在英国，渐渐地吸收了他们"②。为了把这些流浪汉利用起来，充实工人队伍，1531年的法规规定了流浪者、病人和失业的穷人，只有后者才被允许在他们的教区乞讨。"在1548年，用热烙铁给流浪汉烙上'V'字的法规颁布了。"③ "要使资本主义生产方式的'永恒的自然规律'充分表现出来，要完成劳动者同劳动条件的分离过程，要在一极使社会的生产资料和生活资料转化为资本，在另一极使人民群众转化为雇佣工人，转化为自由的'劳动贫民'这一现代历史的杰作。"④

由此可见，逃亡的农民为了生存而不得不选择进入工厂。"当时在工厂工作的工人只占少数，大量的是接外活的工人，转包人以及在底层的临时工，其中包括那些'流浪一族'的流动劳动者。"⑤ 当然，这些流动的移民并不走很远，有些就在家乡附近的村镇找工作。有些移民只是到邻近的城市或越过国界去找工作，而很少有漂洋过海，特别是到美国去，因为移民们难得受到热烈的欢迎。对他们的接待受到流行的退化思想的

① 钱乘旦、许洁明：《英国通史》，上海社会科学院出版社，2012，第222页。
② 《马克思恩格斯全集》（第3卷），人民出版社，1960，第63页。
③ 〔英〕阿萨·布里格斯：《英国社会史》，陈叔平等译，陈叔平、陈小惠校，商务印书馆，2015，第138页。
④ 《资本论》，中共中央党校出版社，1983，第209页。
⑤ 〔英〕阿萨·布里格斯：《英国社会史》，陈叔平等译，陈叔平、陈小惠校，商务印书馆，2015，第238页。

影响。有些美国人担心外来移民会带来贫困、疾病和低智商。① 然而，经济的诱惑还是吸引了这些流浪在外的移民。"由于工业的工厂需要，他们的人数和他们挣钱的机会比以往任何时候都多。"② "尤金·韦伯在《农民成了法国人》一书中证明 1870～1914 年法国农民发生了一些变化，他指出，在此之前，大多数农民游离在城市文化之外。他们贫困，住房简陋，讲方言或土语，而且不关心政治。"③ 但进入了工厂后，他们"像富人一样，他们花钱的机会也多得多"④。"移民增加了家乡的财富，因为移民们寄钱回来，或者回国购买所珍爱的小块土地。"⑤ 当然，这些流动的农民工作条件并不乐观，多数人只能出卖自己的劳动力生存下来。"在早期工厂中，工人们深受剥削，他们一天工作十几小时，工资却很低，往往只够维持生存，工人们必须服从严格的纪律，稍有违犯，便受处罚。工厂中劳动条件差，工伤事故频繁，而一旦出事，工人就被赶回家，厂主不负任何责任。恶劣的工作与生活条件使工人健康状况十分低下。"⑥ 而移民到国外的农民状况就更糟糕。"移民们可能受到严酷的对待。1913年，加拿大铁路用有武装警卫看守的闷罐车运送俄国劳工，……1900 年，据说纽约约有半数意大利劳工受包工头的控制……有时神父们把移民劳工组织起来……每两周从每个受雇工人的工资中扣除 1 美元。"⑦ 恶劣的生活环境和生存状况使工人们逐渐明白了一个道理，只有团结起来才能对抗工场主，迫使工场主作出一些让步。于是，一些反抗运动也随着压

---

① 〔美〕理查德·韦南：《20 世纪欧洲社会史》，张敏、冯韵文、臧韵译，海南出版社，2012，第 9～10 页。
② 〔英〕阿萨·布里格斯：《英国社会史》，陈叔平等译，陈叔平、陈小惠校，商务印书馆，2015，第 226 页。
③ 转引自〔英〕阿萨·布里格斯《英国社会史》，陈叔平等译，陈叔平、陈小惠校，商务印书馆，2015，第 13 页。
④ 〔英〕阿萨·布里格斯：《英国社会史》，陈叔平等译，陈叔平、陈小惠校，商务印书馆，2015，第 226 页。
⑤ 〔英〕阿萨·布里格斯：《英国社会史》，陈叔平等译，陈叔平、陈小惠校，商务印书馆，2015，第 12 页。
⑥ 钱乘旦、许洁明：《英国通史》，上海社会科学院出版社，2012，第 236～237 页。
⑦ 〔英〕阿萨·布里格斯：《英国社会史》，陈叔平等译，陈叔平、陈小惠校，商务印书馆，2015，第 10 页。

迫的增加而增加。在此期间，工人形成一定的组织，就产生了工会运动。工会运动的目的是改善工人直接的生活与工作状况。^① 于是，工会通过罢工、起义等方式对统治者产生影响，促使统治者通过改善工人工作条件的一系列制度。如1847年通过议会的《十小时工作制法》，1875年政府通过立法手段纠正了工业革命中出现的一些问题，又如《公共卫生法》《工人住宅法》《工厂与工作场所法》的颁布等。这些与工人福利直接有关的社会立法，对工人的生活条件、劳动环境、工作时间等进行了规范。

总而言之，从资本主义生产关系形成的萌芽到资产阶级生产方式的确立，特别是18世纪开始的工业革命以来，集中性的社会化大生产成为主要发展形式。随着资本主义大生产的飞速发展，大量农民转化为工人，农业的就业人数急剧减少，城市人口份额迅速上升，从事农业的人也都转变为农业工人。到19世纪工业革命完成后，作为西方主要工业国家之一的英国从事农业生产的农民仅占总人口的20%，基本完成了农民市民化的历程。

二 自由市场制度建设：西方国家对流动劳动力的就业规范

经过了圈地运动，资本家获得了"第一桶金"。在资产阶级掌握了政权后，资本主义国家建设开始走向规范道路——大力发展工业。在工业化发展时期，资产阶级深刻地认识到市场体制对于他们的产品流通、劳动力流动具有的重要作用，主张打破地区隔离，破除封建藩篱，要求建立统一的生产要素市场。因此，资产阶级执政后，就立刻重视市场制度建设，强调生产要素自由流通。马克思指出："资产阶级，由于开拓了世界市场，使一切国家的生产和消费都成为世界性的了。"^② 西方国家农民从农村向城镇转移，从一开始就没有户籍制度的影响，而是受市场的影

---

① 钱乘旦、许洁明：《英国通史》，上海社会科学院出版社，2012，第237页。
② 《马克思恩格斯选集》第1卷，人民出版社，1995，第276页。

响，服从于资本家对劳动力的需求，也就是说，农民进城一开始就没有被阻止与优质生产资料的接触，岗位向所有人开放。资本家掌握了生产资料，他们为了获得更多利润，总会根据市场决定生产什么，生产多少，需要什么样的劳动力，如何安排劳动力等。资本家根据生产规律和利润增值的目的，他们更愿意招收有能力、懂技术、会操作的劳动者，因为他们能创造更多利润，而不是考虑其身份、出身等因素。因此，资本家也希望劳动力资源能够自由流动，以便能找到更好的劳动者。他们不是根据身份地位，而是根据技术、才能标准招用劳动力。劳动力也可以根据其技术、才能找到适合自己的工作，因此有更多的就业机会。

资产阶级运用市场手段，让人力资源与生产资料充分结合，提高生产效率。在日本，从资本主义生产方式形成之时就消除资本、人员在城乡之间流动的壁垒。为了打破封建社会土地对农民流动的阻碍，使得城乡同时发展，日本建立了较为完善的农业土地转移制度，并鼓励市民到农村投资居住，而农民进城也能享受到与市民同样的身份和社会保障。

根据自由主义经济学理论，劳动力流动的根本动力是寻求自身利益最大化的心理。受工资差距的影响，低工资国家或地区一定会流向高工资国家或地区。劳动力流动总是能给他们最大的利益。因此，对劳动力的这种流动进行规范，就成为劳动力就业制度的主要内容。"经济自由主义者认为，资本主义经济是个自由竞争、能自动调节的市场经济，价格、工资、利息都具有伸缩性，商品市场上商品的供求关系决定价格水平；劳动力市场上劳动力的供求关系决定工资水平；资本市场上的资金的供求关系决定利息水平。"[①] 在他们看来，劳动力流动受到劳动力市场供求关系的影响，由工资多少来决定。当然，工资多少也受到利息、商品价格等因素的影响。"价格水平的波动又影响商品的供求状况，工资水平的波动又影响劳动力市场的供求状况；利息水平的波动又影响资本市场的供求状况。这样，在商品市场上，通过价格机制的作用，可以纠正商品

---

① 姜照辉：《工业革命时期欧洲劳动力政策及其特点》，《重庆理工大学学报》（社会科学版）2012 年第 9 期。

供求关系的失调；在资本市场上，通过利息率机制的作用，可以纠正资本市场上的供求关系的失调。总之，通过市场机制的自动调节，资本主义经济能趋于均衡。"[1] 当然，这一规律建立在理想的经济模型状态下，并假设劳动力只关注他们的收入，而没有其他成本进行干扰，在这一理想状态下，正义的制度应该是，规范的产权制度、自由的市场制度、合理的收入分配制度等。

1. 劳动力作为商品的自由流动离不开市场规范

要做到机会公平，必须是对权利平等的保护，而不是身份的保护。1789 年，法国爆发了资产阶级革命，制定了"人权宣言"，确立了自由平等原则与私人财产神圣不可侵犯的原则，为资本主义发展与人口流动提供了最根本的制度保障。德国也在其宪法中规定私有财产的自由，还规定了个人自由发展、自由择业和工作等权利。这些制度规范了资本和劳动力这两个主要的生产要素，确立了生产资料和劳动力分离的原则。劳动力和生产资料的分离乃是市场经济的必要基础。"资本主义时代的特点是，对工人本身来说，劳动力是归他所有的一种商品的形式，他的劳动因而具有雇佣劳动的形式。"[2] 资本家占有生产资料，在生产和分配中起支配作用。广大劳动者不占有生产资料而只占有自己的劳动力，他们只能将自己的劳动力作为交换的商品出卖出去，依靠出卖脑力或体力维持生存。因此，资本主义生产中的主要资源无非就是资本（其物质形态表现为生产资料）与劳动力，其主要生产过程无非是如何将资本与劳动力在市场中配置好。资本家为了促使有才能的人获得好的岗位，通过收入机制往往激发工人向上流动等。

劳动力作为商品进入市场，收入的多少由市场决定。劳动力是人的劳动能力，是人的体力与脑力的综合。而劳动力成为商品，也必须有使

---

[1] 姜照辉：《工业革命时期欧洲劳动力政策及其特点》，《重庆理工大学学报》（社会科学版）2012 年第 9 期。

[2] 转引自张有奎《形而上学之后：马克思的实践哲学思想及其流变》，人民出版社，2013，第129 页。

用价值和价值。而劳动力价值就"是由生产、发展、维持和延续劳动力所必需的生活必需品的价值决定的"①。劳动力的收入主要取决于就业岗位的社会平均工资水平，具体来说，工资受制于劳动者的人力资源状况，如教育程度、工作条件、经济发展水平和物价水平的差距，还受到劳动力供求双方谈判的影响。② 它也受到市场供求规律的制约，并随市场的变化而上下波动。但无论收入决定因素有多少，收入的多少主要受到技术、能力的影响，正是在这个意义上，市场反对身份、地位等因素影响。

2. 劳动力的就业机会也离不开市场机制

市场制度是劳动力获得机会公平的平台。机会公平如何才能实现呢？无论是个人劳动转化为社会劳动获得某种收入，还是从发展角度来看人的能力的发挥和施展，都必须要流动，以便于人们寻找到适合自己发展的平台。在资本主义社会，劳动力拥有人身自由，但没有生产资料，而资本家进行生产需要劳动力，才能获得利润，劳动力要流动就必须通过市场才能尽其能、尽其用。劳动力作为生产力中最活跃的生产要素，只有与生产资料充分结合，才能激发其潜能，发挥其促进经济发展的作用。而这种充分结合的前提就是人力资源能够自由、合理地流动。无论是"人（劳动力）"还是"物（生产资料）"都离不开市场。市场的公开和流动，从个人角度来说，可以获得更大的收益和更好的发展机会；从企业角度来说，可以获得更合适的人力资源。因此，作为生产资料拥有者的资本家和作为人力资源拥有者的无产阶级，只有在市场中才能结合。

在市场中，物资资源和人力资源可以得到充分的结合，达到人与物的最佳组合，从而降低成本、提高效率、增加财富，在市场中才能实现"得其所得"。在分配领域，公平正义所探讨的就是能者多劳，多劳多得，得其所得。资源向有才能的人开放，而不是向身份地位开放。相应的分配公平表现为"每个人都得到其应得的"原则，强调正当的利益分配必

---

① 《马克思恩格斯文集》第 3 卷，人民出版社，2009，第 56 页。
② 黄泰岩：《美国劳动力市场的运行机制》，《中国人民大学学报》1997 年第 2 期。

须照顾到其所做出的贡献。

无论是企业家还是劳动者的获得都离不开市场，市场能通过价格变化最准确、最及时地反映出生产要素的稀缺状况。资方通过市场才能有企业"生产什么，生产多少，什么时候生产"的信息，劳方才能知晓"有多少就业岗位，需要什么专业，有多少工资"等信息。劳动力和资本家都可以根据市场提供的信息，实现物与人的最佳组合，资源也就能得到节约而获得最大利益。

美国在19世纪90年代就实现了自由竞争的市场经济，确立了自己独特的自由市场模式。美国的自由市场模式是建立在劳动力自由进入市场、企业经营自主决策、市场供求受到价值规律的影响等基础上。劳动力市场、金融市场和商品市场是美国市场体系的三大组成部分。在这一过程中，政府也会制定一些法令、法规，对于不当的市场行为进行干预，保证市场经济的正常运行。政府在维护市场自由行为、保护企业竞争、发挥劳动力的积极性等方面仍然起到重要作用，如1890年制定的《谢尔曼法》，通过反垄断法限制少数垄断企业的垄断行为，维护了市场竞争秩序。①

3. 劳动力的自由流动排除身份地位等限制

生产要素的配置是在市场中完成的。一方面，市场化程度越高，市场种类越全面，资源的利用率越高，资本获利的机会越大，劳动力获得就业的机会也越多。另一方面，各种市场的价格机制非常灵活，市场信息及时准确，也能更好地保证市场经济配置的效率。经济自由主义认为，每一个理性的经济人都是以其自身利益最大化为目标的经济行为者，他能通过成本—收益来对其所面临的一切机会和目标及实现目标的手段进行优化选择，无须别人越俎代庖。市场经济承认并最大限度地实现了个人追求"私利"的权利。市场经济的这一特征排除了血缘、地域、门第、

① 彭森、张小冲、金春田等：《中国经济体制改革的国际比较与借鉴》，中国人民大学出版社，2008，第97~98页。

信仰、语言、种族之间的差别和特权。[1] 计划经济时代，由于身份的影响，企业找不到最好的员工，员工也进不了最好的企业就业，从而导致人不能尽其才，物不能尽其用。而市场制度确立了市场主体的平等权，保护营业自由、契约自由等经济自由权利，从而有效调动市场主体积极性，营造公平、公正的竞争环境。[2]

资本主义生产关系一确立，资产阶级就积极消除封建等级身份对市场的影响。资本、人口流动是健全市场的必然要求。限制人口的流动实际上就是限制人的自由，限制利益的非均等化过程。封建社会对人口的束缚不能适应资本主义社会的要求，因此，资产阶级执政以后，就把自由、平等等口号写入了法律，规定人的自由流动和资本的自由流动具有合法性。资本流动是利润率趋于均等化的过程，实现"物尽其用"，而人力资源的流动是收入达到公平的过程，实现"人尽其才""得其应得"。经济自由能有效释放劳动者潜能，使劳动者更好地为资本服务。当然，经济自由不应建立在个人主义基础上，而应是在制度规范下的自由，是制度规范下的个人机会平等。

4. 劳动力的自由流动离不开政府的帮助

当然，市场不是万能的，也不是任何资源都能通过市场达到机会公平。对于弱势群体，他们很容易被排挤在机会公平之外，从而影响某些资源获得的可能。政府必须要制定制度，为这些人提供基本权利保护。因此，如何从制度上规范，让弱势群体的合理需求能得到满足，这也是正义制度所要解决的问题。西方国家政府采取一定的补救措施保障他们的合理需要得到公平的对待。如在经济领域，缺乏技术与才能的流动劳动力不能参与社会劳动，对于这些弱势群体，政府承担了其培训的费用，增强了这些流动劳动力的就业能力，增加了其就业的机会，使他们能重

---

① 李曙光：《论宪法与私有财产权保护》，中国政法大学出版社，2002，第 123 页。

② 计划经济主导的制度是以牺牲个人独立享有的自由权利为代价、以绝对服从国家安排和指挥为义务，因此，就没有机会公平可言。这种限制个人的择业自由集中表现为国家包揽、行政隶属、身份差别等劳动用工制度。对个人迁徙自由的限制就是城乡隔离的户籍制度及其配套制度。

新返回主流社会。在政治领域，应让流动劳动力有机会参与企业和政府管理，发出自己的声音，保障自己的权益。在社会领域，让流动劳动力有机会表现自己，有时间参与社区活动，参与休闲娱乐等。

德国在发展市场经济的过程中，重视对流动劳动力等弱势群体的保护，表现为在社会总产值中有一部分收入归雇员所有，所有雇员对企业的生产与管理享有"共同决定权"或"参与决定权"，每个人都有融入社会和参与分享的平等机会。1951年和1952年德国制定了关于职工参与企业管理的法律。人人都能根据其能力对整个社会和其同胞的福利贡献力量。①

三　权益保护制度建设：西方法律对流动劳动力权益的保护

劳动者权益应得到有效保护。财产权是人类谋求生存和发展的基础，是人类自由与尊严的保障。个人通过努力获得的权益应受到法律的有效保护。西方国家在对劳动者的合法权益保护方面，与对资本的保护同样重视，从而为公平正义创造良好的环境。

当前，西方很多国家都采取最低工资制度，禁止企业以低于这一数额的工资支付工人报酬，如美国、加拿大、日本、西班牙、葡萄牙等。国外的最低工资一般由工会（劳方）、雇主（资方）和以学者或律师等（中立方）为代表的三方人员构成工资审议协商小组确定。大多数国家是一年提薪一次；政府在每年的财政预算中还必须保证必要的提薪经费。不论任何单位，凡是工作相同的工作人员，其薪金应为一样的，实现"同工同酬"。决定工资多少的依据归纳起来有六点：教育程度，职责范围，任务轻重，责任大小，危险程度，地区差别。②

对于劳动环境要求必须有安全保障。2013年8月美国劳工部在其官

---

① 彭森、张小冲、金春田等：《中国经济体制改革的国际比较与借鉴》，中国人民大学出版社，2008，第107页。
② 《世界经济导报》1984年3月5日。

网上公布了有关美国工人劳动的职业安全新规则，直接公开征求意见。该项"新规则"试图通过遏制肺癌、矽肺、慢性阻塞性肺疾病等，降低工人接触结晶二氧化硅的可能性。通过对劳动环境的严格规范，许多美国企业的工作环境还是相当安全的。根据统计资料，美国雇员在工作时比下班后更安全，人们在家里发生的受伤事故比在工作岗位上的要多。[①]

总而言之，发达国家在就业方面所遵循的基本原则是"自由选择"，即确立企业和劳动者的市场主体地位，供求双方在市场上有充分的相互选择的自由。这种自由选择有利于竞争与创新，有利于促进劳动力的流动，推动劳动力市场体系的完善，从而形成能力强的劳动力队伍。用工双方通过契约方式实现雇佣行为，工资收入等也都是经过双方同意的，这有利于保护劳动者的合法权利，维护其利益，而政府规定最低工资就是防止资本家对劳动者权益的过度侵犯。

在发达国家，政府主要做好市场服务工作。劳动者一般是通过职业中介获取信息就业，中介服务机构担任着岗位供需的对接的职责，是连接企业和劳动者的纽带或桥梁。而政府更多地规范好中介组织的行为，让职业中介组织承担就业专业培训的职能，引导劳动力合理流动，如采取"凭单制度""业务外包制度"等，提高为流动劳动力服务的水平。政府做好市场管理工作，理顺价格机制，改革价格管理制度，使市场价格反映供求关系和劳动力贡献的大小。政府还要做好经济结构的调整，通过货币金融政策或财政税收政策，调节经济的宏观环境，支持私人企业政策，为劳动力就业提供良好环境。如1997年，美国加大对小企业的支持扶持力度，制定了1998～2002年度财政支持小型企业的"五年计划"，这些小企业能够创造灵活的就业机会。[②]

① 李玉臣：《美国工人的劳动保护工作》，《经济与管理研究》1984年第6期。
② 彭森、张小冲、金春田等：《中国经济体制改革的国际比较与借鉴》，中国人民大学出版社，2008，第95页。

第二节 西方国家对流动劳动力社会
保障的公平规范及其演进

现代化、工业化导致农村剩余劳动力向城市转移是一个不可逆转的发展趋势。工业技术的广泛运用，直接冲击了农业和传统手工业，使得农业部门的多数劳动力失去了工作。他们纷纷外出谋生，进入城市的新兴工业部门工作。他们依靠出卖体力在城市生活下来，企业成为他们的家，城市成为他们的久留之地。然而工业革命给人们带来就业机会与收入增加的同时，也带来了工业风险的不断加大。随着危机的到来，劳动人民变得流动不定、困苦不堪。为了应对工业社会所面临的风险，西方国家普遍采取了社会保障制度，制定了较为完善的社会保险制度。

一　从贫困者到普遍人群的保障：　西方一些国家的社会保障状况

工业革命之前，"圈地运动"把大量农村劳动力赶出了土地，农民被迫进城，但是城市工业不能吸收所有的农民，不能提供充足的就业机会，因此出现了大量所谓的"游手好闲"的人，他们陷入贫困状态。对于这些游手好闲的人，起初人们认为是他们的懒惰所导致的贫困，因此英国政府采取"血腥法令"，但效果不佳。后来发现，这些问题不是个人的问题，而是社会制度的产物，因此，政府着手从立法层面对这些人进行社会救助，建立保障制度。

德国也在19世纪50～60年代进入了工业革命阶段，工业革命带动了工人的急速发展，产业工人的比重迅速增长。[①] 但是，随着经济危机的来临，大量工人也随之失业。大量失业和失地的农民与贫困的市民一样生

---

① 沈琴琴：《德国劳动力市场》，西北大学出版社，1998，第101～102页。

活穷苦，生存不能保证。还有一些年老、身体差的无劳动能力的人，他们的生存也容易出现问题，这些问题都需要政府出面进行解决。

面向生活在贫困线以下的社会成员，英德等国家积极施行救济，其中包括流入城市的农民。在他们看来，社会保障被看作是为在社会竞争中失败而又失去竞争能力的人提供的基本生活上的安全措施。1782 年英国议会通过《吉尔伯特法》，对贫穷弱小的无助者实行"院外救济"，1834 年英国议会通过《新济贫法》，规定给予救济者最低生活标准，它的目的是维护社会稳定，使富人生活不受穷人贫困的影响。

对于工人的救济，则与工人的运动联系在一起。英国资产阶级对工人的残酷剥削，直接导致了工人阶级的激烈反抗。英国早期工人运动开始以经济斗争为主要形式，争取提高工资为目的，后来发展到争取政治权利和社会权利的斗争。19 世纪 30~40 年代，英国掀起了"宪章运动"，"宪章运动"虽然失败，但仍以巨大的力量推动了国家以立法的形式改善工人的境遇，如 1842 年英国议会通过了《矿工法》，1844 年通过《工厂法》，1847 年通过《10 小时工作法》，[1] 使得劳动者的劳动条件得到了基本保障，改善了工人的生存状况。随着工人阶级的政治斗争和资产阶级的议会改革不断推进，社会改革也在 19 世纪末开展起来。英国议会对贫困问题进行了一系列的调查，先后对《工厂法》进行了修改，增加劳动保护措施、最低工资规定等。随着选举权的不断扩大，"工人代表委员会"（工党）成为英国主要执政党之一。至此，工人的经济政治权利不断完善，社会保险制度和社会福利制度也不断形成。

国家干预还延伸到公共卫生、教育领域以及工伤领域，这些领域并不区分流动人口。如 1897 年，英国议会通过的《工人赔偿法》就明文规定，在特定的危险行业，雇主应该对包括农业和其他行业在内的所有工伤或丧失工作能力者进行赔偿，并把范围扩大到流动劳动力。1924 年，工党首次组阁，政府大力推动社会政策的落实，通过公共工程增加就业

---

① 蒋孟引主编《英国史》，中国社会科学出版社，1988，第 519 页。

机会，实行《新救济法》，改进失业保险制度，取消补助金发放间隔，增加养老金发放等，并没有进行身份的区分。

20 世纪 30 年代，世界经济大萧条，经济大危机使得英国政府不得不建立失业保险制度，并且开始全面建立福利制度，增加了发放给老年人、残废者、孤儿寡母的救济费，社会保障范围进一步扩大。1942 年 11 月，贝弗里奇主持发表了《社会保险及相关服务》的报告，这个报告对以往的福利制度进行了反思，确定了由国家和个人合作实现社会保障的方针。人们把这个报告称为《贝弗里奇报告》，这个报告一方面希望对所有人都提供保障，另一方面，希望基于家庭津贴和劳动力市场提供保障。[①] 工党政府把《贝弗里奇报告》作为蓝本，先后通过了《家庭补助法》《社会保险法》《国民保险法》《国民卫生保健服务法》《国民救助法》五大法律及相关措施、法令，从而构成了对公民"从摇篮到坟墓"的生活保障。1948 年实施的《国民救助法》规定，所有没有收入或收入太低的英国居民都可以领取国民救助金，这对于低收入的流动者来说是最大的保障。在养老方面贯彻"普惠制"原则，基本养老保险覆盖全体国民。英国政府建立"老年年金"制度，包括农民在内的所有国民，在一定年龄后都可以从政府领取一定数额的养老金，所需资金完全源于政府税收。

与英国相比，德国工业革命开始比较晚，但是德国是近代世界史上第一个建立社会保障制度的国家，其制度并没有特意区分流动人口与市民。19 世纪后半期，大量农村人口进入城市、工厂，成为产业工人。工业革命之后，企业作为社会的基本经济单位，已经取代了农业社会家庭作为经济单位，家庭作为养老保障的功能已经失去了基础，企业代替了家庭成为劳动者依赖的组织，但是，企业在组织生产过程中并没有把养老等纳入其规划之中。随着产业工人的增多，德国社会中劳资冲突日益激烈，而一旦经济危机爆发，资本完全无视工人的生存，而只顾自身利益的保护，导致大量工人失业，危机期间到处是失业、贫困、饥饿、流

---

① 周建明主编《社会政策：欧洲的启示与对中国的挑战》，上海社会科学院出版社，2005，第 58 页。

浪、乞讨等现象。为了解决这一社会问题，德国城市市民自发援助穷人。同时，为了完成社会化大生产，政府也出台政策制度，承担起社会保障的义务。因此，在工业化发展的同时，政府也开始制定制度以规范劳动力的社会保障与公共福利等。1855 年出台《穷人权利法规》，对贫困居民实行生活补贴。虽然德国在 19 世纪中期工业化程度不是很高，但德国 19 世纪 80 年代在全国范围内建立了针对疾病、事故、伤残、年老等社会福利保障制度。1881 年德国以"黄金诏书"的形式颁布《劳动保险法》，提出工人因事故、年老、伤残、生病等问题出现经济困难时，应该得到国家保障，而工人也有权得到政府救济。这一举措开了世界各国社会保障制度的先河。1883 年国会通过《劳工疾病保险法》，对疾病保险费规定了比例划分，即由雇主负担三分之二，雇员负担三分之一。保险金的征收也是按每个人收入的一定比例，保险金的再分配与被保险者所缴纳的保险费多少无关。更为引人注意的是，只要一个人参保，他的配偶和子女可不付保险费而同样享受医疗保险待遇。1884 年制定并实施的《工人赔偿法》在对工伤事故责任认定中，更加强调雇主的责任。在养老保险中，德国 1889 年颁布的《残疾和老年养老保险法》也没有区分农民与市民。在农民养老辅助保险里面规定，所有没有参加其他养老保险的农民都必须参加这种保险。这样，包括农民在内的全国养老保险制度基本确立。

此外，德国政府还以法令形式规定劳动者星期日休息，并限制童工、女工的工作时间。为了适应现代工业生产和服务业的需要，德国各大企业都重视职业培训，大力发展职业教育，特别是加强对技术不熟练的工人的培训，这有利于促进整个国家的科学技术的学习。1918 年魏玛共和国的成立使德国社会制度进入一个新的阶段。《魏玛宪法》第 165 条规定"企业及其他参与其中的公民群体的代表可以组建工厂委员会以代表企业工人和职员的利益"[1]，从组织上保证了对弱者的保护。以"工厂委员

---

[1]　周建明主编《社会政策：欧洲的启示与对中国的挑战》，上海社会科学院出版社，2005，第 65 页。

会"为组织方出台了一系列法律制度，包括工人保护、失业救济、残疾救助、失业救济、劳动时间等的规范。1927 年，德国颁布并实施《职业介绍法》和《失业保险法》，规定全体工人包括农民在内都必须参加失业保险和医疗保险，由此整个德国社会保险体系基本形成。第二次世界大战前，德国形成了以疾病、养老、工伤和失业为内容的社会保险体系，第二次世界大战后，德国政府在这个基础上，又建立了社会照顾和社会救济的保险项目，发展了以促进家庭和教育发展、住宅建设等为保障的项目。可以说，德国社会保障是西方国家中最为完备的保障体系。

德国和英国流动人口的社会保障首先从社会救济开始，从最低层次和最需要的保障开始，分层次分类别逐层推进，不断完善。同时，立法先行，做到有法可依。如英国和德国都是立法救济，通过立法建立起养老、医疗、失业等保险事业。流动人口的合法权益得到政府的保护。① 两个国家的共同点就是，流动都不受到身份制度的限制。除了地理位置的远近差别外，不存在城乡劳动力流动的制度约束。社会保障不受身份的影响，农民进城后享有与城里人同等的待遇。在工厂里同工同酬、同工同权。养老金的获得也并不因公民的身份、职业、在职时的工资水平而有所不同。对于低收入的工人，还可以享受到同样的福利待遇。

二　从公共卫生到子女教育的保护：西方国家的公共服务状况

在公共服务方面，西方国家在住房制度、公积金补贴制度、子女教育、技能培训，卫生条件、权益保护等方面，流动劳动力都享有充分的平等。

19 世纪中期，英国政府就意识到流入城市的农村人口所居住的卫生状况恶劣和拥挤的住房对社会造成重大的影响。1868 年英国政府授权伦敦市议会专门处理贫民的住房问题，颁布《工人住房法》。与此同时，还

---

① 孟繁丽：《国外"农民工"社会保障制度对我国的启示》，《学理论》2011 年第 2 期。

对工人的饮水问题加以重视，1866 年颁布《卫生法》要求地方当局采取行动，向包括流动劳动力在内的全部居民供应清洁的饮用水，并提供清运垃圾和排污的服务，为居住在城市的所有人口提供良好的居住环境。1909 年，英国政府还要求"把所有居住区从野兽般的丑态中解救出来"，颁布了《住房和城市规划法》，从此城市卫生状况得以改善，包括流动人口在内的居民生活水平有所提高。

德国也出台了《联邦住宅补贴法》。该法律规定，凡是收入不足以租住适当面积的公民，不分流动人口还是城市人口，都可以享受到国家提供的住房补贴，这对于收入低的流动劳动力而言，无疑是一大帮助。[①]

美国是个典型的移民国家，其移民机会占据了美国劳动力的大半。[②]所以，美国的移民政策具有典型性。美国在就业、社会保障等方面并没有区分流动人口与本地人口，美国的移民子女教育实行普惠制。同美国城市孩子一样享受到平等的受教育权利，流动人口的子女在父母的居住地享受同样的义务教育，免除学杂费。家庭困难的还可以享受到免费食物供应，而这种待遇不受父母的身份和职业地位的影响。1982 年，高等法院院长普莱勒·岛以联邦法院的名义宣布非美国国籍的移民子女可以进入美国公立学校就读，其理由是，拒绝非美籍儿童进入公共教育是对小孩的一种惩罚，因而是不公平的，任何儿童都不应因其父母的非美国国籍地位而受到不公平惩罚。[③] 但是，移民文化和语言问题使得教育者与被教育者存在沟通的难题。因此值得一提的是，在公共服务政策上，美国政府还实行有利于流动人口的一些制度，如 1982 年国会出台《移民教育紧急法案》，该法案旨在向州教育机构和地方教育机构提供补充性的教育服务，并补偿其因移民儿童在基础和中等教育中的公立或非公立学校入学而造成的额外开支费用。地方教育机构将这个补偿基金用于英语语言指导、教室配备的费用，管理费用，校舍建筑的费用，对提供指导人

---

① 曹婷婷：《国外也有"农民工"》，《人力资源》2013 年第 5 期。
② 张苏、刘莉莉：《美国移民子女基础教育公平资助政策探究》，《外国教育研究》2009 年第 8 期。
③ 张苏、刘莉莉：《美国移民子女基础教育公平资助政策探究》，《外国教育研究》2009 年第 8 期。

员进行服务培训等。不过，国会每年大量资金的投入使得受帮助人员大量增加，随着申请人数的增加，人均受资助的资金减少。

美国高度重视职业教育，对于流动人口在内的所有工人，美国政府都把他们纳入职业培训计划之中，并纳入法制化轨道上来。美国政府先后出台《人力开发与培训法》《就业机会法》《就业培训合作法》《再就业法案》等法律文件，以法律的形式明确规定重视并支持职业培训，并提供经费支持。为此，政府每年都要拨款 70 多亿美元支持职业培训或再就业培训。[①]

第三节　西方国家流动劳动力的社会保障制度评价

在市场经济社会，并非每个人都是市场竞争的胜利者，也并非每个人都有参与经济发展的能力和参与制度制定的机会，而对于这些无能为力的劳动者，西方国家也为他们提供一些社会保障或社会救济，这也是社会正义的应有之义。

西方国家的社会保障最大特点是：覆盖面广，无歧视，不同群体之间没有任何制度阻碍而获得社会的有效保障。一旦人们遇到生病、失业、年老等情况，都能获得国家的帮助和支持。阿马蒂亚·森就认为，如果忽略社会正义，将不可避免地存在对最不利者基本自由的侵害，不可避免地存在对他们生存机会和发展机会的剥夺，而社会保障制度将有助于他们自由能力和公平机会的实现。当然，欧洲的社会保障也有一些不同，如英国的贝弗里奇把社会保障立法建立在公民社会权利的基础上，是向全体公民提供的综合的社会保障，面向全体国民一致性管理，即把分散的各个行业保险统筹起来，实现统一管理原则。资金来源是强制性支付或缴费。而德国的做法是将社会保障补贴建立在劳动力市场的基础上，

　王茁：《国外关于农民工问题研究的经验及对中国的启示》，《世界农业》2010 年第 6 期。

即根据工作时的缴费确定补贴的供给，它不试图为所有人提供一种综合性补贴。因此，补贴的水平和收入相联系。[①] 但其都是基于无歧视的原则，向所有符合条件的人平等开放，不因身份、地位的不同而有所区别。其将社会保障和社会公正体现出来，实现市场的自由原则和社会平衡原则统一。市场原则是强调充分就业，能者多劳，促进经济增长；公正原则就是力求使每个社会成员达到最起码的生活水平，做到饥者有其食、病者有其医、老者有所养、弱者有人帮。

西方国家的社会保障制度值得我们肯定和借鉴。

1. 社会保障是社会发展到一定阶段的必然产物

自由竞争的资本主义向垄断资本主义过渡，两极分化日趋严重，国家的角色也越来越重要。第二次世界大战以后，主要西方国家在不同程度上建立了"福利国家"的社会政策体系，普遍重视弱势群体的社会保障，其中就包括为流动到城市的农民建立社会保障制度。

圈地运动使得农民失去了土地依托，失去了生活来源，许多农村劳动力进入城市，但出于文化水平和身体等原因，他们很难获得一份工作。同时，农村劳动者流入城市，进入工厂，由于技术的改进，一些机器大工业迅速发展需要很多劳动力，但这些机器化大生产需要的是技术人员，农村劳动力不一定符合机器大工业的要求，因此其面临失业风险。对于这样一些生活陷入贫困的人群，政府出台了一些制度进行救济。英国是最早对贫困人口进行救济的国家，1601 年就通过了《济贫法》，该法规定无劳动能力的贫民和无依靠的孤儿等对象可以接受政府救济，救济对象非常有限。1782 年，英国议会通过《吉尔伯特法》，对贫民实行"院外救济"，救济的对象范围有所扩大。1795 年，英国实行"斯宾汉姆制度"，把救济标准与物价上涨联系起来，其中，对一些基本生活必需品进行市场调整，规定根据食品价格决定基本工资标准，对不能达到这一基本工资标准的人，由政府给予救济补贴。

---

① 周建明主编《社会政策：欧洲的启示与对中国的挑战》，上海社会科学院出版社，2005，第73 页。

但济贫法以教区为依托而立足教区，这导致不同教区为自身利益考虑而排斥外来者，这对于真正流动不定、失去工作的劳动人口来讲形成了人为的限制，"是对天赋自由的公认违反"①。随着社会的发展，经济危机也不断加深，工人面临的失业风险越来越大，需要救济的人数也越来越多，英国为此建立向所有国民开放的福利制度。20世纪30年代，世界经济大萧条，经济大危机使得英国政府不得不建立失业保险制度，并且开始全面建立福利制度，增加了发放给老年人、残废者、孤儿寡母的救济费。英国工党相继出台了五大法律及其相关措施、法令，从而形成了较为完善的社会保障体系。1942年12月《贝弗里奇报告》的出台是英国及世界保险制度发展史上的里程碑，该报告提出："国家对于每个公民从摇篮到坟墓即由生到死的一切生活与危险，诸如疾病、灾害、生育、死亡以及鳏、寡、孤、残疾人都给予安全保障。"②

美国的社会保障是随着1929年的世界经济大危机而产生的。1929年的世界经济大危机，导致大量工人失业。面对大萧条的严酷现实，美国罗斯福政府于1935年制定颁布了历史上著名的《社会保障法》，这是一个包括社会保险、公共补助、儿童保健和福利服务在内的社会保障制度，它是一个由联邦政府承担义务以解决老年和失业问题为主体的社会保障立法。这是在德国和英国社会保险制度基础上建立的第一个比较完整的社会保障制度，它实质上标志着西方现代社会保障制度的最终形成和发展。

到20世纪40年代，世界上已有超过60个国家设立了包括工伤保险、医疗保险、家属津贴等在内的社会保障项目。为什么社会保障在20世纪30～40年代发展较快？一是经济发展到一定程度的产物。在西方国家，社会保障制度主要还是从社会稳定的角度对社会公民的生活提供一种安

---

① 〔英〕亚当·斯密：《国富论——国民财富的性质和起因的研究》，谢祖钧译，中南大学出版社，2003，第207页。

② 〔英〕贝弗里奇：《贝弗里奇报告——社会保险和相关服务》，华迎放等译，中国劳动社会保障出版社，2004。

全的保障，以缓和社会矛盾。特别是德国，德国工业革命的时间虽然比英、法、美等国要晚，但德国工业发展速度快。德国整个社会结构也随之发生了变化，农业人口大量向工业、商业和服务性行业流动，大批劳动力从农村转移到城市。工业化、城市化客观上要求建立、健全相关社会保障制度。二是与政府的推动有很大关系，政府为此担任非常重要的角色，普遍由被动角色转换到积极主动角色。第二次世界大战后，社会保障制度逐渐成熟完善。这一时期欧美各国经历了近20年的经济持续高速增长，积累了一定的社会财富，同时一些"左翼"政党，如欧洲大陆的社会民主党和英国的工党积极推行高标准、广覆盖的社会保障体系，从而形成了"福利国家"。西方的社会保障政策的基本特点是以政府推动为主体，以高税收为基础，对社会成员普遍实行高标准的社会保障。①

西方的社会保障从消极的补救性措施发展到积极的预防型措施，不是单单的政府的济贫活动，而是一种公民的社会权利。它针对的是在市场经济条件下可能使人们的收入减少或丧失的各种社会风险，如疾病、工伤、失业、生育、年老等问题。西方的社会保障所关注的主体也越来越广泛，从限于产业工人到包括农业工人、流动人员、季节性的就业人员、商业经营者等在内的劳动者，继而覆盖几乎全部的劳动力。

2. 社会保障经历了少数人到所有人的扩展，但都不受身份的影响

较早关注公民保障问题的国家是英国，从16世纪开始，英国政府就颁布了一些济贫法律，对以前依靠宗教组织从事的社会救济事业或慈善事业进行规范。这与英国的实际背景有关，与英国圈地运动带来的大批涌入城市且频频危及社会秩序的流民和突增的贫困群体有关，这些人确实需要一种由国家站出来发挥作用的救济帮助。但英国的救济经历了从"院内救济"到"院外救济"的转变，马尔萨斯、边沁等人强烈呼吁停止对贫困者实行院外制度，主张建立济贫院，要求救济者必须进入济贫院，否则不给予救济。同时还建议尽可能降低救济标准，促使他们尽快

① 余兴厚：《西方城市化进程中的社会保障制度及对我国的启示》，《生产力研究》2006年第2期。

寻找工作，依靠自己的劳动摆脱贫困。1834 年英国议会通过了《新济贫法》，主张废除院外救济，改进济贫管理。废除以郊区为单位的救济行政，实行委员会管理救济工作，加大国家对救济的行政监管力度。济贫法制度对英国工业革命时期的失业起到了一定的作用，缓解了社会的贫困问题。

德国工业革命时期也有社会救济性的帮扶制度，也是通过教会来实现的。德国的天主教有社会救济的传统，它们主要为丧失劳动能力的工人设立慈善机构，成立互帮互助的工人生产合作社等。1877 年，天主教中央党进一步提出了一个具体的社会改革方案，内容有工人星期天休息、鼓励成立劳资协会、颁布工厂立法等。[①] 这些福利的享受不与阶级、阶层、性别、种族有关，也不与身份地位有关。

西方的社会保障已经被视为常规性的制度性安排，而不是临时性的，更不是甄别性的。所有社会成员不能因为在市场竞争中的弱势地位而失去基本的生活保障和发展的机会。因此，西方的社会保障具有受益面广且平等，服务制度化、长期化特点。西方的社会保障制度减少了劳动力自由流动的阻碍，有利于社会公平的实现。[②]

西方社会保障的内容也逐渐扩大，从最初的对贫困的生活救济，到医疗、工伤、养老等在内的社会保险，公共救助和卫生及福利问题。保障的水平也逐渐提高，从满足最基本的生存需要到提高社会上多数人的生活福利水平，包括教育资助、免费医疗、失业救济、老人照料、单亲父母津贴、养老金支付、家庭和儿童保护等。层次也逐渐提高，中央政府取代地方政府掌握了主导支配权。接受者从过去对企业主的依附转换到对国家的依附。就业机会和社会福利不再是企业主的恩惠，而是公民的正当权利。

---

① 〔美〕科佩尔·S. 平森：《德国近现代史——它的历史和文化》，范德一等译，商务印书馆，1987，第 253～255 页。

② 周建明主编《社会政策：欧洲的启示与对中国的挑战》，上海社会科学院出版社，2005，第 35～36 页。

当然，欧洲国家也有不同的差别，如北欧更注重普遍共享式社会再分配，平等主义更严重，而欧洲大陆国家如德国、奥地利、法国等，实行"社会保障待遇与工资挂钩"原则，实行权利与义务相匹配。高待遇的福利项目排除了不参与市场竞争的人和无报酬的家庭主妇，而不是无条件地分配给每一个人。[①]

3. 建立起较为合理的责任分担为主的社会保险制度

欧洲福利政策的实施减少了社会不公平现象，有利于资本主义的制度继续保持稳定。当然，由于社会保障费用的增加，财政负担也不断加重。欧洲国家通过税收或其他方式，对国民收入进行再分配，其比例为GDP的20%左右，有的甚至高达30%。[②] 同时，这也造成了诸如"养懒汉"等不劳而获的现象产生，被人称为"福利病"，不利于社会竞争和企业资本积累。正如人们所说，国家把更多钱用于失业保险，结果反而造成更多的失业。

为了防止"福利病"，一些国家以社会保险为主，确立企业、个人与国家分担机制。德国是世界上第一个建立社会保险制度的国家。德国的社会制度核心是社会保险[③]，即双方均承担义务，被保险人要缴纳一定的保险金，作为回报，一旦他出现不确定的风险而受害，他将得到一定的赔偿金。在收支不平衡时，政府会给予一定的资助。根据险种的不同，双方负担的比例不一样，养老保险由雇主与雇员各分担一半；工伤保险完全由雇主一方负担；而疾病保险，劳工负担三分之二，雇主分担三分之一；灾害保险的保险费由雇主一方负担。也即，除了工伤保险费和灾

---

① 周建明主编《社会政策：欧洲的启示与对中国的挑战》，上海社会科学院出版社，2005，第38页。

② 周建明主编《社会政策：欧洲的启示与对中国的挑战》，上海社会科学院出版社，2005，第23页。

③ 德国的社会保障体系主要分为社会保险和社会福利两个基本类别，其中，社会福利分为社会救助、社会照顾、社会促进和社会融入四个主要项目。在社会保险中，包括医疗保险、养老保险、工伤保险、失业保险等；在社会救助中，包括社会救济、住房补贴、青年补贴等；在社会促进中，包括培训补助金、子女补贴、教育津贴、免费教育、多种免税等（周弘主编《国外社会福利制度》，中国社会出版社，2002，第151页）。

害保险的保险费由企业主一方负担外，养老、失业保险和医疗保险都是个人和企业按比例分担。而凡是没有保险的地方和领域，无论哪个公民出于什么原因，只要陷入困境都会得到国家和社会的帮助。^① 因此，德国的社会保障体系强调"自助"与"安全"原则，虽然有公平的内容，但更强调"自助"。当个人负责还不足时，国家和社会才有义务承担起责任。

而英国的社会保障制度，强调保障标准的"公平性"，即"基本生活资料补贴标准一致"、"保险费标准一致"、"补助金必须充分"（即支付补助金的数额和时间是充分的）、"全面和普遍性"等原则。在管理方面统一由政府负责实施各项社会保障措施，政府通过国民收入再分配形式加强对弱势群体的保护，努力减少社会排斥现象的发生。^② 美国的社会保障也强调"自助"原则，社会保障资金来源渠道多样化，社会保障基金由联邦政府、地方政府、企业、非营利组织和个人共同支付。管理方面实行以企业和州政府管理为主、联邦政府支持的管理方式。社会保障对不同年龄阶段的人实行差别化的方式，即社会保障主要向儿童和老人倾斜，而对在工作年龄范围内的人除了提供伤残和失业救济金外，其他一概不保障。^③

但无论哪个国家的社会保障在对待农村人口与城市人口时都没有实行区别对待。他们在强调对社会成员基本生活权利的安全保障外，还强调权益义务的一致，缴费越多享受的待遇也越高。在社会保障的责任主体方面，仍以国家为主，经费主要源于政府财政、企业和个人三部分，支付标准是维持基本生活水平。社会保障的对象为全体社会成员，包括流入城市的无固定工作的人口，而没有身份或地区的差异。其覆盖面大、

---

① 石宏伟：《中国城乡二元化社会保障制度的改革和创新》，中国社会科学出版社，2008，第91页。

② 石宏伟：《中国城乡二元化社会保障制度的改革和创新》，中国社会科学出版社，2008，第97~99页。

③ 石宏伟：《中国城乡二元化社会保障制度的改革和创新》，中国社会科学出版社，2008，第102~103页。

实施范围宽，有力地保护了全体劳动者的权益。社会保障内容为劳动者遇到生、老、病、伤、死、失业等风险保障，社会保障的时期为失去劳动能力或失去工作机会的期间。

4. 重视流动人口子女教育，使下一代能公平地享受国家公共教育资源

教育公平是社会的最大公平。教育作为现代社会价值、资源和财富分配以及社会分层的重要手段，越来越受到世界各国人民的关注。教育公平有助于缩小社会不平等，促进社会公平，西方国家也把教育津贴、培训补贴、免费教育等作为社会保障的内容，对流动劳动力的子女提供教育保障。

教育制度公平包括从制度规范上对所有适龄儿童实行相应的教育，而不区分对待。政府尽量安排财政支持流动劳动力随迁子女接受义务教育，而不论其性别、种族、地区等的差别。流动人口随迁子女均具有相等的接受教育的机会，均具有相等的机会获取与其能力相近的发展。1965 年美国出台《中小学教育法》，美国政府把它作为实现脱贫的总计划的一部分，增加教育投资，促进教育机会公平，为所有低收入家庭儿童提供良好的教育条件。在美国，随迁子女和城市居民的子女一样，在父母居住地享受免费义务教育，子女教育培训也同步进行而不受影响。英国 1988 年出台的《教育改革法案》也规定，父母必须要送子女接受义务教育，无故不送子女接受义务教育的，将处以罚金甚至监禁，而国家有义务为每个适龄儿童提供公平的教育环境和条件。

总而言之，西方的社会保障制度做到了城乡一致、社会成员一致。流动人口不因为出生于农村而受到排挤，公共教育资源也不因为农村流入城市而不能平等分享。社会保障经费中个人部分也根据收入多少按比例分担。西方国家重视国家、企业和个人利益的分担，除了基本的社会保障外，个人缴纳越多，分享的也越多。他们更重视社会保险的作用，体现了社会保障中的权利与义务相一致。

第六章　农民工机会公平的解决路径：
制度设计与规范

当前对农民工的制度规范更多为地方政府出台的政策规章或部门性规章，具有应付性、被动性等特点，缺乏整体性、长远性考虑，还没有上升到公平正义的高度。通过这些政策制度规范，农民工工资拖欠、子女入学、工伤保险等问题虽然得到了较好的解决，但如何从根本上消除这种不合理状况，仍然缺乏基础性的制度设计。因此，也就无法满足农民工日益增长的需求。

公平的制度规范应克服碎片化，致力于整体角度，着眼于所有社会成员的自由全面发展，对影响深远的基本制度进行改革。而户籍制度导致城乡就业、医疗、养老、住房等制度二元分割，是制约农民工自由发展的根源，是导致农民工机会不公平的根源。如前所述，机会公平的判断是人们能否畅通地接触到资源（包括经济资源、政治资源、公共资源等）；资源是否对所有社会成员公平开放而不受到身份等的不合理限制；分配中是否体现出劳动的价值；社会成员能否平等分享社会发展带来的成果；等等。而以户籍制度为核心的一系列制度影响到农民工对机会的公平分享，因此，要实现机会公平，首先要破除户籍制度为主的二元制度体系，做到农民和市民的同等对待，岗位向所有人开放，社会保障向所有人开放，社会发展红利向所有人开放。如何实现农民工在城市与市民一样的生存和发展机会，体现出"人尽其才""各尽其能""得其应得""共享成果"，成为实现农民工公平正义制度的一大关键。

在社会生产力还不发达、社会财富还不充裕的社会主义初级阶段，如何进行顶层制度设计，规范好包括农民工在内的所有社会成员的利益，规范好所有社会成员参与社会发展机会和分享社会红利的机会，这需要在公有制基础上从机会获得的主体、客体和中介方面进行规划，即一方面，在市场制度方面，要促进就业机会的公平，加强生产要素的自由流通，使人能"尽其才"。要加强市场生产要素的流通机制改革，使人能"尽其用"。为此，除发展全国统一的劳动力市场，让人"尽其才""尽其用"之外，还必须让社会弱者有提高能力的机会和提高他们技能的机制。另一方面，开放好的岗位和优质的生产资料，在公共资源方面，要使社会财富惠及更多的人，让更多的人得到实惠，增长的财富能满足更多的人的需要，特别是受排斥的社会弱者，"对于贫困人口和受排斥群体来讲，对公平的关注可以带来双重收益———一个更大的蛋糕和更多的分享份额"①。因此，结合社会现实，加强市场制度建设，使好的岗位公开竞聘，择优录用，好的资源向社会公布，让人知晓，进一步加强社会保障制度和社会发展红利共享制度建设。当然，上述两方面都不能离开政府的作为。农民工有机会接触优质生产资料，分享社会保障资源，有机会分享公共服务与发展红利，都离不开政府的统筹安排，离不开制度的改革与创新。

第一节　坚持共享发展理念，夯实公有制为
农民工机会公平的基础地位

十八届五中全会报告中指出，共享是中国特色社会主义的本质要求。让人民共享社会发展成果，是社会主义区别于资本主义的根本。习近平

---

① 世界银行：《2006 年世界发展报告：公平与发展》，清华大学出版社，2005，第 129 页。

在 2012 年就曾讲过，"人民对美好生活的向往"就是共产党的追求目标，而我们的共享理念也就回答了"共享，谁来共享？"这一问题，即由人民共享、所有社会成员共享。广大农民工是共享中的一员，理应得到公平公正的对待。"必须使发展成果更多更公平惠及全体人民"。^① 共产党也把这一共享发展理念纳入《中共中央关于制定国民经济和社会发展第十三个五年规划》之中，成为共产党在"十三五"期间的重要任务。按照会议精神，要发展成果由人民共享，必须作出更有效的制度安排，通过制度安排真正让共享发展理念落到实处。而这一制度必须建立在公有制为主导的正义制度基础之上。

一 坚持以公有制为主体，为农民工共享公平机会提供基本制度保障

从一般情况来看，公平机会的获得必然会涉及机会主体（即谁的机会）、机会的对象（即什么机会）和获得的途径（即如何获取机会等），因此，制度必须规范好什么人有资格参与资源的分配，什么资源向主体开放，主体通过什么途径获得资源是合法合理的等一系列问题。联系农民工这一群体来说，机会公平就意味着国家的资源要向所有农民工开放，好的岗位不应只对某些人而不对农民工开放，加大劳动在收入分配中的比例；农民工在城市也有表达意愿的途径和参与城市管理的权利，在地位改善或上升方面有相应的保障机制；公共资源和公共服务向所有农民工平等开放；农民工与市民相互融合，不因身份等而受到歧视；等等。"国家必须向每一个新移民，每一个居民和工人提供成为公民的机会。"^②从制度上突破，使农民工能在就业、安居、养老、共享等方面与市民一致。国家如何做好城市资源的合理分配，这是当前需要解决的大问题。而这些制度的改革与创新必须在进一步夯实公有制地位的基础上进行，

---

① 《习近平谈治国理政》，外文出版社，2014，第 13 页。
② 转引自潘泽泉《国家调整农民工社会政策研究》，中国人民大学出版社，2013，第 192 页。

只有激发国有企业活力、不断做大做强国有企业，管理好收益分配，才能为所有社会成员（包括农民工在内）的自由全面发展提供坚实的物质基础。

首先，要做到好的岗位和优质生产资料向包括农民工在内的所有社会成员开放。机会公平不能局限于形式上人人平等，还要联系人们与生产资料的结合方式，才能判断是否为机会公平。劳动者没有和生产资料联系，何以机会公平？当资本家剥夺了劳动者的生产资料时，也就剥夺了他们的生存和发展机会。[①] 如果要获得生存机会，必须出卖劳动力。在这种情况下，何谈机会公平？机会受到资本的控制和约束，而获得生产资料的资本家通过资本控制着更多劳动者的机会和财富，劳动者的机会听命于资本的逻辑安排，就不是机会公平。因此，机会是否公平首先要看生产资料的占有是否公平。

虽然1956年我国社会主义公有制度已经建立，生产资料归全民所有和集体所有，不存在优质生产资料被资本所垄断，不存在资本对好的岗位的绝对控制，但户籍制度对生产资料的接触进行了不合理的规范。农民被束缚在集体经济之中，与农业生产资料捆绑在一起，市民被安排在全民所有制企业之中，与先进工业生产资料结合在一起。这种人为的限制导致农民不能接触到先进的生产资料。国有企业作为全民共同占有全部生产资料，表示每个社会成员对于占有的生产资料都具有平等的无差别的权利。但生产资料需要在一定组织下进行生产，因此任何个人原则上都无法声称他对生产资料中的某一特殊具体的生产资料拥有特殊的权利，而只能要求岗位向所有人开放，劳动者通过才能、努力等获得相应的岗位。目前，我国农民工就业机会的不公平就是户籍制度制约下好的岗位没有向他们开放，从而导致他们的就业机会不公平。国家应在国有企业经营权与所有权分离下对户籍制度进行改革，重新使农民工有机会获得更多更好的岗位。

---

① 虞新胜：《机会公平及其在公有制下实现的可能性析论》，《理论导刊》2016年第6期。

其次，要保证劳动者的收入份额在分配中的主体地位。在我国，为了调动人们的劳动积极性，鼓励"人尽其才"，20 世纪 90 年代初，国家就规定"资本""技术"生产要素可以参与分配，这也自然导致收入差距的拉大，然而，随着经济的发展，劳动收入在整个收入分配中的份额越来越小，相反，资本、技术等所占有的收入份额越来越大。高收入人群在经济发展过程中，继续把劳动收入、个人所得等进行投资，形成一定规模，占有一定的生产资料，从而逐渐控制社会资源，影响整个社会的公平正义。

公有制实现了人们对资源占有的平等关系，排除了个人凭借资本的占有无偿地占有他人劳动成果的可能，因此要对凭借资本等获得高收入者进行适度控制，对劳动收入过低者进行帮助，提供机会公平的条件。任何个人只能凭才能、努力等为社会多做贡献，才能获得相应的报酬，而不能凭借资本、身份、地位等其他条件而占有不合理的收入。

而从现实来看，当前我国农民工在城市资源获得方面仍缺乏应有的机会和相应的机制保障，如我国的收入分配制度没有体现"得其应得"，身份、地位等因素仍然影响收入分配。农民工的收入没有获得应有的份额，贡献与义务不一致，没有体现"得其应得"。工资性收入并没有反映出劳动强度、劳动时间、劳动者的才能、技能等方面的贡献。在就业岗位上，虽然放开了岗位的限制要求，迁入地政府也没有规定哪些岗位不能向农民工开放，但农民工的岗位仍局限于二级市场，岗位培训仍有待加强。在社会发展红利分享方面，虽然允许行业之间不同收入差别的存在，允许不同地区的差别存在，但是当前高收入人群已经形成对生产资源的垄断，一些群体失去社会红利的获取机会，开始陷入恶性循环的境地，诸如"穷二代""农二代""穷三代"等词语成为人们关注的热点，这越来越成为农民工发展的阻碍。因此，必须进行收入制度改革，使农民工有一个较为公平的竞争环境，从而激发农民工的积极性和创造性，不断推动社会的发展和进步。

最后，要让农民工有机会参与城市社会治理，在社会治理中发出自己的声音。人人都有参与国家治理的权利，而不受到其拥有的物质财富的影响。在私有制条件下，虽然人人也都有平等权利参与国家治理，但弱势群体往往缺乏物质手段而使得参与国家政治治理流于形式。在社会主义公有制度下，我们的政党能够克服这一弊端，保障人人有机会参与国家经济政治建设。除了让劳动力资源和生产资料充分结合，让有才能的人能够施展其才华之外，让每个人的权益得到保障，让每个人都能参与到社会治理中来，参与到政治管理中来，更好地维护个人利益，成为新时代的要求。

在政治参与方面，农民工仍有不足。农民工的权益受到侵犯，主要表现在收入权益受到侵犯。改革开放之前，我国实行的是计划体制，政府一手代办、操办就业、分配等事项。改革开放之后，市场机制代替了计划体制，但市场体制仍有待进一步完善。政府作为分配主体已经让位给企业主，而企业主在分配中侵犯农民工权益的现象仍时有发生。在城乡之间，中央政府的分配主体已经让位给地方政府制定分配制度。在政策制定中，各社会阶层和集团之间的权力和影响并不完全相同，有些利益集团处于明显的优势，而有些处于弱势。处于优势的阶层或集团，他们的行动对政策选择产生重大影响，他们进入执政者效用函数的权重就高。地方政府自觉不自觉地倾向于那些强势群体。"当权力集中在少数人手中或者集中在社会精英层时，社会将出现并保持不公平的制度。掌握权力的精英们会保护他们自己的产权，然而社会大多数公民的财产权则处于不确定的状态。这时，在个别的精英面前法律是平等的，但对大多数人而言法律是不公平的。政府政策也会偏向这些精英，为他们提供了寻租和垄断的机会，但是大多数人们将被排除在种种有利可图的行业之外。"① 而处于弱势地位的农民工在经济上处于被动地位，他们的许多机会都被迁入地政府排除在外。在农民工与市民之间，农民工迁入地政府仍固守自己的地方利益，维护本地市民利益，一旦存在公共资源的占有

① 世界银行：《2006年世界发展报告：公平与发展》，清华大学出版社，2005，第107～108页。

矛盾，仍然以计划时期的户籍控制方式约束和排斥农民工。调查显示，沿海一些地方外来人口数量远远大于本地人口数量，但这些外来农民工仍然没有参与制定制度的机会。可以说，农民工在企业、在迁入地政府缺少诉求平台，他们的利益得不到有效保障，这与他们缺少物质手段、缺少诉求渠道有关。

我国实行的是社会主义公有制度，在社会主义发展进程中，我们应发挥制度优势和组织优势，必须发挥政党和政府的作用，制定正义的制度，最终实现包括农民工在内的所有人自由全面发展。"社会主义制度能够集中力量办大事是我们成就事业的重要法宝"①。21 世纪以来，中央政府在协调不同阶层、不同地方政府的利益方面所起的作用越来越大。农民工作为最大的弱势群体，也得到了越来越多的关怀，权益也得到越来越多的保障。但与我国农民工群体的需要仍然有很大的差距。党的十九大报告中指出，我国社会主要矛盾已经转化为人民日益增长的美好生活需要和不平衡不充分的发展之间的矛盾。发展不平衡不充分成为新时代的主要矛盾，这也将成为党和政府今后主要解决的问题。而要实现包括农民工在内的所有人的平衡充分的发展，必须联系现实，历史地、辩证地加以解决农民工问题，反对从主观想象或抽象理念出发，真正让农民工享受到公平对待，共享发展成果。

二　坚持制度改革创新，保证利润分配有利于农民工的全面发展而非为少数人服务

制度首先是客观、稳定的社会交往关系结构。从规范性角度来说，制度就是人类社会活动的前提，没有规范性就不能进行正常生产和交往。在西方，许多思想家总是倾向于采取契约论方法论证制度价值的形成。在英国历史学家梅因看来，制度的判定标准经历了以"善"为至上标准

① 《习近平谈治国理政》，外文出版社，2014，第126页。

到以"权利"为标准的过渡，以"身份"为标准到以"契约"平等关系
为标准的过渡。契约关系必须以自由平等、诚信守诺为基础，更加重视
个人自由平等权利的实现，它取代了以城邦整体利益为基础的关心整体
利益的"善"标准。对于基本自由平等权利规范的宪政制度体系正是这
种精神的反映。其实，制度正义不仅仅是规范生产领域、规范产权制度，
更重要的是价值层面的关怀，即使每个人的利益得到保障，使每个社会
成员自由价值得以实现。而机会公平不仅仅是形式上的，即仅关注个人
对资源的"公平"的占有，更是给予每个人以真正关怀。制度必须体现
价值性，即制度的价值应该反映在"为谁服务"上。只有把制度的形式
正义与实质正义相统一，这样的制度才能真正是正义的。

在资本主义社会，资本家只是关心产权的交易和生产的规范，关心
利润的增长而不顾工人的健康和发展，不顾工人的生产环境和权益保障。
任意延长工作时间，随意克扣工资等，已引起了工人的不满。工人也进
行过抗议或者斗争，资本家也曾提高工人的工资，但是，资本主义生产
资料的资本家占有，决定了劳动者的价值永远屈从于资本的价值，劳动
者的收入在利润分享中占的比例越来越少。在资本家看来，资本家支付
工资，工人出让劳动力的使用权，资本家可以按照企业生产目标而使用
劳动力，这是天经地义的事情。资本家关心资本如何实现价值增值，而往
往很少关心劳动者自身的价值如何实现。因此，在马克思看来，制度是
"交往的产物"，是由政治、经济和社会文化之间的相互作用所决定的，其
中规定财产所有的制度是基本制度，它影响深远且深刻。只有公有制才会
把所有人的福祉作为中心任务，真正关怀每个人的价值实现，它规定着其
他政治制度和社会制度，规定着人们对财富共享的机会和发展机会。

在社会主义公有制社会，公有制度必须反映全体劳动者的利益，实
现包括农民工在内的多数人的利益保护，必须有利于包括农民工在内的
多数人价值的实现和有利于多数人的生存机会和发展机会。其中生存机
会包括最低生活保障、最低工资保障等用来维持生存的机会；发展机会
包括社会保险、休闲娱乐等用来表现个人能力、个性和个人价值实现的

机会。然而，以户籍制度为核心的一系列分配制度导致农民只能在集体经济中分享其极少的利润，即便改革开放之初，农民仍然被束缚在农业这一领域，分享不到工业带来的利益。农民分享的利益较少，影响到农业、农村的发展，"三农"问题难以解决也一度困扰着党和政府，成为多年党和政府出台的"一号文件"重点要解决的问题。

由于物质财富不够充裕，有限的资源与不断增长的需求之间最终表现为群体之间的矛盾竞争关系。不同阶层的人们有利益竞争与利益冲突，这是正常的。社会主义制度下根本利益是一致的，但不同群体的特殊利益是不一样的，可能会产生矛盾，关键看如何处理这些矛盾，协调不同阶层的利益分配，从正义产生的现实根源来看，正义问题产生于人们之间的社会关系和利益冲突。在现实中，不同阶层的人们具有不同的矛盾，这种矛盾也具有排斥性甚至竞争性，正义问题就是处理不同阶层之间的利益分配问题，这也符合社会发展规律。毛泽东反对社会主义没有矛盾的说法，他在《论十大关系》中认为，工农之间、城乡之间是存在矛盾的。但毛泽东指出，这一矛盾是人民根本利益基础上的矛盾，不是对抗性的矛盾，而是有既相互适应又相矛盾的特点，这一矛盾的解决需要一个过程。因此，可以通过社会主义制度本身的调整得到解决，可以通过发展生产力，不断丰富物质财富来满足社会不同阶层人们的需要。因此，用发展、民主来解决人民内部矛盾，依靠统筹的办法解决包括工人、农民之间的矛盾，这也正是我们辩证看待正义问题的方法。在户籍制度改革上，我们也应辩证地分析户籍制度在历史上的作用。随着历史的发展，户籍制度成为农民工不正义的根源主要就在于它违背了"社会主义社会成员都有平等享受国家发展红利的权利，以及获得国家一致对待的权利"，时代发生了变化，经济体制发生了变化，如果仍然照搬照抄原来不适合的户籍制度，就会导致社会不公平，影响农民工的自由发展。国家应通过制度改革，打破户籍隔离，变革不合理的二元制度，让所有社会成员（包括农民工）都能参与到工业领域，分享工业发展所带来的成果。

第二节 加强劳动力市场建设，促进 农民工就业机会的公平

在我国，生产资料的公有制并非人人都实际占有平等的生产资料，根据经济规律与企业的组织特点，生产资料向所有人开放是指就业岗位向所有人开放。我国公有制为农民工实现机会公平创造了良好的条件，但好的岗位是有限的，需要农民工发挥才能竞争上岗。

如何让好的岗位向农民工开放？由于户籍制度的影响，我国劳动力市场仍隐性存在双重分割现象。一是城乡之间的分割，即仍存在一些地方政府对本地市民就业进行保护，而对农民工采取排挤措施，规定有些岗位只向城市户口市民开放，而农民工无法参加竞争。二是人才市场和劳动力市场的分割，即文化程度低并主要从事体力劳动的人，找工作主要依赖劳动力市场，而文化程度较高，具有一定技术职称的人，则划归于人才市场。农民工文化层次低而被排挤在人才市场之外。当然要改变这种状况，除了要打破二元体制外，还要提高农民工的素质和技能。对于身份等影响就业的制度规范要进一步清除，而对于文化程度低和技能差等导致的农民工就业机会的缺失应进一步制订培训计划，从制度上保障农民工能有机会参与培训，参与到岗位的竞争中来。

受户籍制度的影响，一些流动性强的农民工被变相剥夺了一些基本保障，这些保障分别是：①劳动力市场保障，即国家通过宏观经济政策为高层次人才创造适当的就业机会；②就业保障，即国家通过对具有稳定劳动关系的劳动者的聘任与解雇进行规范，从而保证就业稳定性；③生产保障，即国家制定安全和卫生规定，防止工作中的事故和疾病，从而保障劳动者的劳动环境；④培训保障，即通过对具有稳定劳动关系的劳动者进行就业训练，为他们提供获得技能的广泛机会，通过专业的或职业的岗位训练提高能力；⑤收入保障，即适当提高收入，规范收入

增长机制，保护合法权益；⑥政治参与保障，即通过组成独立的工会鼓励劳动者与雇主组织以及社会对话，保护劳动者在劳动力市场中的集体发言权。① 针对这些被剥夺的保障，我们必须要从制度上提供。

一　消除户籍隔离制度，构建灵活且取向公正的就业制度

农民工面临的就业歧视就是农民工在求职过程中受到人为地设置门槛而被拒之门外的现象，其中就业歧视包括就业准入的歧视、规则过程的歧视和权益保护的歧视。就业歧视与户籍制度有关，户籍制度限制了他们获得某些职位的可能、参与过程的平等性与收益多少的可能等，这实际上剥夺了就业者平等的就业机会。以身份制、等级制为特征的不公平现象，只有通过市场经济的发展才能被淡化。因此，要打破城乡分割壁垒，改革户籍制度，减少户籍制度对劳动力流动的束缚，只有大力发展市场经济体制和制度建设。

（一）加大平等就业准入制度建设

当前农民工面临的就业歧视，首先表现为就业准入的歧视。出于文化水平低、流动性强等原因，农民工大多在非正规部门就业，而被拒于稳定性高、福利好、条件优的正规劳动部门之外。② 由于其低技能和半熟练，他们处于不稳定和短期工作的就业循环中，只能得到低的和难以预

---

① 《国际劳工局，体面劳动与非正规经济》，第90届国际劳工大会报告六，2002，第4页；转引自石美遐《非正规就业劳动关系研究——从国际视野探讨中国模式和政策选择》，中国劳动社会保障出版社，2007，第58页。

② 非正规部门就业是和正规部门就业相对应的一个概念。传统的正规部门，其用人单位是那些依法成立和依法登记的单位，工作时间为法定的全时工作时间，劳动关系的建立通过正规的法定程序，劳动报酬为法律保护的工资范围，包括最低工资、各种津贴和补贴以及各种奖金，社会保险为国家法定的各类保险。而非正规部门的劳动关系很多都不规范且比较复杂。非正规部门区分为两类：一是正规部门的非正规就业，即机关或事业单位雇用的临时工、非全时的劳务工等；二是非正规就业部门就业，即城市建筑业、民营企业、社区服务业、城市家政服务业、商业服务业中的小型企业和个体经营业等。参见石美遐《非正规就业劳动关系研究——从国际视野探讨中国模式和政策选择》，中国劳动社会保障出版社，2007，第11页。

料的报酬。[①] 这种工作本身也与其所工作的小型企业或个体企业特点有关，这些企业本身就是短期行为或功利性强的企业，一旦有风险，这些雇主很容易把责任或风险转嫁到员工身上。这些企业守规则意识不强，不愿意按照程序进入某领域，或者说，进入某领域需要付出较高的成本，因此他们就在小规模地利用农民工这一廉价劳动力，维系其生存。因此，不签劳动合同、任意解雇农民工、拖欠农民工工资等现象时有发生，甚至出现打骂农民工或限制农民工的事件。在工作中，操作规则不规范、安全环境措施不到位等，使农民工面临安全风险。

对于安排农民工就业的企业来说，他们多是民营中小企业或非正规企业，其中以制造业为主，他们的收益也有波动性，但总体而言在日益加剧的竞争压力下，其面临的生存压力也在加大。很多国家发生了从制造业为主向服务业为主的产业需求转移，而服务业的市场需求更具有多样性和不确定性。[②] 他们的管理方式更加灵活，以应付多样的市场。为了降低经营成本，他们尽量避免遵守制度，因为遵守法律的成本较高。[③]"凡与经济活动有关的法律都影响着交易成本。"[④]

我们也承认，在就业压力与经济形势不乐观的情况下，非正式用工机制更有吸引力，这种用工形式让劳动力与市场要素结合在一起，使我国各个产业领域的资源配置更合乎资本稀缺、劳动力相对过剩的现实。问题是，小型企业或个体企业往往针对农民工的流动性而侵犯他们的权益，面对这种情况，一方面加强对劳动力与小微企业的规范管理，维护好农民工权益，另一方面也要支持小微企业在市场中取得平等地位，帮

---

① 石美遐：《非正规就业劳动关系研究——从国际视野探讨中国模式和政策选择》，中国劳动社会保障出版社，2007，第55页。

② 石美遐：《非正规就业劳动关系研究——从国际视野探讨中国模式和政策选择》，中国劳动社会保障出版社，2007，第82页。

③ 对于企业来说，交易费用包括取得营业执照，获得土地权和租用权，获得信贷，履行和接受法律，通信、电和水等设施的费用，了解和使用有关的原材料、价格、潜在客户、资源、商品和服务来源等信息的费用，劳动成本和社会成本以及税收，等等。

④ 石美遐：《非正规就业劳动关系研究——从国际视野探讨中国模式和政策选择》，中国劳动社会保障出版社，2007，第83页。

助其克服在税收等方面的困难。一方面做好市场规范制度建设，如产权制度、交易制度、税收制度、合同制度等。另一方面也要加强监督管理，督促双方履行相互之间的权利与义务，遵守劳动合同。将诚信与失信的中小企业纳入红黑榜名单中进行宣传或曝光，形成对讲信用企业表扬、对失信用企业惩戒的社会氛围，加大社会监督力度。

（二）加强就业培训制度建设

农民工面临的就业歧视还表现在起点的不一致。虽然国家先后出台了一系列旨在消除歧视农民工的制度规范，转而依赖市场制度来规范人们的行为。然而，依靠市场并不能给农民工带来公平正义，尽管他们能平等地参与市场竞争、实行公平就业，但较低的文化水平、缺失的技能使他们难以获得真正的起点公平。加强农民工的就业培训成为政府义不容辞的责任。当前，我国农民工培训工作面临的难题是如何让农民工的技能培训跟上时代步伐，与经济结构调整相一致。一方面，劳动者的知识结构与能力水平导致农民工并不能很好地适应当前的经济结构调整。在20世纪80年代刚刚改革开放，城市需要扩展，也带来了大量的就业机会和岗位，对于老一代农民工而言，他们能够凭借低文化水平而很快找到体力工作。但是现在的经济发展和结构调整已经不能创造很多这样的岗位，更多的岗位具有较高的文化水平要求。随着我国工业结构向信息化转移，信息技术的进一步发展，劳动密集型企业逐渐被技术资本企业代替，就业机会将更少，而且多是低技能的脏累活。因此，农民工的知识水平不高，技术革命导致这些农民工日益被边缘化，甚至有被淘汰的可能，而低技能的脏累活，工作的环境很差，没有安全保障，往往不能享受与正规就业部门相同的福利报酬和安全待遇。也就是说，农民工在城市能够找到一个体面的工作非常难。目前，我国就业结构与我国的产业结构不相匹配。农民工就业领域仍集中在第一、第二产业，而第三产业就业人员仍不多，由此导致招工难与就业难并存的矛盾、劳动力供给与产业的需求不相适应的矛盾。在现代社会，技术发展的日新月异和产品的不断更新换代对职业培训更是提出了强烈的要求。产业结构的优化升级呼唤农民工技能提升。另一方面，当前国际环境也发生了较大的变化。改革开放之初，我国实行的是出口带动型经济模式，这种模式造就了制造业大国，吸收了许多农民工进城务工。金融危机之后，发达国家都改变了战略，重新发展智能制造业，制造业的竞争也愈加激烈。资本密集型制造业不利于我国劳动力的就业，对劳动力的需求大幅降低。同时，随着我国的劳动力成本上升，一些加工制造业迁移到国外，加大了农民工的就业压力，减少了农民工的就业机会。因此，加大劳动力的职业培训力度，使之适应现代产业的要求成为时代要求。蔡昉认为，制约就业结构转换的因素有三个：一是人口的迅速增长超过了就业岗位的增加；二是工业的畸重发展减少了其对劳动力的吸收；三是户籍制度等制度性障碍。[①]

当前，农民工接受过技能培训的比例总体偏低，大约只有三分之一，缺乏技能是农民工成为现代产业工人的主要障碍。[②] 随着经济结构的调整，高技术人才仍然是就业需求量大的行业，但是农民工的先天教育不足，接受能力受限，加上农民工培训内容缺乏针对性、时代性，培训形式单一，难以适应经济发展的要求，培训效果并不理想，导致农民工就业压力越来越大。随着劳动力市场改革的逐渐深化，改革相对滞后的培训体制成为农民工职业培训的重点。政府还应负责从财政上做好农民工职业培训的保障工作，为农民工的培训提供公平的平台。当然，这也需要农民工、企业和政府共同努力，在时间安排、经费分配等方面主动配合。

（三）加强农民工权益保护制度的建设

农民工面临的就业歧视还表现在农民工的收益经常被侵犯。农民工的收入分配不公平，一方面，要加强市场流通体系建设，通过市场机制

---

① 转引自张文、郭苑、徐小琴《城乡劳动力市场一体化与就业结构优化研究综述》，《华东经济管理》2011 年第 9 期。

② 杨志明：《农民工在劳动就业、工资收入、技能提升等方面面临新变化、新挑战》，新华网，http://news.xinhuanet.com/live/2015 - 02/28/c_127528114.htm，最后访问日期：2018 年 3 月 26 日。

使收入多少能反映农民工的劳动时间、劳动强度和技术水平等贡献大小。另一方面，加强政府的监督，确立工资正常增长机制，提高劳动收入在总收入中的比重，防止企业主变相调低农民工的工资。据调查，在私人企业中，企业主确定工人的工资多数从地方政府的最低工资开始计算，进行加班的时间另外计算。对于超过八小时的工资，任意扣罚的主动权多在企业主手中，这对农民工的收入影响很大。

农民工在就业过程中还常常遇到被欠薪的情况，在讨要工资过程中，农民工由于知识水平有限、法律意识淡薄，时常采取侵犯人权的方式解决问题，从而导致群体事件或刑事案件发生。对于拖欠工资的侵权行为，也一度受到政府、社会各界的重视。2006年国务院也出台了《关于解决农民工问题的若干意见》等文件，提出建立农民工工资支付保障制度，确保农民工工资按时足额发放给本人，做到工资发放月清月结或按劳动合同约定执行。近年来，政府也对恶意拖欠农民工工资的行为和企业主加大了处罚力度。2011年2月25日第十一届全国人大常委会第十九次会议通过的《中华人民共和国刑法修正案（八）》中，将"恶意欠薪"入罪，从法律角度保障了农民工权益。针对那些拒不履行责任的企业，政府发布"黑名单"，告知社会，从而对其形成道德舆论压力。对列入"黑名单"的企业或个人从经济贷款、项目批准、工程验收等方面都进行限制，地方政府各部门也积极配合。劳动争议仲裁部门应及时依法按照法律、法规以及相关政策，对农民工与企业之间的矛盾进行调解，调解不成的，及时告诉并鼓励农民工走法律程序，拿起法律武器保障自己的权益。法院在受理农民工欠薪案件后，及时展开调查，及时有效审理案件，并快速执行。银行也做好企业农民工工资保障专项管理，通过专门账户管理农民工工资，做到按时发放。

但是，在现实生活中，一些私人老板通过各种隐蔽的手段，变相拖欠工资。在一些正规的较大企业，如一些电子服务部门、来料加工部门或出口创汇性企业，也对农民工进行了隐形的权益侵犯。一般来说，企业把农民工区分为核心员工和非核心员工。为了减少成本、降低风险，这些企业往往招聘一些季节工，这些季节工往往是非核心员工。雇主愿意一直雇佣技术农民为核心员工，对其进行内部培训和培养，双方形成较为固定的聘用关系。而相当多的是临时性或季节性的雇员，这些非核心的雇员，收入、权益等往往得不到很好的保护，而政府部门也没有很好的制度规范对其进行保护。这些非核心员工，一般来讲，他们的工资较核心的员工更低，劳动条件更差，培训机会更少，就业状态更不稳定，甚至还没有工伤保险。这些就业人员没有享受到平等的劳动报酬，没有同工同酬，无论是工资还是附加福利，都远远低于固定雇员的水平，从企业本身来说，管理者也愿意采用核心与非核心两种员工，对于核心员工，他们可以保证基本的生产能够进行，而对于多数非核心员工，他们能够节省成本，降低风险，他们根据市场的变化随时调整员工的数量，因此，对于员工的福利、健康等保障能躲即躲，能推即推。据调查，有些企业在缴纳工伤保险时，往往阳奉阴违，几个工人缴纳一份保险，一旦发生安全事故，就把保险放在这个受害人身上。对于硬性规定的养老保险，由企业出的部分往往变相推迟或转到其工资中，变相延长其工作时间。对于那些已经破产的企业或跑路的老板，农民工的工资保障更是遥遥无期。

因此，政府农民工权益保障部门应当加强对私人企业的监督和管理力度，防止违纪违法行为发生，对于面临困难的劳动力，政府积极采取救济措施，给予其适当的社会帮助，发放一定的救济金并提供就业信息使其再就业。政府各部门之间也要做好部门联动，更好地衔接部门与部门之间业务的受理。

二　构建规则公平的市场制度，　规范农民工平等劳动关系

无论是"人尽其才""物尽其用"还是"得其应得"都离不开市场作用，农民工的机会公平问题的解决也必须联系市场制度，农民工的劳动就业机会、收入分配的实现离不开完善的市场制度。因此，做好人力

资源的市场建设，打破行业垄断，打破权力部门的就业壁垒，就变得非常重要。"消除对农民工就业的制度排斥，要打破城市政府对市民就业的保护壁垒，撤销城市政府出台的一系列限制政策，建立起规范统一的劳动力市场，要加强对企业特别是私营、外资企业的用人管理，农民工与用人单位要依法建立劳动关系，以确保农民工基本的收入保障。"[1] 公平的社会流动可以激励人们通过发挥才能和持续的努力获得自身职业和地位的提升，有利于社会实现优胜劣汰的机制，从而促进资源的公平配置。打破编制体制，实现能力取向，成为农民工获得公平机会的关键。而我国农民工虽然在初次就业中多数人实现了向上流动，但再次就业中多数人仍是横向水平流动，甚至返回农村务农，并没有形成正常社会流动的基本态势。

政府作为监督部门认真履行监督职能，加强对农民工的劳动关系的管理也至关重要，应将农民工的劳动关系纳入正式的法制化管理之中。"无论是正规就业还是非正规就业，其本质特征是相同的，即劳动就业的主体是具有劳动权利能力和劳动行为能力的我国公民；劳动的客观内容是创造物质财富或精神财富或服务于社会；劳动的社会效果是可以获得劳动报酬或者经营收入……因此，非正规就业人员同样应得到法律的保护。"[2] 非正规就业与正规就业同样都是建立一种就业的社会关系，劳动关系也都是相同的。我国《宪法》也规定，公民有劳动的权利和义务，每个公民的劳动就业权都应得到法律的平等保护。劳动权利应是一样的，无论是在正规部门还是非正规部门，其劳动关系应受到法律平等保护。"无论从业人员工作单位的所有制形式、用工形式如何，无论就业于国民经济的何种部门和行业，无论从业人员是固定职工还是非固定职工，只要是从事符合国家法律规定的社会劳动，都应得到就业的承认和受到就

---

① 潘泽泉：《国家调整农民工社会政策研究》，中国人民大学出版社，2013，第 185 页。
② 石美遐：《非正规就业劳动关系研究——从国际视野探讨中国模式和政策选择》，中国劳动社会保障出版社，2007，第 115 页。

业的保护。"①《劳动法》第三条也规定，"劳动者享有平等就业和选择职业的权利、取得劳动报酬的权利、休息休假的权利、获得劳动安全卫生的权利、接受职业技能培训的权利、享受社会保险和福利的权利、提请劳动争议处理的权利以及法律规定的其他劳动权利。"而事实上，我国的《劳动法》所保护的劳动者更多的是指有正式岗位、签订劳动合同的劳动者，而对于农民工，由于受到季节性和流动性的影响，他们很少签订合同，因此，往往得不到平等的对待。这要求政府应该尽快出台非正规就业劳动法，将政府管理和社会保护扩展到非正规部门，监督管理非正规部门的行为，改善农民工的工作条件和恶劣的剥削行为，保护好农民工的就业权、休息权、劳动报酬权和社会保障权。

而从农民工来看，有劳动能力的农民工有劳动并按照劳动的数量和质量取得报酬的权利。《世界人权宣言》第二十三条第一款强调，人人有权工作、自由选择职业、享受公正和合适的工作条件并享受免于失业的保障。由于农民工的劳动特征，如流动性强等因素，农民工在工作中也缺乏依赖感，他们在不同单位流动，这些农民工对雇主缺乏长期的信任，雇主也对雇员缺少培训的动力和提高其工资的积极性。农民工在不同单位流动，因此也不能积累经验，缺乏在单位内部实现技能的提高和晋升的可能。"许多欧盟国家提倡工人工作的安全性。这种安全性体现在无固定期限的劳动合同、解雇的公平理由、解雇需提前通知和解雇费等方面。"② 这种通过签订合同，特别是签订有固定期限的劳动合同，以对雇主设置限制，能够达到稳定工作的目的。

我国虽然也明确了这种约束，但出于执行和监督的原因，这些约束并没有起到很好的保护农民工的效果。我国的劳动关系调整以是否存在劳动关系为标准，国家的劳动法主要是用于保护正规雇佣关系的雇员，

---

① 石美遐：《非正规就业劳动关系研究——从国际视野探讨中国模式和政策选择》，中国劳动社会保障出版社，2007，第116页。

② 石美遐：《非正规就业劳动关系研究——从国际视野探讨中国模式和政策选择》，中国劳动社会保障出版社，2007，第121页。

而不是从业人员。新的《劳动合同法》在确定劳动关系时，把临时雇佣关系发生的劳动纠纷也纳入规范的范围，体现了公平原则，有利于保护农民工的合法权益，改变判断劳动关系的标准，即以劳动力与生产资料是否分离、劳动者是否与用人单位之间存在隶属关系作为判断劳动法调整对象的标准。[①] 但这样的规范在落实下来时，往往受到企业主、迁入地政府等方面的影响。

三 加强农民工权益保护的体制机制创新，使农民工的合法权益获得平等保护

目前，农民工在与企业主谈判时地位很低，企业主往往以产品不合格或不守时等理由少付工资或扣罚工资，以迫使农民工在恶劣的条件下工作。特别是在小型私企中，工资的克扣理由五花八门，农民工被任意克扣工资的现象严重。缺少制度化的解决机制，即便有一定的规范，但耗时耗财，不适用于农民工，因此出现权益被侵犯时，农民工要么寄托于上访，要么通过老乡来解决，有的甚至走向极端道路。他们在遭遇到克扣工资的时候，甚至以生命讨要被拖欠的血汗钱。

由于农民工的文化水平低、技能少，长期在收入低和环境差的工作岗位从事脏累的体力活，其上升的机会被冻结在辅助部门。这样的状况如果长期下去，会导致农民工的心理问题，他们看不到希望，容易自卑，自暴自弃。有些农民工受到不公平的待遇，往往选择忍气吞声或者"用脚投票"。这些人员工作流动性强，因此他们也没有话语权，不会形成组织对抗雇主，他们的权益被侵犯，往往一走了之，最后结果是继续受到不公平的对待，横向流动越快，权益被侵害越多，埋怨心理越强，最终诉求于血缘关系的团体，采取报复手段，伸张所谓的"正义"。有些农民工由于缺乏提高技能的机会，加上职业转变成本与空间转换的成本较高，

---

① 石美遐:《非正规就业劳动关系研究——从国际视野探讨中国模式和政策选择》，中国劳动社会保障出版社，2007，第125页。

224

他们只能长期蜷缩在低收入领域。[①] 农民工消极地对待一切,形成逆来顺受的心理,维权意识很弱。在劳资双方谈判中,由于农民工来自各地,他们很难形成一定的力量同资方谈判,谈判时地位很低,为了克服这种弱势,一些企业往往形成以"老乡会"为组织的团体,在一定程度上通过非法途径对抗企业主,因此,需要对农民工进行组织管理。创新农民工问题解决的体制机制,在农民工群体中,要积极培育和发展农民工自治组织,一方面加强农民工自身的教育与相应的权益保护法律知识普及,解决一些内部纠纷,为他们合法诉求提供平台。另一方面鼓励农民工参加工会组织,通过工会组织表达自己的诉求,加强沟通,从而有利于解决农民工问题。国家通过立法和制定规则来保护农民工加入工会组织,维护其合理权益。

改革开放以来,我国实行公有制为主体,多种所有制并存的基本经济制度,多种所有制发展很快。农民工在私人企业中没有参加工会等组织,因此没有发言权,缺乏对话平台。劳动力市场规则制度只是针对正式部门,而对于流动的农民工则很少保护。如何提高农民工的谈判地位,使农民工能够有相应的权利发出自己的声音值得思考。在我国,实行公有制为主体的经济制度,为机会公平创造了一个平等的平台,但具体落实还要结合一定的现实。鼓励农民工加入工会,赋予农民工一定的谈判地位,对于农民工问题的解决具有很好的效果。对于非正式就业农民工的工作条件改善、相关权益保障,也能起到很好的保护作用。

当前,我国在农民工问题的体制机制设置上,主要由人力资源部门负责,具体负责农民工的信息管理、日常事务处理等。解决农民工问题仍然以联席会议的形式为主,即出现农民工维权、上访等事件时,往往以某一部门牵头,召开相关部门参加的联席会议,处理农民工问题。事实上,这种短期的体制机制设置不利于农民工的长远利益,不利于新型城镇化建设和农民工的城市融合。随着越来越多的农民工迁移到城市,

---

[①] 石美遐:《非正规就业劳动关系研究——从国际视野探讨中国模式和政策选择》,中国劳动社会保障出版社,2007,第89~90页。

这部分农民工已经是城市的事实居民。这部分居民对未来的城市生活信心不足，他们担心失业，忧心子女教育，渴望技术提升，因此，迁入地政府应该更加重视对农民工合理需求的满足。在教育方面，整合本地教育资源，为农民工随迁子女的入学提供平等的机会。在就业方面，给予农民工失业期间与市民同等的失业保障，把他们纳入统一的失业保险体系。在住房方面，将农民工纳入政府保障性住房体系中，给予他们同样的机会。当前，要改善中央与地方政府的关系，加强中央政府责任，实行更高层次的农民工问题统筹、规划和管理。在中央与地方政府之间、迁入地政府与迁出地政府之间的财权事权不对称的情况下，中央政府和迁入地政府应考虑承担更多的责任。在考核地方经济发展的过程中，将农民工的权益保障、农民工的迁移问题纳入考量。在涉及农民工的社会保险、医疗保险等转移接续时，为农民工提供便利。"毋庸置疑，在我国当前分权化的行政体制下，中央—地方权利与责任的合理分配与国家执行政策的能力紧密相关。只有这一关系理顺了，才可能为农民工劳动权益保护、社会保险参保、子女教育等问题的解决提供良好的基础。"[1]

第三节　坚持平等国民身份，做好以社会保险　　为主的农民工社会保障制度建设

农民工流动性强，收入不稳定，获得福利的机会少，他们不但没有法定假期和病假工资，工作时间还常常不确定，这些就业特征使得他们很难享受到社会保障、年终奖等福利。

社会保障的理论在 20 世纪 80 年代末才从西方传入中国[2]，并在 90 年代逐渐进入政策实践领域。社会保障作为一种再分配方式，对于保护

---

[1]　李莹：《中国农民工政策变迁》，社会科学文献出版社，2013，第 189 页。
[2]　周建明主编《社会政策：欧洲的启示与对中国的挑战》，上海社会科学院出版社，2005，第 174 页。

农民工的生存机会起到了至关重要的作用，因为只有基本生存权利得到保障，才有机会的公平可言，只有掌握基本就业技能才能有发展的机会。但从改革开放到 20 世纪 90 年代末，农村户籍人口基本不能享受到社会保障。中华人民共和国成立到改革开放之前，农民也曾经享有一定的农村社会保障，如基本的义务教育和医疗服务等。国家制定的《农村人民公社工作条例（草案）》规定生产队每年可以从集体分配的总收入中扣留 2% 或 3% 的公益金作为社会保障和发展集体福利事业的经费，在农村建立了较为普遍的以生产大队为单位的医务所（室）、敬老院或福利院、村小学等。但改革开放后，人民公社解体，原有的集体保障消亡，家庭一度成为社会保障的主体，肩负着家庭保障功能。家庭防范风险的能力非常弱，无法承担诸如医疗疾病等风险，因而曾经一度出现因病返贫、因病致贫现象。因此，当农民工在城镇遭遇失业、工伤、年老和疾病时，如果政府不能给予一定的社会保障，采取一定的政策，他们很容易陷入生活困境。而国家和社会只承担城市人口的社会保障责任。① 因此，加大对农民工的社会保障投入将有利于他们机会公平的实现。

一　结合农民工流动的特点，建立公平灵活的社会保障制度

工业化给整个社会带来了巨大的变化，大工业的发展也给农民工带来了巨大的风险。但国家在职工和农民之间采取不同的社会保障制度，且城镇和农村这两个保障系统之间相互不流通。城乡二元分割的制度导致城乡不同的保障制度安排，这些制度的存在导致今天农民工仍旧处于不公平状态。城镇社会保障项目相对齐全，而农村社会保障项目却十分缺乏。城市社会保障体系对保障对象的身份限定准入、保障水平、经费运行都有一系列的规范限定。农民工一直享受不到城市市民平等的社会保障待遇，直到 2000 年以后，关于农民工的社会保障问题才开始被国家

---

① 石宏伟：《中国城乡二元化社会保障制度的改革和创新》，中国社会科学出版社，2008，第 142 页。

重视起来。

（一）实行统一的工伤保险制度

对农民工的社会保障的关注，首先从关注农民工在煤矿、建筑等企业中的安全开始。经济发展带动了煤矿等资源的开采规模扩大、建筑业的迅速发展，但由于企业主安全措施和个人的安全意识不到位，"矿难事件""垮塌事件"也越来越多，一段时期曾居高不下。农民工在这样风险较高的行业与岗位就业，迫切需要做好工伤保险。针对这些危险度较高的行业，国家也开始出台一些文件，对农民工的工伤保险进行规范。工伤保险是劳动者在工作中或规定的特殊情况下，意外伤害或患职业病等导致的丧失劳动能力甚至死亡而获得一定物质帮助的社会保险制度，这一保险将为农民工编织一张保护网。

工伤保险经历了由国有企业职工为主逐步扩大到城镇各类企业、事业单位和有雇工的个体企业的过程。我国 1951 年 2 月 26 日就颁布了《劳动保险条例》，但主要保障对象为大中型国营企业和公私合营、私营企业等。2004 年 1 月，国家颁布《工伤保险条例》，工伤保险覆盖面迅速扩大，现在风险较高的行业和领域几乎做到全覆盖。2006 年，国务院 5 号文件再次强调农民工应获得社会保障保护，并要求 2008 年底，将危险行业如采矿和建筑业等的大部分农民工纳入工伤保险范围，将所有签订劳动合同的农民工纳入医疗保险范围。[①] 工伤保险和医疗保险获得最先的推行，建筑行业将从事高风险岗位的一线工人纳入了意外保险范围内。[②]

但农民工所从事的建筑行业往往以项目为单位，农民工流动性强，因此工伤保险落实起来较难。再加上在工伤保险方面，农民工个人不用负担缴费，而企业主往往选择逃避或采取少缴纳方式，因此，工伤保险并没有真正实现全覆盖。2006 年以来，全国组织实施了旨在促进农民工参加工伤保险的"平安计划"，重点是做好煤矿企业和大部分建筑企业的农民工工伤保险。2009 年组织开展"平安计划"二期工作，将工伤保险

---

① 参见劳动和社会保障部 2006 年 19 号文件、劳动和社会保障部办公厅 2006 年 11 号文件。
② 转引自李莹《中国农民工政策变迁》，社会科学文献出版社，2013，第 63 页。

覆盖到新开工建设项目，并推广到饮食、商贸、住宿等服务业企业中。目前，已经有超过半数的服务业行业农民工参加了工伤保险。2014 年 12 月，人力资源和社会保障部印发《关于进一步做好建筑业工伤保险工作的意见》，规定针对建筑行业的项目特点，采取按项目方式要求农民工参加工伤保险。

（二）建立城乡统一的医疗保险制度

医疗保险也是国家急需解决的民生问题。改革开放之前，我国农村也实行了农村合作医疗制度，但随着"人民公社"的解体，以农业合作社为依托的农村合作医疗制度失去了集体经济的支持。1993 年，《中共中央关于建立社会主义市场经济体制若干问题的决定》重新肯定了农村合作医疗制度，1997 年，《中共中央、国务院关于卫生改革与发展的决定》颁布，再一次充分肯定了合作医疗的作用，恢复和重建农村合作医疗的工作在全国范围展开。但是，由于农民收入增长缓慢，为了减轻负担，国务院要求合作医疗不得强制推行。国家对合作医疗并没有投入，地方政府支持有限，加上农民本身的热情不高，因此这项工作一度被悬置。但面对后来不断上涨的医疗费用，看不起病、吃不起药的问题日益凸显。2002 年 10 月 19 日，中共中央、国务院作出了《进一步加强农村卫生工作的决定》，提出建立和完善农村合作医疗制度。2003 年 1 月 16 日，国务院办公厅下发了《关于建立新型农村合作医疗制度的意见》，要求从 2003 年起各省都要开展试点。《关于建立新型农村合作医疗制度的意见》对新型农村合作医疗的筹资标准、资金管理等进行了规定。要求实行个人缴费、集体扶持和政府资助相结合的方式筹资。其中个人缴费每人每年不低于 10 元，集体出资部分不能向农民摊派。中央财政每年通过转移支付的方式按照人均 10 元进行补助。对于新型合作医疗的管理，采取以县为单位进行统筹管理。

农民工按户籍被纳入农村新型合作医疗体系中管理，而由于农民工在城镇就业，一般在城镇就医，除了重大疾病外，一般小的疾病都很少回家乡医疗，因此，农村合作医疗对他们的保障作用有限。同时，新型合作医疗与城镇职工医疗是不同的待遇，报销比例也存在较大的差别，因此，虽然农民工能缓解一定程度的"看病难""看病贵"的窘境，但相对于城镇居民而言，救济的作用十分有限。2009年以来，参加城镇职工基本医疗保险、城镇居民基本医疗保险和新型农村合作医疗保险的人数不断增加。2011年，城镇职工和居民基本医疗保险参加人数达到47292万人，比2008年增加49%；新农合参保率从2008年的91.5%提高到2011年的97.5%；2011年，医疗保险覆盖人口超过13亿人。令人欣慰的是，目前，我国正在把新型合作医疗和城镇居民医疗进行统一，到2016年7月为止，已经有17个省统一了居民医疗保险[①]，这说明我国在医疗保险方面逐渐迈向了与市民机会平等的时期。

（三）探索适合于农民工特点的养老制度

随着老一代农民工的年龄越来越大，他们的养老问题引起了广泛关注。1997年7月，国务院发布了《关于建立统一的企业职工基本养老保险制度的决定》，以此为标志，全国统一的社会统筹与个人账户相结合的职工基本养老保险制度正式确立。劳动保障部认为，探索建立农保制度是适应我国国情和农村实际的现实选择，也是建立社会主义市场经济的客观要求。[②]

我国的基本养老保险最初覆盖国有企业和城镇集体企业及其职工，1999年后扩大到外商投资企业、城镇私营企业和其他城镇企业及其职工。2002年，我国把基本养老保险覆盖范围进一步扩大到城镇灵活就业人员，覆盖到城镇个体户与自由职业者，他们可以自主参加。

鉴于我国长期存在的城乡二元社会保障结构，至今农民工无法享受与城镇职工基本养老金同等待遇，得不到同城镇职工同等的保障。农民工基本上还是愿意做一天工拿一天的钱，做一个月工拿一个月的钱，而养老问题一直没有被统筹考虑。国家也没有明确规定农民工是否纳入城

[①] 中华人民共和国人力资源和社会保障部网站，http://www.mohrss.gov.cn/，最后访问日期：2018年3月26日。
[②] 转引自《关于印发2002年农村养老保险工作安排的通知》（劳社厅函〔2002〕42号）。

镇职工的基本养老保险。对于农村养老，1991 年，民政部负责开展全国县级农村社会养老保险试点，2003 年底，全国有 1870 个县（市、区）不同程度地开展了农村社会养老保险工作。主要是在有条件的农村，以农民自愿的方式，个人缴纳为主，集体补助为辅，国家给予政策扶持。但 10 多年来，农村社会养老制度运行效果并不理想①，主要原因是资金来源不足，包富不包贫、统筹层次低等。当然，如何结合农民工的灵活就业特征进行农民工的养老保险建设，目前正在探索之中。

（四）建立统一的失业保险制度

随着经济结构的调整和经济转型升级，我国农民工的失业问题也有所增加。农民工的失业保险制度建立进展缓慢，主要是人们一直认为，农民工一旦失业还可以回家种田，也就是说，他们还有一个可以为他们提供生存保障的土地资源。

1986 年 8 月 3 日，沈阳防爆器材厂在连续 10 年负债超过全部财产的 2/3 后宣告破产，被吊销营业执照，第一家破产企业出现，这在当时引起极大轰动。② 因为在当时人们的思想中，社会主义是没有失业的，因此更不可能有失业保险。对于这些职工，如何安排其生活值得考虑。1993 年 4 月，国务院发布了《国有企业职工待业保险规定》，规定保险使用范围仅限于国有企业及职工。1999 年 1 月 22 日，《失业保险条例》正式颁布，这是一个与劳动力资源合理配置相适应的失业保险法规。《失业保险条例》将失业保险范围扩大到城镇各类企业、事业单位，包括外资企业、城镇私营企业、城镇其他企业、非企业化管理的事业单位等。失业保险范围的扩大使得全体劳动者均能享受到平等的参加失业保险的权利，使其在失业期间能够得到基本的生活保障和再就业服务。同时，也为用人单位创造了一个良好的外部环境，有利于统一劳动力市场。③ 与此同时，

---

① 周建明主编《社会政策：欧洲的启示与对中国的挑战》，上海社会科学院出版社，2005，第 195 页。
② 彭森、陈立等：《中国经济体制改革重大事件》（下），2008，第 458 页。
③ 彭森、陈立等：《中国经济体制改革重大事件》（下），2008，第 642 页。

国务院还于 1999 年 1 月颁布了《社会保险费征缴暂行条例》，以法律的形式保证失业保险基金的安全。

由于农民工的流动性和农民工所在的小型企业或个体企业的有意规避，对于农民工的失业保险几乎很少涉及，农民工一旦失业，也很少有人领取失业补偿，其往往都选择回乡种田，农田收入充当了他们的失业补偿。农村成为他们的保护地，家庭成为他们失业的避难所。当农民工逐渐成为城市里的常住人口而不再流动时，统一失业保险将成为必要。

（五）积极解决农民工在城镇最低生活保障问题

如果说社会保险是有差别地推进，那么最低生活保障应向农民工平等推进。最低生活保障制度是为农民工在城市一时失业而采取的临时保护措施，它对农民工的生存保障具有重要作用。

社会保障制度的功能就是保障公民免除市场经济和工业化过程中的各种社会风险，如失业，疾病、工伤等。由于市场竞争日益激烈，市场风险以及各种不确定性增加，全球化背景下各种生产要素流动性加快，加上工业化进程中机械化、自动化和信息化技术发展对劳动力提出了更高的标准和要求，因此，农民工面临更多的风险，如失业、工伤、疾病等。最低生活保障确保他们拥有基本的生存权利，给他们提供了重新参与市场竞争的公平机会。随着农民工在城市安居下来，更多的农民工将成为城市人，而陷入困境的人数也会日益增多。建立全民性和强制性的社会保障体系，为解决社会不平等和不稳定提供了制度上的保障。由于财力限制，国家有条件实行最低社会保障，到条件成熟时才能实现城乡一体化的社会保障制度。

二　明确责任，加强政府、企业和个人共同分担的社会保险制度改革

综上所述，农民工的社会保障由于农民工的特点，而难以做到统一。同时，鉴于我国的社会财富并不丰富，也不可能全部由国家包揽下来。

借鉴西方特别是欧洲的社会福利经验，防止西欧社会存在的社会"福利病"，我国对农民工的社会保险制度从一开始就实行三方共担责任，这是合理的。

在我国，无论是职工养老、医疗保险还是失业保险，采取三方或双方付费方式可以克服"吃大锅饭"的问题。在养老制度的改革方面，国务院 1991 年 6 月发布了《关于企业职工养老保险制度改革的决定》，改变了养老金保险完全由国家、企业承担的规定，实现国家、企业和个人三方共同承担，提出建立多层次的养老保险制度。在医疗保险制度方面，也采取了国家、企业和个人三方分担的方式。国务院于 1998 年 12 月颁布的《关于建立城镇职工基本医疗保险制度的决定》标志着我国职工医疗保障制度改革进入了一个新阶段，这是把"大包大揽"的无限责任转变为"有限责任"的模式。在工伤保险方面，1999 年颁布的《失业保险条例》对保险费的筹资有了规定，即实现单位和个人的保险费的分担机制，职工个人由原来的不缴费转变为按本人工资的 1% 缴纳。上述社会保险制度基本上改变了原来由国家包揽下来的方式，有利于节约成本、激发积极性，防止"养懒汉"现象。而作为这些制度的延伸和扩展到农民工身上，也同样有利于激发农民工的积极性、提升其责任感，有利于社会公平正义。

但是也出现了一些新的问题。这些制度的最初设计不是针对农民工，而是针对具有相对稳定工作的职工，有正式劳动关系的固定人员，而对于流动性强的农民工，则显得不太适应。如接续不顺、农民工不愿参加养老保险等，这些都是农民工社会保障制度中要解决的问题，否则会影响农民工的参与积极性。

从根本上解决农民工问题是一项庞大的系统工程，需要大量财力资金支持，这不仅涉及国家的长远利益与近期利益的安排，还涉及亿万农民工、用工单位与迁入地政府有关部门和城市居民等多方面的利益协调，难度较大。学者根据国情，提出了三条道路解决农民工的社会保障问题。第一条道路：将已在城镇就业的农民工直接纳入城镇社会养老保险制度的范围内，当然，考虑到中国的发展阶段和水平，实行统一的制度尚且过早，但必须要朝一体化和机会公平迈进，使农民工、市民得到一致对待，使城乡协调发展。第二条道路：将农民工纳入完善后的农村社会保障体系，这是目前正采取的政策。第三条道路：将农民工单列出来建立一种独立的社会保障体系。根据目前的国情，应该坚持按"广覆盖、低水平"的原则，坚持"托底、共济、分担、责任"为农民工建立专门的社会养老保险制度。

西方主要资本主义国家一般采取全体社会成员一致对待的福利形式，有利于社会稳定。当前，西方社会的社会保障出现了费用居高不下、国家财政负荷过重等问题。他们也曾推行高福利政策导致"养懒汉"现象而被学者所非议。在 20 世纪末，西方国家也对福利制度进行了一些改革，主要是改变原来由国家负担的社会保障为三方分担责任的社会保险制度，加大了对失业的控制，一定程度上克服了"养懒汉"问题。我国应该坚持在责任分担的情况下，逐渐实现城乡一体化的养老制度。

三　借鉴国外先进经验，完善农民工机会公平的制度规范

在西方发达国家，虽然没有农民工这一群体，但他们有流动劳动力，有流动人口，因此也涉及如何管理规范这些流动劳动力、流动人口的利益或权益问题。虽然国情不同、政治体制不同，但在经济发展过程中也存在一定的共性，这种共性为我们借鉴西方经验提供了可能性。

在西方，无论在就业制度还是在社会保障制度方面，都以市场规律为主导，坚持"国民一致对待"原则。在市场制度建设方面，加强对产权制度、生产要素制度的规范，积极培育资本市场、劳动力市场，改善投资环境，实现劳动力与生产资料的自由结合。打破一切阻碍市场公平流通的体制机制，使个人不管其出身多低，社会地位多差，只要勤奋努力，吃苦肯干，都有上升的可能。在社会保障方面，无论是社会保险、社会保障方面还是公共服务方面，坚持"国民一致对待"原则，实现基

本公共服务全覆盖，努力营造公平公正的社会环境。

针对全球化带来的竞争压力，一些国家更加重视智能制造业和传统工业优化，重视人力资本的提升。从就业制度来关注个人发展能力，关注个人能力的提升，从而减少就业的不公平和歧视来推动就业机会的公平，并据此建立相应的制度，实现群体之间的公平。因此，人力资源投资的制度成为这些国家的重点，如支持教育（包括家庭教育、再就业培训教育），投资就业和创业计划等，这有利于消除经济参与的障碍，减少不公平问题的发生。这种关注人力资源的积累和以促进就业为导向的制度，关注劳动力人群能否顺利进入劳动力第一部门，还有利于增强国家竞争力。

一些国家更加关注就业的灵活性和保障的稳定性。欧洲国家在控制失业、有效促进就业方面也有其值得借鉴的地方。如在创造就业机会方面，政府为受劳动力市场排挤的群体提供帮助；政府加大投资，扶持中小企业发展；打破垄断，扶持失业者创办微小企业，支持自主创业；支持多种就业方式，扩大就业机会；鼓励中小企业采取灵活就业、非全日制就业形式，帮助临时就业、派遣就业；等等。但无论何种就业，都实现同工同酬，只要岗位相同，工时相同，获得的收入也就相同。享受同等的假期和社会保障，拥有同样的试用期。实行灵活的就业方式，扩大了就业空间，提供了机会，使得失业者能够实现自身价值。为促进自行就业方式的发展，欧盟各国政府还提供财政补贴和贷款，协助自行就业者得到原材料、工作场地等，提供信息和技能培训。为了推动非全日制就业形式的发展，1998 年，德国政府还出台了一些激励措施，如规定 55 岁以上劳动者在他们领取养老金之前转为非全日制就业岗位，并将其原来的工作岗位转给其他求职者，联邦政府将支付给当事人原工资的 20% 作为补助。[①] 政府在提高就业率、组织劳资对话、改善工作条件、保护工人的健康和安全等方面起到积极的作用。

---

① 周建明主编《社会政策：欧洲的启示与对中国的挑战》，上海社会科学院出版社，2005，第44 页。

总之，无论是社会保障还是就业支持政策，都具有其相应的功能。两者的结合可以发挥整体效应，为解决流动人口的机会不公平问题提供一种更具整合性的思路。流动人口也有自己的长处和才能、能力，可以调动起来积极参与发展的过程。经济全球化时代是一个能力发挥的时代，给他们以适当的舞台可以减少社会排斥，增加社会财富对消除贫困、保障人权都有好处，当然，这要在他们的生存权利得到保障的基础上才有可能。因此，关注流动人口的社会保障同关注他们的就业机会结合在一起，创造条件使他们能够在城镇立足、发展，从而实现同舟共济、共同发展。

目前，借鉴西方经验，首先要对一些制度进行梳理与规范，涉及我国农民工制度规范的问题有两方面。一方面，一些原有制度已不能适应形势发展的要求，如户籍制度、岗位编制制度等。另一方面，一些农民工共享社会发展成果的制度还有待完善，如农民工的住房公积金制度、农民工的最低生活保障制度等。为此，我们要进行制度改革和制度创新。一方面，加强市场流通和管理机制建设，为人们自由迁徙、安居乐业创造公平的制度环境，激发和调动农民工的积极性，使他们能有机会上升，有机会获得更多利益。当前，我国的市场经济发育仍不完善，我国还没有真正形成劳动契约关系，多数农民工对合同订立认识不足，合同意识淡薄。相关政府部门监管不力，导致劳动合同签约率低，履约效率低下，劳动争议纠纷不断，农民工的合法权益得不到有效保护。另一方面，要改变不合理的制度规范，做好农民工社会保障等制度设计，实现好、维护好、发展好农民工的利益，反对利益固化。加快推进户籍制度、社会管理体制和相关制度改革，有序推进农民工市民化，逐步实现城镇基本公共服务覆盖常住人口。"党的十八大明确提出，公平正义是中国特色社会主义的内在要求；要在全体人民共同奋斗、经济社会发展的基础上，加紧建设对保障社会公平正义具有重大作用的制度，逐步建立以权利公平、机会公平、规则公平为主要内容的社会公平保障体系，努力营造公平的社会环境，保证人民平等参与、平等发展权利"。① 要进行制度创新，对以前没有涉及的、对农民工机会公平影响深远的领域进行规范创新。如对于农民工土地流转以及宅基地问题、土地换社保工作等，都需要进行制度规范。一些地方探索出"农民变股民"的经验值得借鉴。要在尊重农民工的选择自由的基础上，不断增加农民工的财产性收入。当前，要积极推进农民工制度供给侧改革，制定有利于推进农民工机会公平的制度。

就我国政府而言，农民工的职业培训还需要大力加强。农民工的机会公平制度建设还需要依靠政府发挥更大的作用。十八届五中全会明确提出"实施新生代农民工职业技能提升计划"，而农民工特别是新生代农民工职业技能培训的意愿很高。作为制造业强国战略和脱贫攻坚规划的一部分，对农民工特别是新生代农民工进行有效的技能培训是十分必要的，纵观我国的农民工政策，20 世纪 80～90 年代，党和政府在促进农民向城市流动的制度设计和安排方面往往是被动的、滞后的。1981 年中共中央、国务院发布《关于广开门路，搞活经济，解决城镇就业问题的若干决定》，直到 1984 年政策才允许农民进城。1992 年以后，大量的农民工开始跨省区进入经济特区和沿海开放城市，但国家劳动部直到 1994 年才颁布《农村劳动力跨省流动就业管理暂行规定》，中共中央办公厅1995 年才发布《关于加强流动人口管理工作的意见》。2003 年以后，国家重视社会建设，强调和谐的劳动关系，出台了一系列服务农民工的制度政策。政府的态度也由被动变为积极主动。党和政府针对农民工的就业岗位、权益保护、公共服务、社会保障等方面也出台了较多的制度和政策规范，农民工也获得了较多的实惠，受到了较为公平的对待。但相对来说，国家应把农民工政策与国家发展战略、国家脱贫工作对接起来，与未来社会发展和城乡一体化规范衔接起来，做好农民工的能力建设，保障他们的基本权利，逐渐缩小其与市民的差距，从而为实现公平正义

---

① 《习近平谈治国理政》，外文出版社，2014，第95～96页。

的社会奠定制度基础。

第四节　做好新型城镇化顶层制度设计，促使社会发展成果惠及农民工群体

有人把农民工称为"流动人口"，因为他们是临时性到城镇务工，不改变其户口性质。随着户籍制度的改革，一部分农民工（特别是新生代农民工）在城镇购房定居，永久性地落户在城镇，这部分农民工也被称为"迁移人口"。虽然近年来返乡农民工的人数呈现上升趋势，但相对来说，留在城镇的"迁移人口"仍然高于"流动人口"。按照马克思的思想，城乡融合是历史发展的必然趋势，城乡对立不利于人的全面发展。马克思认为："城乡之间的对立是个人屈从于分工、屈从于他被迫从事的某种活动的最鲜明的反映，这种屈从把一部分人变为受局限的城市动物，把另一部分人变为受局限的乡村动物，并且每天都重新产生二者利益之间的对立。"①

城乡对立导致市民与农民工机会的不平等，但是要消灭城乡对立，实现市民与农民工机会的公平，首先要解决农民工市民化问题，实现城镇化。② 马克思指出，城市的繁荣把农业从中世纪的简陋状态下解脱出来，有相当大一部分参与农业的生产者不直接参与农业，而是摆脱了农村生活的愚昧，属于工业人口。党中央提出了新型城镇化的发展战略，要求做好顶层设计，缩小城乡差距，为农民工共享社会发展成果创造条件。根据我国的《城市规划基本术语标准》中对城镇化概念的界定，城镇化有不同的层次。第一个层次为城市化的各个方面快速发展，如工业

---

① 《马克思恩格斯选集》第 1 卷，人民出版社，1995，第 104 页。

② "城镇化"一词真正在我国获得权威认可是在党的十五届五中全会上，十六届四中全会提出"工业反哺农业、城市支持农村，实现工业与农业、城市与农村协调发展"的战略举措，一改以往"就农业而谈农业"的解决思路，党的十八大提出"城乡发展一体化是解决'三农'问题的根本途径"，农民工问题的解决被提到了一个新的层次。

城市化、生活水平城市化、医疗卫生城市化等。第二个层次为城乡一体化，也即新型城镇化。在各个领域中（如社会保障、医疗卫生和教育等）城市居民和农民同等对待。第三个层次为城乡之间的融合。在此不单单是让农民入城合法化，一方面要促进城市和乡村的同步协调发展，产业融合，另一方面，城乡之间的文化融合、生活习惯、生活方式的融合没有排斥和歧视。

当前，我们要实现农民工的机会公平，就是要加强新型城镇化建设，实现农民工市民化。农民工市民化有利于克服地区差距而最终实现消除地域的限制，促进城市规划和社区建设，使农民工合理需求纳入规划之中；有利于统一市场制度建设，加强市场管理，实现农民工就业机会的公平；有利于基础设施的建设和公共服务的分配，促进农民工对公共服务的分享，实现国家一致公平的对待；有利于发挥中央调控能力，加强政府管理，监督企业主的生产行为，更有利于对农民工权益的保护。总之，新型城镇化是一种新型发展之路，推动新型城镇化建设不仅能促进城市本身的发展，还能带动农村的进步，促进农业的发展，促进农民自身素质的提高，带动整个社会的进步与文明的提升。新型城镇化有利于农民工在城市享有公平的机会，有利于农民工分享到社会发展成果。"发展依靠人民，发展成果由人民共享"是新型城镇化的基本理念。十八大以来，习近平提出要实现"中国梦"，让人人得享共同发展，共享人生出彩的机会，这里也包括让农民工有出彩的机会。

因此，实现城乡融合必须要改革户籍制度，实现居民证，这将为农民工获得同等待遇奠定制度基础。2015 年 10 月 21 日国务院第 109 次常务会议通过《居住证暂行条例》，是具有里程碑意义的大事。条例规定，持居住证的人可以享有包括义务教育、基本公共就业服务、基本公共卫生服务和计划生育服务、公共文化体育服务、法律援助和其他法律服务、国家规定的其他基本公共服务，以及在居住地可享受申请授予职业资格、办理生育服务登记等多项便利。户籍制度改革排除了针对农民工的就业歧视，保护了农民工在城市的公平就业机会，还满足了农民工在城市的社会保障机会和农民工在城市的分享机会，不断满足农民工的合理需求，让农民工在新型城镇化过程中享有各种平等的出彩机会。当然，我们也要辩证地看待户籍制度改革。户籍制度改革不仅仅是一个农民户口名称的改变，而是背后更多的福利、机会的获得，是如何让农民工在城镇化建设中分享到改革发展成果的过程，而这需要各级政府在城镇化过程中持续发力，而不仅仅是放开户籍制度而已。

一　从战略上认识农民工，将农民工机会公平问题作为长期性、战略性问题来对待

农民工问题不是暂时性问题，据推测，在将来，农民工进城数量仍然会保持上升趋势，这与我国经济发展过程相吻合，也与世界城市化发展趋势相一致。相对于世界发达国家的城镇化率而言，我国的城镇化率仍然低于世界许多国家，而且，新生代农民工对城市有着更多的价值认同和生活方式认同，在户籍制度改革后，他们更愿意留在城市发展。这些农民工进城不仅仅关注就业与收入，还重视社会权利的公平分享与权益的保护。因此，这一趋势要求各级政府特别是迁入地政府做好管理与服务工作，制定相关的制度政策，创造更公平的环境，为农民工提供更多的就业机会和其他机会。

城镇化并非人口的集中，而是机会的公平过程。机会公平也是新型城镇化的本质所在。如果离开机会的公平，新型城镇化只是个空壳而已。在关于新型城镇化的现有研究中，几乎所有的研究都反对"造城运动"，更多强调资源配置的一体化，但是资源的配置一体化并没有带来农民工的生活改善，相反还使其日益贫困，因为没有竞争力的农民工即便在城市安了家，也会马上面临失业的风险。因此要求各级政府高度重视农民工的培训工作及社会保障机会的公平。

我们也必须清醒地认识到，我国户籍制度的改革并不能带来城乡融合的结果，只能说户籍制度的改革为城乡融合创造了一个公平的条件。

朱农指出："在发达国家，城市化的初始动力在农业的进步，农业生产率的提高一方面为工业发展提供了原始积累，另一方面也提供了大量的剩余劳动力以满足工业扩张的需求。"① 一句话，城市人口的迅速增加是劳动力分工、生产专业化、新技术普遍采用的结果。而在中国，乡城人口移动没有与农业生产率的提高相联系，而是党中央为了发展工业而采取的一种政治安排，户籍制度也是党中央根据当时的世情、国情而统筹规划的结果。因此，一旦放开了市场，鉴于农村剩余劳动力大量涌入城市，城市吸纳能力有限，迁入地政府不得不对流动劳动力实行严格的限制，而其主要手段就是户籍制度。因此，户籍制度的改变并不能带来社会生产力的提高，不能带来社会财富的增加，而是为生产力的发展创造一个公平公正的制度环境。要实现城乡融合，还必须要大力发展生产力，增加社会财富，提高劳动者的就业能力，提升劳动者的综合素质等。

纵观我国农民工流动的不同阶段，发现农民工的就业能力并没有得到与经济发展的要求相匹配的增强。在改革开放之前，统购统销制度、人民公社制度和户籍制度等阻碍了农村劳动力流动，而与之相匹配的是相对落后的农业生产方式，农民并没有很大的竞争压力。1984 年开始，国家允许农村剩余劳动力进城经商务工，1989～1991 年，农民工进城受到了限制，一度出现回流。1992～2000 年农民工流动得到了规范，而这三个时期，由于我国实行外向型经济，我国成了世界的制造业中心，以加工制造业为主，就业机会相对较多，适合农民工的就业岗位也较多，农民工能较为顺利地找到适合于他们的工作。21 世纪以来，随着市场经济的进一步发展，失业问题也越来越严重。特别是 2008 年金融危机以来，智能制造、信息工业等越来越普及，机器人代替工人，技能型工人成为企业的需求人才，而对于知识不足的农民工，就业形势越来越严峻，就业岗位越来越少。户籍制度的限制越来越淡化，而市场性因素逐渐增加，但随着市场竞争因素作用的增强，农民工的就业能力必须要加强。

---

① 朱农：《中国劳动力流动与"三农"问题》，武汉大学出版社，2005，第 149 页。

对于新兴的产业或行业，农民工更没有竞争优势。自由选择的市场机制有利于劳动力资源的最优配置，但也带来竞争压力的增大。原来凭借吃苦耐劳、勤奋肯干的农民工越来越受到排挤。如何在城镇化发展中提高农民工的竞争力，让农民工能够找到适合他们的就业岗位，成了城乡融合的关键。因此，加强培训教育，提高竞争力成为农民工在城市立足的关键。

不仅要从就业能力提升高度来分析农民工的机会获得，还要从发展成果分享角度分析农民工机会公平。新型城镇化有利于农民工机会公平的实现，是机会公平实现的良好平台。新型城镇化不是"造城运动"，不是企业向农村地区简单地转移，而是能有效地增加农民的就业机会、收入增加机会等的城镇化；不是土地占用和环境污染的城镇化，而是生态宜居、产业协调、社会和谐的城镇化。① 苏联的城镇化始终是"以城为城""以工为城"。苏联的城镇化率一度高达百分之六十五②，比现阶段中国的城镇化率还要高，但是，苏联的城镇化并没有带来真正的城乡社会发展，只是一种低水平的城镇化，是经济片面发展的"虚高"的城镇化。劳动者工作单调，农民无法真正享受到城市美好的生活，因此也根本不可能达到"安居乐业"的状态。若要达到新型城镇化，必须要实现就业机会的平等化，社会保障的一体化，公共服务的均等化，最后达到社会融合。实现城乡在机会获得、分享上的公平，农民在现代化发展过程中能够分享社会发展成果。有学者指出，许多地方政府搞的城乡一体化并不是为农民、农村和农业增加更多的机会，而是为当地的工业发展寻找更多的土地资源以及为当地的财政收入寻找更多的收入来源，而农民、农村和农业反而在这个过程中失去了更好的发展机会和空间，甚至没有了机会。③

---

① 王春光：《建构一个新的城乡一体化分析框架：机会平等视角》，《北京工业大学学报》（社会科学版）2014 年第 6 期。

② 纪晓岚：《苏联城市化历史过程分析与评价》，《东欧中亚研究》2002 年第 3 期。

③ 王春光：《建构一个新的城乡一体化分析框架：机会平等视角》，《北京工业大学学报》（社会科学版）2014 年第 6 期。

由此，必须把农民工问题作为系统性工程来对待。2006 年，国务院在《关于解决农民工问题的若干问题》中就已经提出，农民工问题事关我国经济和社会发展全局。做好农民工工作，对于推进工业化、城镇化、现代化都具有重大意义。这也就是说，解决农民工问题是事关我国现代化实现的重要环节，要求各级政府高度重视，然而，有些地方政府仍然消极对待农民工问题，认为农民工不会长久留在城市。因此，他们应付性地对待农民工问题，把农民工问题视为一个个具体的问题，如仅仅把农民工问题视为进城买房的问题。其实，农民工不仅在城镇赚钱，还考虑在城镇长期留下来，不仅夫妻双方来，还把父母、子女一同带来，因此，农民工成为城镇化的主要力量，必将影响城镇社会的各个方面，影响城镇管理、服务等。当然，在制度公平优先的情况下，应坚持适度性原则。在处理户籍制度问题时，反对一刀切，要适当推进。由于生产力不发达，社会财富不充裕，农民工问题的解决必须从现实出发，与当前我国生产力发展水平保持一致。一方面，农民工机会的获得还得依靠农业现代化提供足够的粮食，还得依靠工业化为他们提供更多的就业机会，依靠新型城镇化使他们拥有更多的公共服务。另一方面，农民工的机会获得还得依靠自身素质和能力的提高。大批农村剩余劳动力流入城市后仅仅完成了非农化的转变，没有走完农民非农化的全程而成为农民工，这是因为农民工进城，没有受到相应的职业培训，这是农民工融入城镇就业的最大障碍。农民工的素质也亟待提高。进城的农民工有许多农民身上的特点，如乱丢垃圾、言行粗鲁、自律不够、迷信思想严重等，在与市民相处的过程中，有时不尊重他人的习惯或者有不文明的举止行为，这些也都影响城乡融合进程。

二　以迁入地政府服务职能转变为切入口，　逐步实现农民工在新型城镇化发展过程中的机会公平

李克强总理明确提出新型城镇化的核心是以人为本的城镇化，实现

城镇化的"硬转身"到"软转身"。中国的城镇化过程中曾经出现过以"物"为主、"见物不见人"的造城运动，直接造成了土地城镇化远高过人口城镇化的现象，这种以"物"为主的城镇化是不可持续的。目前出现在一些地方的"鬼城"就说明了这一点，大量的新城建设并没有达到实现城乡差距缩小的目标，也没有实现共同富裕的目标，而依旧停留在只重速度而非质量的层面。

要想从"以物为本"转向"以人为本"的新型城镇化建设，关键并非是基础设施、土地开发这种"硬转身"，而是进行制度改革、制度创新为主的"软转身"。换言之中国新一轮的城镇化一定是以制度改革的"软建设"为主，基础设施的"硬建设"为辅，改变迁入地政府服务职能，吸引农民工留下来，而不是强迫农民工留城，相反，让农民工有留城的能力，而不是为了完成指标而强迫其进城，关键在于解决就业和社会保障问题，而这首先需要建立并完善相应的一系列制度。

对于取消户籍制度的束缚，由此带来社会保障、教育资源等的紧张，实质上是政府的财政问题，是中央与地方政府、迁入地政府与迁出地政府之间的利益协调问题。据悉，早在1992年，国家就成立了户籍制度改革文件起草小组，并于1993年6月草拟出户籍制度改革总体方案，提出了包括取消农业、非农业二元户口性质，统一城乡户口登记制度，实行居住地登记户口原则的改革目标。然而，户籍制度改革依然不令人满意。有学者认为，这是户籍制度所附着的民生利益保障需要改变相关财政政策，涉及中央财政转移支付的问题，涉及财税体制改革问题，从而直接影响政府的财政、税收制度。在以人为本的新型城镇化过程中，要推动大、中、小城市的合理布局，就必须有综合交通设施予以配套，要有长远的眼光推动智慧、宜居的城市建设，加强绿色、低碳的城镇设计。要调整农民工、市民之间资源的合理分配，就必须要出台一系列公平的制度规范。而要提高城市的公共服务水平，推动公共服务均等化，就必然要加大对医院、养老院、学校、文化馆等公共服务设施的投资与财政投入，这都要进行深刻的体制机制改革，需要社会的发展与生产力提高，更需要大智慧。总之，由于我国人口多、地域广，在政策实施上不宜一刀切，政策制定上要考虑不同地区、不同城市的一些特殊情况，做到有重点、按步骤地推进。在公平正义的制度下，促使农民工问题在有序的状态下不断得到解决。

对于农民工市民化，不仅仅局限于利益的调整，还要着眼于政治机会的公平、能力的发展、心理的融合等一系列问题。由于农民工群体的分化，他们的诉求与意愿也可能不一致。在农民市民化的过程中，更应尊重他们的意愿。据入户调查，有固定工作和稳定收入、能自理自立的农民工在城镇安家的欲望较为强烈，同时也有能力在城市安家。而对于收入不稳定、工作流动性强的农民工，多数仍然以回家为目标，他们更愿意持有农村户籍而不愿意留在城市。但随着农民工流入城镇的数量不断增加，具有留城意向的农民工也越来越多，因此，尊重他们的意愿，保护他们的参政权利，给予他们公平的参政议政机会是必然趋势。特别是随着我国高等教育的发展，越来越多的大学生也加入到新生代农民工队伍中来，他们接受过高等教育，维护自身权利的意识和能力也更强。因此，实现新型城镇化发展过程中的政治参与机会公平，将是迁入地政府在管理方面面临的一个新任务。

资源占有的不公，不在于其产生的结果，而在于这种结果是如何产生的。政治参与就是实现资源公平分配的重要保障。有人认为，农民工家不在城市，城市只是他们的暂住地，因此在城市没有长远利益，也没有必要关心他们的政治诉求。其实，这种观点有失偏颇，农民工进城，其主要利益并不在农村，而是在城市。如果说农民工并不把城市视为其长期利益所在，这只是说明许多农民工并不重视政治权利的表达，这也许是农民工在城市"集体失声"，而一旦发声，就是破坏性的事件原因。农民工在其权益受到侵犯时，往往找不到维权渠道，不知道向谁提出诉求。没有相关组织可以依靠，一旦遇到问题，农民工要么走向自我毁灭，要么报复社会，其破坏性也是很大的。在新型城镇化建设过程中，一定要有参政的渠道与平台，有组织机构倾听农民工的声音，在作决策时积极采纳他们合理的建议，使政策更能反映农民工的意愿，使城镇真正成为他们乐意安居、工作的"家"。尊重农民工的意愿，让农民工自己发出声音，是保证他们各种机会公平的一个必要条件。

要"有序推进农业转移人口市民化"，"为人们自由迁徙、安居乐业创造公平的制度环境"，真正实现"人的城镇化"，防止"中等收入陷阱"和"贫民窟"的出现。当然，在目前的情况下，对于已经进了城的、即将进城的农民工要马上转为市民也还面临许多适应问题、生活方式以及习惯养成问题等，这不是一时一刻可以改变的。但政府对农民工市民化采取积极措施，提出了规划。李克强总理在 2016 年《政府工作报告》中提出了到 2020 年实现 3 个"1 亿"的目标，争取"在社会保障、医疗卫生和教育等各个领域中同等对待城市居民和外来务工人员"，实现居住证制度，使农民工依法享有居住地的教育、就业、医疗等基本公共服务等，这为实现农民工机会公平打下了良好基础。2016 年 1 月 1 日实行的《居住证暂行条例》为此提供了制度平台。

依托迁入地社区组织优势，开展社区活动，做好农民工与市民之间的情感交流。虽然户籍制度在许多地方走出历史舞台，农民工制度性排斥已经受到抑制，但存在于经济、社会生活中的非制度性排斥、隐形排斥仍然广泛地存在。原先户籍制度所附带的福利、服务等虽然已经被解除，农民工也能分享到社会保障、公共服务等改革红利，但是随着市场竞争的激烈，农民工机会不公平受到的市场竞争、社会排斥等非制度性影响并没有减弱。这种非制度性影响突出体现为个人能力素质、个人对社会关系或社会生活的选择，以及群体文化认同、价值追求等方面的区别。由于农民工大多居住于城乡结合部，从事建筑业等较为"封闭"的行业，他们也难以和城市市民进行更多的交流或交往。难以融入城市生活，难以与市民融为一体。在城市资源的分配或分享方面，其诸多机会也因此受到影响。基于农民工机会公平的制度性影响与非制度性影响，人们也更加关注农民工的非制度性影响，认为国家与地方政府应做好制度改革，消除障碍，而社区则要做好服务工作，关心农民工，使农民工融入城市。

城市社区作为农民工直接接触到的单位，是迁移农民工参与城市管理、获享改革红利、获取培训机会的最直接的平台，也是农民工接触城市资源、接受城市服务、实现自我完善的最直接的平台。社区工作作为社会融入的重要行动机制，更容易获得迁移农民工的信赖与了解。社会融入是特定社会中的个人与群体，通过自我适应，能够享有就业、社会服务、城市文化生活、政治选举等方面的广泛的社会权利与平等参与的机会，逐步融入主流社会。而社区融入是社会融入的一大载体，主要是社区中的个人或群体，通过平等参与社区活动与行动，社区决策与管理，享有社区服务，实现社区不同群体之间的和谐共处。[①] 迁移农民工的政治权利的行使机会、公共资源的分享机会、文化体育活动的参与机会、就业培训或就业信息的获取机会，都与社区有直接关联。

近年来，社区工作越来越受到重视，社区工作开展得好，有助于农民工更好地融入城市，实现机会平等与社会公平。但现有的城市社会服务体系建设滞后，政策运作的社会基础薄弱，社区管理落后于经济社会发展的需要，不能有效回应农民工的需要。传统社区物质资源、人力资源匮乏，工作效率低下，无法满足农民工的社会需要。农民工在社区无选举权和被选举权，其民主参与与政治权利难以落实，他们也很少参与社区文化活动，更难以对社区公共议题进行讨论和决策。当遇到子女入学难、无人接送等问题时，他们也无法获得社区的帮助或支持。据调查，近九成的农民工在社区是依靠亲朋好友的帮助克服困难，而较少获得城市社区的帮助。把社区建设成开放性、服务型为主的社会，完善所属社区对农民工的服务职能，促进农民工与市民的交往，成为新时代解决农民工融入城市问题的基本任务。农民工如果获得社区在培训、维权以及生活方面的照顾，将更有利于其融入城市，实现主流社会价值认同，实现机会平等、社会和谐。一些迁入地政府做了一些尝试，通过购买第三

---

① 刘建娥：《中国乡–城移民的城市社会融入》，社会科学文献出版社，2011，第15～16页。

方机构服务，对农民工融入当地起到了很好的作用。

诚然，抓好迁入地政府的职能转变，也并不是要求所有的农民工迁入地政府都要做到。我国农民工流动并不是全国各地都普遍展开。据调查，我国农民工流入地主要集中在沿海沿江地区，特别是北京、天津、上海、广东、浙江、福建、江苏等少数几个省份，而且 60% ~ 70% 的农民工集中在不到 50 个城市。因此，这一现象也需要国家从整体上加以考虑和安排，妥善处理全局与局部的协调关系。如果要解决这些地区和城市的农民工问题，也就能解决大部分农民工问题。当然，这些地区或城市要公平解决这些农民工的社会保障、就业培训等问题，也存在一定的困难，因此，国家应通盘考虑、整体协调，在资金、政策方面给予照顾，在财政转移方面，应加大对这些地区或城市的支持力度，使中央与地方齐心协力解决农民工问题。

三 以制度改革为抓手，逐渐实现城乡一体化建设

根据调查，新生代农民工有着更为强烈的城市融入意愿，他们要求在城市拥有与市民同等的权利和待遇，同等的职业发展机会和参与改革红利分享的机会。中央政策制度既要消除妨碍农民工走向市场的各种因素，也要促使城乡经济整合，实现城乡一体化建设。目前，政府也积极推进制度改革与创新，让农民工在制度改革与创新释放出来的制度红利中获益。

制度改革能够带来红利。改革的实质是制度变迁或制度创新，而改革红利也就是制度改革给人们带来的收益。改革是通过对劳动力、资本、自然资源、技术创新等生产要素进行配置组合而形成的收益，这些收益如果普及到广大农民工，就会产生积极的激励措施。要让农民工从制度改革中获得收益，获得公平的机会。当前，我国进行的户籍制度改革、社会保障制度改革、教育制度改革等，都给农民工带来了实实在在的好处。但我国还存在一些不健全的因素，需要进一步深化改革。在城镇一

体化过程中，要促进户籍制度的改革和城乡要素的流通自由、平等交换，使农民工的才能和潜力得到充分释放。要做好社会保障制度建设，使农民工从社会保障制度改革中获得更多的实惠和收益。城乡居民医疗、养老体制改革，基本公共服务均等化，都使农民工的收益得到较大提高。

让农民工能分享与社会经济发展同步的增长红利。早在"十二五"规划中，我国就明确提出"两个同步"目标，一是实现居民收入增长和经济发展同步，二是实现劳动报酬的增长和劳动生产率提高同步。落实到农民工中来，就是要建立企业经济效率与工资增长机制相互联动的机制，使农民工能够参与企业管理，能分享到一部分企业红利。"十三五"规划中，就指出了"劳动报酬提高和劳动生产率提高同步""完善市场评价要素贡献并按贡献分配的机制"等要求。而我国近些年经常调高最低工资也是最好的明证。在公共福利中把农民工纳入社会发展增长红利的分享中，如建立租购并举的住房制度，把符合条件的农民工逐步纳入公租房供应范围，把"去库存和补短板"的政策同有序引导城镇化进程和农民工市民化有机结合起来，让农民工也能在城市享受公积金买房的好处等。

习近平指出，"对由于制度安排不健全造成的有违公平正义的问题要抓紧解决，使我们的制度安排更好体现社会主义公平正义原则，更加有利于实现好、维护好、发展好最广大人民根本利益。"[1] 在我国，随着户籍制度在就业领域和社会保障领域逐渐分离，农民工也越来越享受到户籍制度改革所带来的好处。他们进城务工，就业机会明显增加，工资收入也明显提高。2015 年外出农民工人均月收入 3072 元，比 2010 年提高1382 元，年均增长 12.7%，连续五年高于职工月收入的提高幅度。农民工权益也得到了相应的保障。企业劳动用工行为进一步规范，劳动者权益保障机制更加完善。同时，农民工的就业能力得到了很大的提升，职业培训体系日益完善，2010~2015 年这五年中累计有 9700 万人次接受政

---

① 《习近平谈治国理政》，外文出版社，2014，第 97 页。

府补贴职业培训。[1] 社会保障机会增多，公共服务也日趋均等，农民从进城务工到进城买房，享受越来越公平的公共服务，越来越能够享受到同市民一样的待遇。在生活方式、消费方式上农民工都在不断接近市民，这为城乡融合打下了牢固基础。

当然，我们也要承认，"城镇化"在我国还处于探索之中。许多政策制度也都是应急性的，缺乏长远考虑，政策设计缺乏综合性与系统性，虽然农民工联席会议制度在解决农民工的一些问题上起到了一定的作用，但主要负责统筹协调，难以承担综合性、长远性的"迁移"工作，社保的"碎片化""难接续"就是一个反映。在新型城镇化过程中，许多矛盾也会一并出现，如收入分配不公、住房、就业难、教育不公、发展不平衡等问题。城乡矛盾的重点也就在于农民工在城镇的就业、分配、教育、住房等公平机会问题。我国地域广，农民工数量多，文化层次不高，而我国生产力不发达，经济发展程度不高，面临经济转型和世界经济低迷等宏观环境。城镇化本身具有规模不大、"三产"难以发展、产业结构层次较低、功能单一、就业机会较少、吸纳剩余劳动力能力有限等特点，要做好农民工的就业、培训、住房、医疗、教育等工作需要巨大的财力支持。同时，农民工由于生活方式、习惯和文化的不同，融入城市也需要一段时间。加上农民工工作变动性较大、收入低、技术水平不高、难以适应城市环境和经济产业转型的步伐等，这些都给政府提出了难题。因此，解决农民工问题需要一个整体设计和规划，需要长远考虑，综合规划。特别是在城镇化进程中，环境消耗将更加迅速，环境破坏性也更加大，交通阻塞、空气污染等也日益严重。在城镇化进程中，农民工进城也会面临归属感的失落、原子化的个人、孤独的个人以及对乡土的留恋等问题，这都会导致城市治理上的困难，城市管理也将会面临更加复杂的局面。

根据社会发展程度循序渐进，量力而行，但制度公平必须优先。当

---

① 尹蔚民：《在推动经济发展中促进就业稳定增加》，《求是》2016 年第 15 期。

前我国在解决农民工问题时以政策为主，虽然政策具有灵活性、广泛性等特点，但其变动快、区别对待等特点也带来了一系列正义问题。农民工为经济社会发展特别是城市建设做出了重要贡献，要解决他们的社会保障、权益保护、子女就学等问题，根本上说还要靠建立健全相关的制度。摒弃身份、地位等不合理因素的限制，是制度正义的本义。加强制度建设，是正确处理利益关系、促进和保障社会公平正义最根本的途径。坚持以制度规范为主，做好农民工市民化的长期规划，对于克服功利性思想和急功近利的短期行为具有重要作用。

在现有社会发展水平下，应确立农民工制度先后发展顺序。基于社会资源的有限性和人口的众多，对于社会保障、公共服务等可以采取优先的顺序给予安排。如在公共服务的平等对待方面，可以优先考虑农民工子女的义务教育、农民工就业培训、基本的公共卫生服务等。在社会保障方面，可以优先考虑农民工的救济、工伤保险与医疗保险，最后考虑养老保险制度，因为养老保险是长期的，并且要取得社会养老保险的给付资格是长期的，这对于以短时性、流动性为特征的农民工很难做到。相比较而言，农民工对工伤、失业保险具有很大的需求量，其更具有直接性和保底性作用。目前，社会保险方面急需解决的是社会保险接转机制一体化问题。

在资源有限的条件下，可以考虑风险分担机制，从而加快城乡一体化进程，如在养老保险方面，我国采取风险分担原则。目前比较认同的是"广覆盖、低水平、多层次、可衔接"的养老保险原则。应尽快协调城乡养老保险关系，将进城农民工纳入有差别的社会养老保险制度中。在公共服务制度改革方面，一些地方政府采取积分入户政策，以解决大中城市的公共服务、教育资源、就业岗位等资源有限与需求较大的矛盾，这都是积极有效的措施。

在资源有限的条件下，可以先抓重点地区和城市的农民工工作，做好示范城市的引领作用。过去30多年的时间里，农民工的分布呈现集中趋势，而这一趋势在短期内难以发生根本改变。这些城市的农民工问题较为集中，如子女入学、养老保险、就业问题等。解决这些地区的农民工的机会公平问题，加强管理，有助于带动和引领其他地区的农民工问题的解决。这些地方政府也应从物质条件、政策制度上，甚至包括心理条件上做好准备。中央政府应为这些地区提供一定的帮助和财政转移，做好全局与局部的统筹发展。但"不论处在什么发展水平上，制度都是社会公平正义的重要保证。我们要通过创新制度安排，努力克服人为因素造成的有违公平正义的现象，保证人民平等参与、平等发展权利"①。

---

① 《习近平谈治国理政》，外文出版社，2014，第97页。

参考文献

（一）国外参考书目

《马克思恩格斯全集》第 34 卷，人民出版社，2008。

《马克思恩格斯全集》第 46 卷，人民出版社，2003。

《马克思恩格斯选集》第 1~4 卷，人民出版社，1995。

《列宁选集》第 1~4 卷，人民出版社，2012。

〔古希腊〕柏拉图：《理想国》，郭斌和等译，商务印书馆，1986。

〔古希腊〕亚里士多德：《政治学》，吴寿彭译，商务印书馆，1981。

〔古希腊〕亚里士多德：《尼各马科伦理学》，苗力田译，中国社会科学出版社，1999。

〔意〕马基雅维利：《君主论》，潘汉典译，商务印书馆，1985。

〔英〕洛克：《政府论》，瞿菊农译，商务印书馆，1982。

〔英〕霍布斯：《利维坦》，黎思复、黎廷弼译，杨昌裕校，商务印书馆，1997。

〔德〕康德：《实践理性批判》，邓晓芒译，人民出版社，2003。

〔德〕康德：《法的形而上学原理》，沈淑中译，商务印书馆，1991。

〔德〕康德：《道德形而上学原理》，苗力田译，上海人民出版社，1986。

〔法〕卢梭：《社会契约论》，何兆武译，商务印书馆，1980。

〔法〕孟德斯鸠：《论法的精神》，张雁深译，商务印书馆，1959。

〔德〕黑格尔：《法哲学原理》，范杨、张企泰译，商务印书馆，1982。

〔法〕托克维尔：《论美国的民主》，董果良译，商务印书馆，1991。

〔英〕密尔：《论自由》，许宝骙译，商务印书馆，1982。

〔英〕边沁：《道德与立法原理》，时殷弘译，商务印书馆，2000。

〔英〕休谟：《人性论》，关文运译，商务印书馆，1980。

〔英〕休谟：《道德原则研究》，曾晓平译，商务印书馆，2001。

〔美〕罗尔斯：《正义论》，何怀宏、何包钢、廖申白译，中国社会科学出版社，1988。

〔美〕罗尔斯：《政治自由主义》，万俊人译，译林出版社，2003。

〔美〕罗尔斯：《万民法》，张晓辉等译，吉林人民出版社，2001。

〔美〕E. 博登海默：《法理学：法律哲学与法律方法》，中国政法大学出版社，1999。

〔美〕道格拉斯·C. 诺思：《制度、制度变迁与经济绩效》，杭行、韦森译，格致出版社、上海三联书店、上海人民出版社，2012。

〔英〕伦纳德·霍布豪斯：《社会正义要素》，孔兆政译，吉林人民出版社，2002。

〔美〕麦金太尔：《谁之正义？何种理性》，万俊人译，北京当代中国出版社，1996。

〔印度〕阿马蒂亚·森：《论经济不平等——不平等之再思考》，王利文、于占杰译，社会科学文献出版社，2006。

〔美〕艾伦·布坎南：《马克思与正义》，林进平译，人民出版社，2013。

〔英〕G. A. 柯亨：《自我所有、自由和平等》，李朝晖译，东方出版社，2008。

〔美〕刘易斯：《二元经济论》，施炜译，经济学院出版社，1989。

〔德〕柯武刚、史漫飞：《制度经济学》，韩朝华译，商务印书馆，2002。

（二）国内参考书目

《毛泽东选集》1～4卷，人民出版社，1991。

《毛泽东文集》1～8卷，人民出版社，1996。

《李先念文选》，人民出版社，1989。

《邓小平文选》1～3卷，人民出版社，1993。

《江泽民论有中国特色社会主义》，中央文献出版社，2002。

《胡锦涛文选》1～3卷，人民出版社，2016。

《习近平谈治国理政》，外文出版社，2014。

国务院发展研究中心课题组：《农民工市民化制度创新与顶层政策设计》，中国发展出版社，2011。

中共中央文献研究室：《建国以来重要文献选编》，中央文献出版社，1995。

国务院研究室课题组：《中国农民工调研报告》，中国言实出版社，2006。

陈晏清、王南湜、李淑梅：《马克思主义哲学高级教程》，南开大学出版社，2001。

吴忠民：《社会公正论》，山东人民出版社，2004。

李爽：《实现公平分配的制度与政策选择》，经济科学出版社，2007。

王春光：《平等就业——部分国家和地区反就业歧视的立法与实践》，知识产权出版社，2011。

周子学：《经济制度与国家竞争力——基于中国经济制度变迁视角》，上海三联书店，2008。

丁燕：《工厂女孩——另一种生活，另一面中国》，外文出版社，2013。

韩俊主编《中国农民工战略问题研究》，上海远东出版社，2009。

汪荣有：《经济公正论》，人民出版社，2010。

世界银行：《2006年世界发展报告：公平与发展》，清华大学出版社，2005。

马俊峰等：《社会公正与制度创新》，中国人民大学出版社，2013。

孙立平：《断裂——20世纪90年代以来的中国社会》，社会科学文献出版社，2003。

孙立平：《博弈——断裂社会的利益冲突与和谐》，社会科学文献出版社，2006。

韩俊主：《中国农村土地问题调查》，上海远东出版社，2009。

张英洪：《给农民以宪法关怀》，中央编译出版社，2010。

阎志民主编《中国现阶段阶级阶层研究》，中共中央党校出版社，2002。

彭海斌：《公平竞争制度选择》，商务印书馆，2006。

周其仁：《产权与制度变迁——中国改革的经验研究》，北京大学出版社，2004。

黄进才：《中国农民工权利保护的法律考察》，人民出版社，2011。

李长安：《转轨时期农民工就业歧视问题研究》，中国社会科学出版社，2010。

杨思远：《中国农民工的政治经济学考察》，中国经济出版社，2005

鄢圣文：《农村劳动力转移：结构分析与政策建议》，首都经济贸易大学出版社，2010。

侯钧生主编《西方社会学理论教程》，南开大学出版社，2010。

费孝通：《社会调查自白——怎样做社会研究》，上海人民出版社，2009。

谢建社等：《中国农民工权利保障》，社会科学文献出版社，2009。

蔡立雄：《市场化与中国农村制度变迁》，社会科学文献出版社，2009。

国家人口和计划生育委员会流动人口服务管理司编《中国流动人口发展报告（2012）》，中国人口出版社，2012。

国家人口和计划生育委员会流动人口服务管理司编《流动人口理论与政策综述报告》，中国人口出版社，2010。

人力资源和社会保障大讲堂编委会：《农村社会保障制度》，中国劳动社会保障出版社，2011。

申鹏：《农村劳动力转移的制度创新》，社会科学文献出版社，2012。

刘传江、徐建玲等：《中国农民工市民化进程研究》，人民出版社，2008。

倪愫襄：《制度伦理研究》，人民出版社，2008。

李莹：《中国农民工政策变迁》，社会科学文献出版社，2013。

李强：《农民工与中国社会分层》，社会科学文献出版社，2012。

朱农：《中国劳动力流动与"三农"问题》，武汉大学出版社，2005。

中国工运研究所编《新生代农民工问题·研判·对策·建议》，中国工人出版社，2011。

厉以宁：《工业化和制度调整——西欧经济史研究》，商务印书馆，2010。

金维刚、石秀印主编《中国农民工政策研究》，社会科学文献出版社，2016。

景天魁：《社会公正理论与政策》，社会科学文献出版社，2004。

潘泽泉：《国家调整农民工社会政策研究》，中国人民大学出版社，2013。

李廉水、吴立保：《和谐社会视野下高等教育公平的制度设计研究》，科学出版社，2010。

陆学艺：《当代中国社会流动》，社会科学文献出版社，2004。

石美遐：《非正规就业劳动关系研究——从国际视野探讨中国模式和政策选择》，中国劳动社会保障出版社，2007。

别红暄：《城乡公平视域下的当代中国户籍制度研究》，中国社会科学出版社，2013。

《农民工权益文件汇编》，煤炭工业出版社，2010。

廖洪乐：《农民市民化与制度变革》，上海远东出版社，2013。

权衡：《收入分配与收入流动——中国经验和理论》，上海人民出版社、格致出版社，2012。

卢现祥等：《有利于穷人的制度经济学》，社会科学文献出版社，2010。

王清：《利益分化与制度变迁——当代中国户籍制度改革研究》，北京大学出版社，2012。

陈泽亚：《经济人与经济制度正义——从政治伦理视角探析》，山东人民出版社，2007。

辛鸣：《制度论——关于制度哲学的理论建构》，人民出版社，2005。

章越松、梁涌：《中国共产党执政理念研究》，中国社会科学出版社，2010。

高兆明：《制度伦理研究》，商务印书馆，2011。

陈开先编著《政治哲学史教程》，科学出版社，2010。

虞新胜：《正当优先于善——罗尔斯政治哲学研究》，中国社会科学出版社，2014。

当代中国研究所：《中华人民共和国史稿》1~4卷，人民出版社当代中国出版社，2012。

王厚俊、杨守玉、周辉、黄红球：《城市化进程中的农民问题》，中国农业出版社，2011。

李迎生：《社会保障与社会结构转型——二元社会保障体系研究》，中国人民大学出版社，2001。

郑功成等：《中国社会保障制度变迁与评估》，中国人民大学出版社，2002。

李培林主编《农民工——中国进城农民工的经济社会分析》，社会科学文献出版社，2003。

刘传江、程建林、董延芳：《中国第二代农民工研究》，山东人民出版社，2009。

邓正来、郝雨凡主编《转型中国的社会正义问题》，广西师范大学出版社，2013。

苗瑞凤：《社会转型期农民工制度性保障的实践逻辑》，南京大学出版社，2012。

姚洋：《作为制度创新过程的经济改革》，格致出版社、上海人民出版社，2008。

苏力：《制度是如何形成的》，北京大学出版社，2007。

秦晓：《制度变迁中的实践与思考》，黑龙江教育出版社，2002。

《南方都市报》特别报道组：《洪流——中国农民工 30 年迁徙史》，广东省出版集团、花城出版社，2012。

秦晖：《农民工：历史反思与现实选择》，河南人民出版社，2003。

（三）主要参考论文

陈晏清：《政治哲学的时代使命》，《求是学刊》2006 年第 3 期。

陈晏清：《政治哲学的复兴与当代马克思主义政治哲学的建构》，载《第六届马克思哲学论坛会议论文》，2006。

李淑梅：《当代西方政治哲学的理性建构方式及其启示》，《求是学刊》2006 年第 3 期。

李淑梅：《罗尔斯的自由观：自由与平等的结合》，《求是学刊》2005 年第 3 期。

王南湜：《实践哲学视野中的社会正义问题》，《求是学刊》2006 年第 3 期。

王南湜：《从"理想国"到"法治国"——现实性的马克思主义政治哲学何以可能》，《天津社会科学》2006 年第 5 期。

阎孟伟：《欧洲近代政治哲学的兴起与分化》，《求是学刊》2006 年第 3 期。

王新生：《马克思超越政治正义的政治哲学》，《学术研究》2005 年第 3 期。

陈晏清、李淑梅：《个人和社会的关系问题是社会观念的核心问题》，《天津大学学报》1999 年第 1 期。

曹子坚：《从社会公平的层次看社会不公平的累积与放大》，《甘肃理论学刊》2002 年第 2 期。

黄秀华：《机会公平的影响因素及实现途径》，《广西社会科学》2011

年第 4 期。

宋增伟：《制度公正问题研究——从人的发展视角分析》，博士学位论文，山东大学，2006。

陆益龙：《正义：社会学视野中的中国户籍制度》，《湖南社会科学》2004 年第 1 期。

蔡昉：《迁移的双重动因及政策含义》，《中国人口科学》2002 年第 4 期。

林立公：《正义：西方道德治理思想的主线》，《伦理学研究》2006 年第 3 期。

曹玉涛：《"分析马克思主义"的正义论述评》，《哲学动态》2008 年第 4 期。

陆学艺：《城乡一体化的社会结构分析与实现路径》，《南京农业大学学报》（社会科学版）2011 年第 2 期。

王桂艳：《平等、自由与制度正义》，《思想战线》2006 年第 4 期。

王春光：《构建一个新的城乡一体化分析框架：机会平等视角》，《北京工业大学学报》（社会科学版）2014 年第 6 期。

中国社会科学院"中国社会状况综合调查"课题组：《当前我国就业形势的特点和变化》，《社会科学研究》2009 年第 12 期。

季卫兵：《公有制与制度正义——基于收入分配差距原因的思考》，《中共四川省委党校学报》2011 年第 2 期。

李培林、李炜：《近年来农民工的经济状况和社会态度》，《中国社会科学》2010 年第 1 期。

李培林：《流动民工的社会网络和社会地位》，《社会学研究》1996 年第 4 期。

彭定光：《论制度正义的两个层次》，《道德与文明》2002 年第 1 期。

麻宝斌：《社会正义何以可能》，《吉林大学社会科学学报》2006 年第 4 期。

万俊人：《制度的美德及其局限》，《中国人民大学学报》2005 年第

3 期。

张威：《制度正义论——制度的伦理学话语研究》，《北方论丛》2009
年第 6 期。

李培林：《中国改革以来阶级阶层结构的变化》，《黑龙江社会科学》
2011 年第 1 期。

李培林：《中国社会结构转型对资源配置方式的影响》，《中国社会科
学》1995 年第 1 期。

（四）主要参考外文资料

"The Priority of Right and Ideas of the Goods," *Philosophy and Public Affairs* 17 （1988）.

"Justice as Fairness: Political not Metaphysical," *Philosophy and Public Affairs* 14 （1985）.

"Social Unity and Primary Goods," in *Utilitarianism and Beyond*, edited by A. K. Sen. and Bernard Williams, Cambridge: Cambridge University Press, 1983.

"The Basic Liberties and Their Priority," in *The Tanner Lectures on Human Values*, edited by S. M. Mcmurrin, Salt Lake City: University of Utah Press, 1982.

Kantian, "Constructivism in Moral Theory," *Journal of Philosophy* 77 （1980）.

"Fairness to Goodness," *The Philosophical Review* 84 （1974）.

"Reply to Alexander and Musgrave," *The Quarterly Journal of Economics* 88 （1974）.

"The Sense of Justice," *The Philosophical Review* 72 （1963）.

"Justice as Fairness," *The Philosophical Review* 67 （1958）.

"Two Concepts of Rules," *The Philosophical Review* 64 （1955）.

John Rawls, *A Theory of Justice*, The Belknap Press of Harvard University Press, 1999.

John Rawls, *Lectures On The History of Moral Philosophy*, Harvard University Press, 2000.

John Rawls, *Justice as Fairness*, *A Restatement*, The Belknap Press of Harvard University Press, 2001.

Borjas, George, "Self – selection and the Earnings of Immigrants," *The American Economic Review* 77 (1987).

Chiswick, Barry, "The Effects of Americanization on the Earnings of Foreign – born Men," *Journal of Political Economy* 5 (1978) .

Brian Barry, *The Liberal Theory of Justice*, Oxford University Press, 1973.

附　录

2011 年中国社会调查　　A 卷

1. 问卷编号：[＿＿＿｜＿＿＿｜＿＿＿｜＿＿＿｜＿＿＿]

2. 样本序号：[＿＿＿｜＿＿＿｜＿＿＿｜＿＿＿｜＿＿＿]

3. 抽样页类型：＿＿＿＿＿＿＿＿＿＿＿＿＿＿＿

4. 采访地点：省/自治区/直辖市名称：＿＿＿＿＿＿＿＿＿＿＿＿＿

　　　　　　　市 + 县/区名称：＿＿＿＿＿＿＿＿＿＿＿＿＿

　　　　　　　乡/镇/街道名称：＿＿＿＿＿＿＿＿＿＿＿＿＿

　　　　　　　居委会/行政村委会名称：＿＿＿＿＿＿＿＿＿＿＿＿＿

5a. 督导记录：受访者居住的地区类型：（单选）

5b. 访问员记录：受访者居住的社区类型：（单选）

5a. 督导记录：受访者居住的地区类型：（单选）		5b. 访问员记录：受访者居住的社区类型：（单选）	
市/县城的中心城区	1	未经改造的老城区（街坊型社区）	1
市/县城的边缘城区	2	单一或混合的单位社区	2
市/县城的城乡结合部	3	保障性住房社区	3
市/县城区以外的镇	4	普通商品房小区	4
农村	5	别墅区或高级住宅区	5
其他（请注明）＿＿＿＿＿	6	新近由农村社区转变过来的城市社区（村改居、村居合并或"城中村"）	6
		农村	7
		其他（请注明）＿＿＿＿＿	8

6. 访问户类型：1. 家庭户　2. 集体户

7. 受访者是否是答话人：1. 是　2. 不是

8. 访问员（签名）_____ 代码：[_____ ｜ _____ ｜ _____]

9. 陪访督导（签名）_____ 代码：[_____ ｜ _____ ｜ _____]

10. 一审（签名）_____ 代码：[_____ ｜ _____ ｜ _____]

　　二审（签名）_____ 代码：[_____ ｜ _____ ｜ _____]

11. 现场复核类型：1. 入户复核　2. 电话复核　3. 未复核

复核（签名）_____ 代码：[_____ ｜ _____ ｜ _____]

12. 访问开始时间：[_____ ｜ _____] 月 [_____ ｜ _____] 日
[_____ ｜ _____] 时 [_____ ｜ _____] 分（24 小时制）；

　　结束时间：[_____ ｜ _____] 日 [_____ ｜ _____] 时
[_____ ｜ _____] 分（24 小时制）

13. 访问总长度：[_____ ｜ _____ ｜ _____]（分钟）

下面访问正式开始

先生/女士：您好！

我叫_____，是中国社会科学院的社会调查员。我们正在进行一项社会调查，目的是了解民众的就业、工作和生活情况，以及对当前一些社会问题的看法。经过严格的科学抽样，我们选中了您作为调查对象。您的合作对我们了解有关信息和制定社会政策，有十分重要的意义。

问卷中问题的回答，没有对错之分，您只要根据平时的想法和做法回答就行。访问大约要一个小时左右。对于您的回答，我们将按照《统计法》的规定，严格保密，并且只用于统计分析，请您不要有任何顾虑。希望您协助我们完成这次访问，谢谢您的合作。

A 部分：　住户成员

首先，我想了解一下您家庭及您个人的一些基本情况，仅供分析使用，希望您不要介意

A1a. 首先，请您告诉我您家有几口人？他们和您是什么关系？

【访问员追问】您家庭的成员有没有房子居住在这所房子的（比如在外上学的学生，打工的家人）？如果有，请您说说他们的一些简单情况。

记录：[　　]　[　　]口人

a. 与受访者关系：	b. 性别	c. 出生年份	d. 政治面貌	e. 教育程度	f. 婚姻状况[出示卡第2页]	g. 此次结婚的年份	h. 目前/最后的主要职业	i. 以往是否务过农？	j. 调查时住在哪儿	k. 这个居住地属于哪类地区	l. 他/她的户口是	m. 他/她目前与您是否同吃同住？同收支？
	1.男 2.女	9998.[不清楚]	1.中共党员 2.共青团员 3.民主党派 4.群众 5.其他 8.[不清楚]	01.未上学 02.小学 03.初中 04.高中 05.中专 06.职高技校 07.大学专科 08.大学本科 09.研究生 98.[不清楚]	1.未婚（跳答h） 2.初婚有配偶 3.再婚有配偶 4.离婚 5.丧偶 6.同居 8.[不清楚]	[填写年份的后两位数] DK.[不清楚]	[加文字并按职业编码填写] 997.[从未工作过] 998.[不清楚]	1.一直务农 2.一直非从事农工作 3.务过农,也从事非农 4.没有工作（包括务农）过 8.[不清楚]	1.本村/居委会 2.本乡（镇、街道）其他村居委会 3.本县（市、区）其他乡（镇、街道） 4.本省其他县（市、区） 5.外省 6.国外/境外 8.[不清楚]	1.城区 2.镇 3.农村 4.国外/境外 8.[不清楚]	1.农业户口 2.非农业户口 3.居民户口（之前是非农业户口）4.居民户口（之前是农业户口）5.其他 8.[不清楚]	m1.同住：1.吃住都在一起 2.住在一起,但不一起吃 3.吃住不在一起 4.吃住都不在一起　　m2.同收支：1.收入支出都在一起 2.收入在一起,但分别支出 3.收入不在一起,但支出在一起 4.收入支出都不在一起
01. 配偶												
02. 子女												
03. 本人父母												
04. 配偶父母												
05. 祖父母												
06. 媳/婿												
07. 孙辈子女												
08. 孙辈子女的配偶												
09. 兄弟姐妹												
10. 兄弟姐妹的配偶												
11. 其他亲属												

A1b. [访问员注意：如果受访者的父母及配偶父母没有登记在 A1a 表中，请追问其父母及配偶父母的情况，并记录在 A1b 表中]

请您告诉我，您的父母及配偶父母的一些简单情况。

	a. 出生年份：9997.[去世/不适用] 9998.[不清楚]	b. 政治面貌：1.中共党员 2.共青团员 3.民主党派 4.群众 5.其他 8.[不清楚]	c. 教育程度：01.未上学 02.小学 03.初中 04.高中 05.中专 06.职高技校 07.大学专科 08.大学本科 09.研究生 98.[不清楚]	d. 目前/最后的主要职业：[加文字并按职业编码填写] 997.[从未工作过] 998.[不清楚]	e. 以往是否务农过？1.一直务农 2.一直从事非农工作 3.务过农，也从事过非农工作 4.没工作(包括务农)过 8.[不清楚]	f. 调查时住在哪儿：1.本村/居委会 2.本乡(镇,街道)其他村居委会 3.本县(市,区)其他乡(镇,街道) 4.本省其他县(市,区) 5.外省 6.国外/境外 8.[不清楚]	g. 这个居住地属于哪类地区：1.城区 2.镇 3.农村 4.国外/境外 8.[不清楚]	h. 他/她的户口是：1.农业户口 2.非农业户口 3.居民户口(之前是非农业户口) 4.居民户口(之前是农业户口) 5.其他 8.[不清楚]
1 受访者父亲	[___|___|___|___]年	[___]	[___|___]	[___|___|___]	[___]	[___]	[___]	[___]
2 受访者母亲	[___|___|___|___]年	[___]	[___|___]	[___|___|___]	[___]	[___]	[___]	[___]
3 配偶父亲	[___|___|___|___]年	[___]	[___|___]	[___|___|___]	[___]	[___]	[___]	[___]
4 配偶母亲	[___|___|___|___]年	[___]	[___|___]	[___|___|___]	[___]	[___]	[___]	[___]

A2a. 您目前的户口性质是：（单选）

农业户口 ……………………………………… 1→跳问 A2d

非农业户口 …………………………………… 2

居民户口（之前是非农业户口）……………… 3

居民户口（之前是农业户口）………………… 4→跳问 A2d

其他（请注明）_____ 5→跳问 A2d

A2b. 您目前的非农业户口（包括现居民户口之前的非农业户口）是哪一年获得的？（单选）

自最初实行现户籍制度/出生就是 ………… 1→跳问 A2d

是［____│____│____│____］年获得的 ……… 2

［不清楚］ ……………………………………… 8

A2c. 当时您转为非农业户口（包括现居民户口之前的非农业户口）的原因是：（单选）【出示示卡第 3 页】

上学………………………………………………… 01

提干（或转干） ………………………………… 02

招工（或顶替） ………………………………… 03

军人转业………………………………………… 04

随家庭其他成员变更户口……………………… 05

购买户口………………………………………… 06

整建制转为非农户口（如村改居） ………… 07

购房取得户口…………………………………… 08

家庭土地被征用………………………………… 09

其他（请注明）_____ ……… 10

A2d. 您目前的户口登记地是：（单选）

本乡（镇、街道） …………………………… 1

本县（市、区）其他乡（镇、街道） ……… 2

本省其他县（市、区）………………………… 3→跳问 A2e2

外省 ……………………………………………… 4→跳问 A2e2

户口待定 ·································· 5→跳问 A2e3

A2e1. 您的户口是哪一年迁到本地（本区/县/县级市）的？（单选）

自最初实行现户籍制度/出生就是 ·············· 1→跳问 A2f

是 [_____ | _____ | _____ | _____] 年迁来的 ····· 2→跳问 A2f

A2e2. 您最近一次离开户口登记地多长时间了？是哪一年离开的？（单选）

半年以下 ·································· 1

半年以上，是 [_ | _ | _ | _] 年离开的 ············ 2

A2e3. 您来本县（市、区）居住多长时间了？是哪一年来的？（单选）

半年以下 ·································· 1

半年以上，是 [_ | _ | _ | _] 年来的············· 2

A2f. 您来本县（市、区）居住的原因是：（单选）【出示示卡第 4 页】

出生在本地 ································ 01

务工经商 ·································· 02

工作调动 ·································· 03

分配录用 ·································· 04

学习培训 ·································· 05

拆迁或搬家 ································ 06

婚姻嫁娶 ·································· 07

随迁家属 ·································· 08

投亲靠友 ·································· 09

出差 ······································ 10

其他（请注明）_____ ·············· 11

A3. 除您以外，您还有几个同父同母的亲兄弟姐妹？（包括 16 周岁后去世的兄弟姐妹）

记录：兄弟有 [_____ | _____] 个；姐妹有 [_____ | _____] 个

A4a.【只询问有过婚姻经历的受访者，无婚姻经历的直接询问 A4e】

您现在有几个亲生子女？

记录：男 [＿＿＿｜＿＿＿] 个；女 [＿＿＿｜＿＿＿] 个

A4b. 【只询问 50 岁以下（即 1961 年以后出生）有子女的调查对象，其他受访者直接询问 A4e】如果不考虑计划生育政策，您今后是否还打算要孩子？（单选）

可能要 …………………………………………………… 1

肯定要 …………………………………………………… 2

可能不要了 ……………………………………… 3→跳问 A4e

肯定不要了 ……………………………………… 4→跳问 A4e

还没有想好 ……………………………………… 5→跳问 A4e

A4c. 您还打算要几个孩子？（单选）

再要一个 ………………………………………………… 1

再要两个 ………………………………………… 2→跳问 A4e

再要三个及以上 ………………………………… 3→跳问 A4e

还没有想好 ……………………………………… 4→跳问 A4e

A4d. 如果您打算再要一个孩子，想什么时候要？（单选）

已经怀孕 ………………………………………………… 1

很快就要 ………………………………………………… 2

再等 1～2 年 …………………………………………… 3

再等 3～4 年 …………………………………………… 4

再等 4 年以上 …………………………………………… 5

还没有想好 ……………………………………………… 6

A4e. 如果不考虑计划生育政策和经济、健康等条件，您认为一个家庭通常有几个孩子最理想？

记录：[＿＿＿｜＿＿＿] 个；其中，男 [＿＿＿｜＿＿＿] 个；女 [＿＿＿｜＿＿＿] 个；

99. 男女无所谓

A5. 从上小学开始算起，您一共受过多少年的正式教育呢？其中，参加工作以后接受正式教育的时间为多少年？

记录：一共受过［_____｜_____］年正式教育；其中，参加工作以后接受过［_____｜_____］年正式教育

A6. 您的民族是？（单选）

汉族 ……………………………………………………………… 1

蒙古族 …………………………………………………………… 2

满族 ……………………………………………………………… 3

回族 ……………………………………………………………… 4

藏族 ……………………………………………………………… 5

壮族 ……………………………………………………………… 6

维吾尔族 ………………………………………………………… 7

其他（请注明）_____ …… 8

B 部分： 个人工作状况

下面我想了解一下您目前从事生产、工作或经营活动的情况．

访问员读出以下对于"工作"的解释：

这里所说的工作是指最近一周以来：1. 从事过 1 小时以上有收入的工作；2. 在自己/自己家庭或家族拥有的企业/机构中工作，虽然没有报酬，但每周工作在 15 小时以上或每天工作 3 小时以上；3. 参加农业生产劳动。符合上述 3 个条件之一，即算作有工作。

注意：1. 离退休人员、下岗失业人员，如果符合上述 3 个条件之一，也算有工作；2. 在校学生的勤工俭学及毕业实习、社会实践不算参加工作。

B1. 请问您目前的工作情况是：（单选）

有工作……………………………………………… 1→跳问 B3a

有工作，但目前休假、学习，或临时停工、歇业 … 2→跳问 B3a

没有工作 …………………………………………………… 3

【访问员注意：查看 B1，如选"3"，即"没有工作"，则问 B2a－B2f，否则跳问 B3a】

B2a. 您目前没有工作的最主要原因是什么呢？(单选)【出示示卡第5页】

正在上学 ……………………………………………… 1→跳问 B6a

丧失劳动能力 ………………………………………… 2→跳问 B6a

已离/退休 …………………………………………… 3

毕业后未工作 ……………………………………… 4

料理家务 …………………………………………… 5

因单位原因（如破产、改制、下岗/内退/买断工龄、辞退等）

失去原工作 ………………………………………… 6

因本人原因(如家务、健康、辞职等)离开原工作 ………… 7

承包土地被征用 …………………………………… 8

其他（请注明）＿＿＿＿＿＿＿＿＿＿＿＿＿＿ …… 9

B2b. 您目前已经连续多长时间没有工作了：［＿＿＿＿ ｜ ＿＿＿＿］年 ［＿＿＿＿ ｜ ＿＿＿＿］月

B2c. 您目前在找工作吗？（单选）

在找工作 …………………………………… 1→续问 B2d

准备自己创业 ……………………………… 2→续问 B2d

没有找工作，也不打算自己创业 …………… 3→跳问 B6a

B2d. 您在没有工作的期间内，采取过以下哪些方式寻找工作？（可多选）【出示示卡第 6 页】

在职业介绍机构登记 …………………………………… 1

请亲友帮忙找工作 ……………………………………… 2

利用网络及其他媒体求职 ……………………………… 3

参加用人单位招聘或招考 ……………………………… 4

找政府要求工作 ………………………………………… 5

其他（请注明）＿＿＿＿＿＿＿＿＿＿＿＿＿＿ …… 6

都没有 …………………………………………………… 7

B2e. 如果现在有份工作，您能否在两周内去工作？（单选）

能 ………………………………………………………… 1

不能 ……………………………………………………… 2

B2f. 您还打算工作吗？（单选）

打算工作 …………………………………… 1→跳问 B6a

271

不打算工作了 …………………………………………… 2→跳问 B6a

【访问员注意：查看 B1，如选 "1-2"，则续问 B3a，否则跳问 B6a】

B3a. 您目前的工作状况是？（单选）

目前只从事非农工作 ………………………………………… 1

目前以从事非农工作为主，但同时也务农 ………………… 2

目前以务农为主，但同时也从事非农工作 ………………… 3

目前只务农 …………………………………………… 4→跳问 B5a

B3b. 请问您目前主要的非农工作（职业）是什么？（请详细说明职务、岗位、工种和工作内容等。如果您的工作活动属于家庭经营、个人单独做事或无具体工作单位就请告诉我您所做的具体事）【访问员请参照职业编码表进行追问并详细记录】

记录工作单位名称（全称）：

_____

记录具体职务、职称、行政级别、岗位、工种：

_____

记录具体工作内容：

_____

_____ [____ | ____ | ____]

B3c. 您这份非农工作属于什么行业？（在单位就业者，请说出单位/公司的具体名称、生产和经营活动的类型；由劳务派遣机构派出的保安、劳务工、家政服务员等，劳务派遣机构是其单位；如果没有单位，则个人职业就等于行业）【访问员请参照行业编码表进行追问并详细记录】

记录工作单位名称（全称）：

_____

记录单位/公司具体生产和经营活动类型（行业）：

_____

_____

[____｜____]

B3d. 请问今年以来您这份非农工作平均每月工作多少天？【请访问员将具体数字填写在横线上，并高位补零】

记录：[_____｜_____] 天

B3e. 请问今年以来您这份非农工作平均每天工作多少个小时？【请访问员将具体数字填写在横线上，并高位补零】

记录：[_____｜_____] 小时

B3f. 今年以来，您这份非农工作平均每月给您带来多少收入？

【请将具体数字填写在横线上，并高位画线；［不适用］为9999997，［拒绝回答］为9999999】

项目	钱数（元）						
	百万	十万	万	千	百	十	个
a. 工资、薪金（含津贴和补助）	[___]	[___]	[___]	[___]	[___]	[___]	[___]
b. 奖金	[___]	[___]	[___]	[___]	[___]	[___]	[___]
c. 提成	[___]	[___]	[___]	[___]	[___]	[___]	[___]
d. 经营和投资所得利润和分红【如果是年终结算，请推算一下每月平均所得；持有本企业股份的职工也应填答】	[___]	[___]	[___]	[___]	[___]	[___]	[___]

B3g. 您认为您的这份工作性质属于：（单选）【出示示卡第7页】

需要很高专业技能的工作 ·················· 1

需要较高专业技能的工作 ·················· 2

需要一些专业技能的工作 ·················· 3

半技术半体力工作 ······················· 4

体力劳动工作 ··························· 5

其他（请注明）＿＿＿＿＿＿＿＿＿ ·········· 6

下面请您告诉我您从事这份非农工作所在的单位/公司的一些情况

【访问员注意：单位应该是一个独立核算的机构，有自己的财务和人事管理职权。如果受访者的工作机构分很多层级，无法区别哪一级是自己单位时，可以提示，受访者工资关系所在的那一级，就可能是他/她的单位；由劳务派遣机构派出的保安、劳务工、家政服务员等，劳务派遣机构是其单位；个体经营者也要填答】

273

B4a. 您从事这份非农工作所在的单位/公司是：（单选）【出示示卡第 8 页】

党政机关、人民团体、军队 ……………………………………… 01

国有企业及国有控股企业 ……………………………………… 02

国有/集体事业单位 ……………………………………… 03

集体企业 ……………………………………… 04

私营企业 ……………………………………… 05

三资企业 ……………………………………… 06

个体工商户 ……………………………………… 07

协会、行会、基金会等社会团体或社会组织 ……………… 08

民办非企业单位 ……………………………………… 09

社区居委会、村委会等自治组织 ……………………… 10

其他（请注明）_____ …… 11

没有单位 ……………………………………… 12

［不清楚］ ……………………………………… 98

B4b. 您在目前这份非农就业中的身份是？（单选）【出示示卡第 9 页】

雇员或工薪收入者 ……………………………………… 1

雇主/老板（即企业的所有者/出资人/合伙人）

雇了 ［___ | ___ | ___ | ___］人 … 2→跳到 B5a 前的提示

自营劳动者（如没有雇用他人的个体工商户和自由职业者）

……………………………………… 3→跳到 B5a 前的提示

家庭帮工（为自己家庭/家族的企业工作，但不是老板）……

……………………………………… 4→跳到 B5a 前的提示

其他（请注明）_____ …… 5

B4c. 您在目前的单位工作多长时间了？

记录：［_____ | _____］年 ［_____ | _____］月

B4d. 您目前是否与工作单位或雇主签订了书面劳动合同？（单选）【出示示卡第 10 页】

签订了固定期限劳动合同 …………………………… 1

签订了无固定期限劳动合同 ………………………… 2

签订了试用期劳动合同 ……………………………… 3

签订了其他合同（请注明）_____ 4

没有签订劳动合同 …………………………………… 5

不需要签劳动合同（如公务员或国家机关、事业单位编内人员） ……………………………………………… 6

　　［不清楚］ ………………………………………… 8

B4e. 在您目前的单位中，您的管理活动情况是：（单选）

只管理别人，不受别人管理（管 ［__ ｜ __ ｜ __ ｜ __］人） … 1

既管理别人，又受别人管理（管 ［__ ｜ __ ｜ __ ｜ __］人） … 2

只受别人管理，不管理别人 ………………………… 3

【请访问员注意：B5a 和 B5b 只询问 B3a 中回答 "2 – 4"（即目前有务农经历）的受访者；目前没有务农的受访者，请跳答 B6a】

B5a. 请问您最近一年来所从事的农、林、牧、渔业等劳动是什么（职业）？

【请详细说明工作单位和经营内容等。如果您的工作活动属于农场、林场等企业单位，请告诉我工作单位的名称；如果您的工作活动属于家庭经营、个人单独做事或无具体工作单位就请告诉我您所做的具体经营内容。访问员请参照职业编码表进行追问并详细记录】

记录工作单位名称（全称）：

记录具体经营内容：

_____

_____　　　［____ ｜ ____ ｜ ____］

B5b. 您从事的这份农、林、牧、渔业等劳动主要属于下列哪种情况？（单选）

农村家庭承包经营劳动者 …………………… 1 →跳问 B6b

农业企业、农场、农村种养大户的雇工 ……………… 2

其他（请注明）：_____ …… 3

B6a. 您家目前是否有人从事农、林、牧、渔业等劳动？（单选）

是 …………………………………………………………… 1

否 ………………………………………………… 2→跳问 B8

B6b. 您家目前是否有农业雇工（包括农忙时节的临时雇工）？

记录：雇了 [___ | ___ | ___ | ___] 人

B7. 请介绍一下 2010 年您家农、林、牧、渔业的经营情况。

【请访问员将具体数字填写在横线上，并高位画线；"不知道/不清楚"记录为 999998/9999998；"拒绝回答"记录为 999999/9999999；如无某项经营，则那一项上记录为 000000/0000000】

	a. 经营规模							b. 总收入/总产值（元）						
	十万	万	千	百	十	个	（单位）	百万	十万	万	千	百	十	个
粮食作物种植	[_]	[_]	[_]	[_]	[_]	[_]	亩	[_]	[_]	[_]	[_]	[_]	[_]	[_]
经济作物种植	[_]	[_]	[_]	[_]	[_]	[_]	亩	[_]	[_]	[_]	[_]	[_]	[_]	[_]
林果药材种植	[_]	[_]	[_]	[_]	[_]	[_]	亩	[_]	[_]	[_]	[_]	[_]	[_]	[_]
其他种植	[_]	[_]	[_]	[_]	[_]	[_]	亩	[_]	[_]	[_]	[_]	[_]	[_]	[_]
猪牛羊养殖	[_]	[_]	[_]	[_]	[_]	[_]	头①	[_]	[_]	[_]	[_]	[_]	[_]	[_]
奶牛养殖	[_]	[_]	[_]	[_]	[_]	[_]	头	[_]	[_]	[_]	[_]	[_]	[_]	[_]
禽类养殖	[_]	[_]	[_]	[_]	[_]	[_]	只①	[_]	[_]	[_]	[_]	[_]	[_]	[_]
水产养殖	[_]	[_]	[_]	[_]	[_]	[_]	亩②	[_]	[_]	[_]	[_]	[_]	[_]	[_]
其他养殖（请注明）								[_]	[_]	[_]	[_]	[_]	[_]	[_]
狩猎								[_]	[_]	[_]	[_]	[_]	[_]	[_]
其他经营								[_]	[_]	[_]	[_]	[_]	[_]	[_]

说明：①全年出售总数与年终存栏数之和。②如果除水产养殖外还有捕捞作业，则不询问作业规模，但应询问收入和支出情况。

下面我想了解一下您以往的工作情况

B8. 请问，您有过参加工作的经历吗？【学生的勤工俭学不算参加工作；知青从下乡、农民从参加劳动生产起算参加工作】（单选）

从未工作（包括务农）过 …………………… 1→跳问 C 部分

有过工作（包括务农）经历 ………………………………… 2

B9. 下面我想了解一下您工作变动的情况，这里的工作变动，包括工作单位的变动，也包括在同一个单位内因职务、职称、行政级别或职业活动的变更而造成工作内容和工作性质的重大变化。请您谈谈您的第一份工作、最后一份（或目前）工作和前一份工作的一些情况

【访问员注意："最后／目前的工作"一项对目前有工作的人，可按照 B3、B4 部分中的相应内容填写；对目前无业而以前工作过的人，则按照最后的工作填写。】

	a. 工作开始/结束时间：0000.[如无倒数第二份工作，则在开始时间填 0000，结束时间不填] 9997.[如此项工作未结束，结束时间为 9997]	b.【访问员请参照 B3b 的问卷进行追问并详细记录】当时的职业：	c. 当时的单位类型：【选项见表下注释】【出示卡第 11 页】97.[不适用] 98.[不清楚]	d. 当时的就业身份：【选项见表下注释】【出示卡第 12 页】97.[不适用]	e. 当时在单位中的职位：1. 高层管理者 2. 中层管理者 3. 低层管理者 4. 普通职工 7.[不适用] 8.[不清楚]	f. 当时的工作月收入：（元）99997.[不适用] 99998.[不清楚] 99999.[拒绝回答]	g. 当时的教育程度：01. 未上学 02. 小学 03. 初中 04. 高中 05. 中专 06. 职高、技校 07. 大学专科 08. 大学本科 09. 研究生 97.[不适用]	h. 当时的户口类型：1. 农业户口 2. 非农业户口 3. 居民户口（之前是非农业户口） 4. 居民户口（之前是农业户口） 5. 其他 7.[不适用] 8.[不清楚]
第一份工作开始时间	[＿＿]年	[＿＿]	[＿＿]	[＿＿]	[＿＿]	[＿＿]	[＿＿]	[＿＿]
结束时间	[＿＿]年							

277

续表

最后/目前的工作	开始时间 [__][__]年	[__][__]	[__]	[__]
	结束时间 [__][__]年	[__][__]	[__]	[__]
倒数第二份工作	开始时间 [__][__]年	[__][__]	[__]	[__]
	结束时间 [__][__]年	[__][__]	[__]	[__]

c. 当时的单位类型：01. 党政机关、人民团体、军队；02. 国有企业及国有控股企业；03. 国有/集体事业单位；04. 集体企业；05. 私营企业；06. 三资企业；07. 个体工商户；08. 协会、行会、基金会等社会团体或社会组织；09. 民办非企业单位；10. 社区居委会、村委会等自治组织；11. 人民公社；12. 农村家庭经营；13. 其他（请注明）；14. 没有单位

d. 当时的就业身份：01. 雇员或工薪收入者；02. 雇主/老板（即企业的所有者/出资人/合伙人）；03. 自营劳动者（如没有雇用他人的个体工商户和自由职业者）；04. 家庭帮工（为自己家庭家族承包经营劳动者）；05. 人民公社社员；06. 农村家庭承包经营者（但不是老板）；07. 其他（请注明）

C 部分： 居住、 迁移与社会交往

下面我想了解一下您居住与迁移的情况，这里的迁移是指个人及家庭的住址变化，且在迁入地居住半年以上的情况。我们将询问您在出生时、第一份工作时、初婚时的居住地情况以及在现居住地和前一个居住地的情况。

以下想了解您在出生时的居住地的情况。

C1a1. 请问您出生时，在哪里居住：（单选）

就在现居住地居住 ·· 1

在_____省/直辖市/自治区_____地级市_____区/
县/县级市居住 ··· 2

C1a2. 您是哪年开始在出生时的居住地居住的？

记录：[_____｜_____｜_____｜_____] 年【访问员不用问，请直接抄录 A1a 表中的 "A1a. c" 受访者出生年份】

C1a3. 当时（即出生时）该居住地属于下列哪类地区：（单选）

城区 ··· 1

镇 ··· 2

农村 ··· 3

［不好说］ ·· 8

C1a4. 当时（即出生时）您的户口性质是：（单选）

农业户口 ·· 1

非农业户口 ·· 2

居民户口（之前是非农业户口）································· 3

居民户口（之前是农业户口）··································· 4

其他（请注明）_____ ··· 5

［不清楚］ ·· 8

279

C1a5. 当时（即出生时）您所住房屋的性质是：（单选）【出示示卡第 13 页】

家庭自建住房 ……………………………………………… 1

家庭自购住房 ……………………………………………… 2

租/借公房 …………………………………………………… 3

租/借他人住房 …………………………………………… 4

集体宿舍 …………………………………………………… 5

工棚 ………………………………………………………… 6

其他（请注明）_____ …… 7

［不清楚］…………………………………………………… 8

C1a6. 当时（即出生时）您所住房屋的类型是：（单选）【出示示卡第 14 页】

农村住宅（土木房屋、窑洞） ………………………… 01

农村住宅（砖石或钢混结构房屋） …………………… 02

别墅、联排别墅 ………………………………………… 03

成套单元楼房 …………………………………………… 04

楼房单间、筒子楼 ……………………………………… 05

平房 ……………………………………………………… 06

棚户/简易住房 …………………………………………… 07

店面、工棚 ……………………………………………… 08

其他（请注明）_____ … 09

［不清楚］………………………………………………… 98

C1a7. 您是哪年离开出生时的居住地，到别处居住的？（单选）

没有离开过，就是现居住地 ………………… 1→跳问 C1b1

是［_____｜_____｜_____｜_____］年离开的 ……… 2

［不清楚］…………………………………………………… 8

C1a8. 您离开出生时的居住地，到别处居住的主要原因是？（单选）【出示示卡第 15 页】

本人工作变动……………………………………………………… 01

家人工作变动……………………………………………………… 02

本人求学、毕业…………………………………………………… 03

家人求学、毕业…………………………………………………… 04

本人婚姻状态变化………………………………………………… 05

家人婚姻状态变化………………………………………………… 06

原址房屋拆迁……………………………………………………… 07

房屋租约结束……………………………………………………… 08

家人或本人单位分房……………………………………………… 09

家人或本人购买住房……………………………………………… 10

其他（请注明）＿＿＿＿＿＿＿＿＿＿＿＿＿＿……… 11

［不清楚］………………………………………………………… 98

C1a9. 当时（即离开出生时的居住地时）您是一个人搬迁的，还是与家人一起搬迁的？（单选）

是一个人搬迁的 ………………………………………………… 1

是与家人一起搬迁的 …………………………………………… 2

以下想了解您在第一份工作时的居住地的情况。

C1b1. 请问您从事第一份工作时，在哪里居住：（单选）

就在现居住地居住 ……………………………………………… 1

在＿＿＿＿省/直辖市/自治区＿＿＿＿地级市＿＿＿＿区/县/县级市居住 ……………………………………………………… 2

从未工作过（包括务农）………………… 3→跳问 C1c1

C1b2. 您是哪年开始在第一份工作时的居住地居住的？

记录：［＿＿＿｜＿＿＿｜＿＿＿｜＿＿＿］年

C1b3. 当时（即第一份工作时）该居住地属于下列哪类地区：（单选）

城区 ……………………………………………………………… 1

镇 ………………………………………………………………… 2

281

农村 …………………………………………………… 3

［不好说］ ……………………………………………… 8

C1b4. 当时（即第一份工作时）您的户口性质是：（单选）

农业户口 …………………………………………… 1

非农业户口 ………………………………………… 2

居民户口（之前是非农业户口） ………………… 3

居民户口（之前是农业户口） …………………… 4

其他（请注明）_____ …… 5

C1b5. 当时（即第一份工作时）您所住房屋的性质是：（单选）【出示示卡第 13 页】

家庭自建住房 ……………………………………… 1

家庭自购住房 ……………………………………… 2

租/借公房 ………………………………………… 3

租/借他人住房 …………………………………… 4

集体宿舍 …………………………………………… 5

工棚 ………………………………………………… 6

其他（请注明）_____ …… 7

C1b6. 当时（即第一份工作时）您所住房屋的类型是：（单选）【出示示卡第 14 页】

农村住宅（土木房屋、窑洞） …………………… 1

农村住宅（砖石或钢混结构房屋） ……………… 2

别墅、联排别墅 …………………………………… 3

成套单元楼房 ……………………………………… 4

楼房单间、筒子楼 ………………………………… 5

平房 ………………………………………………… 6

棚户/简易住房 …………………………………… 7

店面、工棚 ………………………………………… 8

其他（请注明）_____ …… 9

C1b7. 您是哪年离开第一份工作时的居住地，到别处居住的？（单选）

没有离开过，就是现居住地 ……………………… 1→跳问 C1c1

是 [_____ | _____ | _____ | _____] 年离开的 ……… 2

C1b8. 您离开第一份工作时的居住地，到别处居住的主要原因是？（单选）【出示示卡第 15 页】

本人工作变动………………………………………… 01

家人工作变动………………………………………… 02

本人求学、毕业……………………………………… 03

家人求学、毕业……………………………………… 04

本人婚姻状态变化…………………………………… 05

家人婚姻状态变化…………………………………… 06

原址房屋拆迁………………………………………… 07

房屋租约结束………………………………………… 08

家人或本人单位分房………………………………… 09

家人或本人购买住房………………………………… 10

其他（请注明）_____ …… 11

C1b9. 当时（即离开第一份工作的居住地时）您是一个人搬迁的，还是与家人一起搬迁的？（单选）

是一个人搬迁的 ……………………………………… 1

是与家人一起搬迁的 ………………………………… 2

以下想了解您在初婚时的居住地的情况。

C1c1. 请问您初婚时，在哪里居住：（单选）

就在现居住地居住 …………………………………… 1

在_____省/直辖市/自治区_____地级市_____区/县/县级市居住 …………………………………… 2

从未结过婚 …………………………………… 3→跳问 C1d1

C1c2. 您是哪年开始在初婚时的居住地居住的？

记录：〔_____｜_____｜_____｜_____〕年

C1c3. 当时（即初婚时）该居住地属于下列哪类地区：（单选）

城区 ·· 1

镇 ··· 2

农村 ·· 3

〔不好说〕 ·· 8

C1c4. 当时（即初婚时）您的户口性质是：（单选）

农业户口 ··· 1

非农业户口 ·· 2

居民户口（之前是非农业户口） ·· 3

居民户口（之前是农业户口） ··· 4

其他（请注明）_____ ····· 5

C1c5. 当时（即初婚时）您所住房屋的性质是：（单选）【出示示卡
第 13 页】

家庭自建住房 ··· 1

家庭自购住房 ··· 2

租/借公房 ·· 3

租/借他人住房 ··· 4

集体宿舍 ··· 5

工棚 ··· 6

其他（请注明）_____ ····· 7

C1c6. 当时（即初婚时）您所住房屋的类型是：（单选）【出示示卡
第 14 页】

农村住宅（土木房屋、窑洞） ··· 1

农村住宅（砖石或钢混结构房屋） ····································· 2

别墅、联排别墅 ·· 3

成套单元楼房 ··· 4

楼房单间、筒子楼 ·· 5

平房 ·· 6

棚户/简易住房 ····································· 7

店面、工棚 ··· 8

其他（请注明）_____ ····· 9

C1c7. 您是哪年离开初婚时的居住地，到别处居住的？（单选）

没有离开过，就是现居住地 ················· 1→跳问 C1d1

是 ［_____｜_____｜_____｜_____］年离开的 ········ 2

C1c8. 您离开初婚时的居住地，到别处居住的主要原因是？（单选）

【出示示卡第 15 页】

本人工作变动 ································· 01

家人工作变动 ································· 02

本人求学、毕业 ····························· 03

家人求学、毕业 ····························· 04

本人婚姻状态变化 ··························· 05

家人婚姻状态变化 ··························· 06

原址房屋拆迁 ································· 07

房屋租约结束 ································· 08

家人或本人单位分房 ························· 09

家人或本人购买住房 ························· 10

其他（请注明）_____ ····· 11

C1c9. 当时（即离开初婚的居住地时）您是一个人搬迁的，还是与家人一起搬迁的？（单选）

是一个人搬迁的 ······························· 1

是与家人一起搬迁的 ··························· 2

以下想了解您目前的居住地的情况。

C1d1. 请问您目前的居住地是：

记录：_____省/直辖市/自治区_____地级市

285

_____ 区/县/县级市

C1d2. 您是哪年开始在这里居住的？

记录：[_____ | _____ | _____ | _____] 年

C1d3. 当时（即开始在这里居住时）这里属于下列哪类地区：（单选）

城区 …………………………………………………… 1

镇 ……………………………………………………… 2

农村 …………………………………………………… 3

[不好说] ……………………………………………… 8

C1d4. 当时（即开始在这里居住时）您的户口性质是：（单选）

农业户口 ……………………………………………… 1

非农业户口 …………………………………………… 2

居民户口（之前是非农业户口） …………………… 3

居民户口（之前是农业户口） ……………………… 4

其他（请注明）_____ …… 5

C1d5. 当时（即开始在这里居住时）您所住房屋的性质是：（单选）

【出示示卡第 13 页】

家庭自建住房 ………………………………………… 1

家庭自购住房 ………………………………………… 2

租/借公房 …………………………………………… 3

租/借他人住房 ……………………………………… 4

集体宿舍 ……………………………………………… 5

工棚 …………………………………………………… 6

其他（请注明）_____ …… 7

C1d6. 当时（即开始在这里居住时）您所住房屋的类型是：（单选）

【出示示卡第 14 页】

农村住宅（土木房屋、窑洞） ……………………… 1

农村住宅（砖石或钢混结构房屋） ………………… 2

别墅、联排别墅 ……………………………………… 3

成套单元楼房 …………………………………………… 4

楼房单间、筒子楼 …………………………………… 5

平房 ………………………………………………………… 6

棚户/简易住房 ………………………………………… 7

店面、工棚 ……………………………………………… 8

其他（请注明）＿＿＿＿＿＿＿＿＿＿＿＿＿＿ …… 9

以下想了解您上一个居住地的情况。

C1e1. 请问您到现居住地之前，在哪里居住：（单选）

一直在现居住地居住 …………………………… 1→跳问 C2a

在＿＿＿＿＿＿＿省/直辖市/自治区＿＿＿＿＿＿＿地级

市＿＿＿＿＿＿＿区/县/县级市居住 …………………… 2

C1e2. 您是哪年开始在那里居住的?

记录：[＿＿＿｜＿＿＿｜＿＿＿｜＿＿＿] 年

C1e3. 当时（即开始在上一个居住地居住时）该居住地属于下列哪

类地区：（单选）

城区 ……………………………………………………… 1

镇 ………………………………………………………… 2

农村 ……………………………………………………… 3

[不好说] ……………………………………………… 8

C1e4. 当时（即开始在上一个居住地居住时）您的户口性质是：（单选）

农业户口 ………………………………………………… 1

非农业户口 ……………………………………………… 2

居民户口（之前是非农业户口） ………………… 3

居民户口（之前是农业户口） …………………… 4

其他（请注明）＿＿＿＿＿＿＿＿＿＿＿＿＿＿ …… 5

C1e5. 当时（即开始在上一个居住地居住时）您所住房屋的性质是：

（单选）【出示示卡第 13 页】

家庭自建住房 ……………………………………………… 1

家庭自购住房 ……………………………………………… 2

租/借公房 ………………………………………………… 3

租/借他人住房 …………………………………………… 4

集体宿舍 …………………………………………………… 5

工棚 ………………………………………………………… 6

其他（请注明）＿＿＿＿＿＿＿＿＿＿＿＿＿＿＿…… 7

C1e6. 当时（即开始在上一个居住地居住时）您所住房屋的类型是：（单选）【出示示卡第 14 页】

农村住宅（土木房屋、窑洞） ………………………… 1

农村住宅（砖石或钢混结构房屋） …………………… 2

别墅、联排别墅 …………………………………………… 3

成套单元楼房 ……………………………………………… 4

楼房单间、筒子楼 ………………………………………… 5

平房 ………………………………………………………… 6

棚户/简易住房 …………………………………………… 7

店面、工棚 ………………………………………………… 8

其他（请注明）＿＿＿＿＿＿＿＿＿＿＿＿＿＿＿…… 9

C1e7. 您离开那里到现居住地居住的主要原因是？（单选）【出示示卡第 15 页】

本人工作变动 ……………………………………………… 01

家人工作变动 ……………………………………………… 02

本人求学、毕业 …………………………………………… 03

家人求学、毕业 …………………………………………… 04

本人婚姻状态变化 ………………………………………… 05

家人婚姻状态变化 ………………………………………… 06

原址房屋拆迁 ……………………………………………… 07

房屋租约结束 ……………………………………………… 08

家人或本人单位分房　……………………………………　09

家人或本人购买住房　……………………………………　10

其他（请注明）_____　…………　11

C1e8. 当时（即到现居住地居住时）您是一个人搬迁的，还是与家人一起搬迁的？（单选）

是一个人搬迁的　…………………………………………　1

是与家人一起搬迁的　……………………………………　2

C2a. 就您目前的生活状况来说，您认为自己是本地人，还是外地人？（单选）

是本地人　…………………………………………………　1

是外地人　…………………………………………………　2

［不好说］　………………………………………………　8

C2b. 就您目前的生活状况来说，您认为自己是城里人，还是农村人？（单选）

是城里人　…………………………………………………　1

是农村人　…………………………………………………　2

［不好说］　………………………………………………　8

C3a. 您是否愿意与农村人：（每行单选）【出示示卡第16页】

		很愿意	比较愿意	不太愿意	很不愿意	［不好说］
1	聊天	1	2	3	4	8
2	一起工作	1	2	3	4	8
3	成为邻居	1	2	3	4	8
4	成为亲密朋友	1	2	3	4	8
5	结成亲家	1	2	3	4	8

C3b. 您是否愿意与城里人：（每行单选）【出示示卡第16页】

		很愿意	比较愿意	不太愿意	很不愿意	［不好说］
1	聊天	1	2	3	4	8
2	一起工作	1	2	3	4	8

续表

		很愿意	比较愿意	不太愿意	很不愿意	［不好说］
3	成为邻居	1	2	3	4	8
4	成为亲密朋友	1	2	3	4	8
5	结成亲家	1	2	3	4	8

C4a. 您认为可以用下列哪些词形容城里人：（每行单选）

C4b. 您认为可以用下列哪些词形容农村人：（每行单选）

				C4a. 您认为可以用下列哪些词形容城里人：	C4b. 您认为可以用下列哪些词形容农村人：
1	1. 待人冷漠的	2. 待人热情的	3. ［不好说］	［＿＿＿＿＿＿］	［＿＿＿＿＿＿］
2	1. 遇事精于算计的	2. 遇事不太计较的	3. ［不好说］	［＿＿＿＿＿＿］	［＿＿＿＿＿＿］
3	1. 做事高效率的	2. 做事低效率的	3. ［不好说］	［＿＿＿＿＿＿］	［＿＿＿＿＿＿］
4	1. 待人宽容的	2. 待人不宽容的	3. ［不好说］	［＿＿＿＿＿＿］	［＿＿＿＿＿＿］
5	1. 思想开放的	2. 思想保守的	3. ［不好说］	［＿＿＿＿＿＿］	［＿＿＿＿＿＿］
6	1. 做事有计划的	2. 做事没有计划的	3. ［不好说］	［＿＿＿＿＿＿］	［＿＿＿＿＿＿］
7	1. 能遵守时间约定的	2. 不遵守时间约定的	3. ［不好说］	［＿＿＿＿＿＿］	［＿＿＿＿＿＿］
8	1. 举止文明的	2. 举止粗鲁的	3. ［不好说］	［＿＿＿＿＿＿］	［＿＿＿＿＿＿］
9	1. 相信科学的	2. 相信迷信的	3. ［不好说］	［＿＿＿＿＿＿］	［＿＿＿＿＿＿］
10	1. 办事讲信用的	2. 办事不讲信用的	3. ［不好说］	［＿＿＿＿＿＿］	［＿＿＿＿＿＿］

C5. 一般来说，您认为一个农村人要想成为城里人，下列哪些条件是重要的？（可多选）

获得城镇户口 ………………………………………………… 1

在城镇购买住房 ……………………………………………… 2

在城镇工作 …………………………………………………… 3

与城里人结婚 ………………………………………………… 4

在城市有很多熟人朋友 ……………………………………… 5

其他（请注明）_____　……　6

都不重要　………………………………………　7

［不好说］…………………………………………　8

C6a. 现在有许多农村外来务工人员来城里打工。对于农村外来务工人员在城里工作，您的看法是？（单选）【出示示卡第17页】

只要愿意就可以来，不应有任何限制　…………　1

如果有足够工作机会，就允许他们在城市工作　……　2

要严格控制来城市工作的农村外来务工人员数量　……　3

不应允许农村外来务工人员在城市工作　…………　4

C6b. 现在一些农村外来务工人员打算在城里买房。对于农村外来务工人员在城里买房，您的看法是？（单选）【出示示卡第18页】

只要愿意就可以买，不应有任何限制　…………　1

如果在城市有固定工作，就允许他们在城市买房　…………　2

要严格控制农村外来务工人员在城市买房　…………　3

不应允许农村外来务工人员在城市买房　…………　4

C6c. 现在有许多农村外来务工人员来城里打工时把孩子也带来了。对于农村外来务工人员子女在城里上公立中小学，您的看法是？（单选）【出示示卡第19页】

只要愿意就可以上，不应有任何限制　…………　1

可以在城里上公立中小学，但要对家庭条件做一些限制　……　2

只允许他们到务工子弟学校上学　…………………　3

不允许他们的子女在城里学校上学　………………　4

C7. 您对住得最近的那一家邻居有多少了解，交往有多深？（请在1和2中选择一项，每行单选）

1	知道他们家户主的姓	1. 知道	2. 不知道
2	知道他们是干什么工作的	1. 知道	2. 不知道
3	知道他们家里住着几口人	1. 知道	2. 不知道
4	平时见面会互相打招呼	1. 会	2. 不会

续表

5	和他们家里的人聊过家常	1. 有过	2. 没有过
6	和他们家互赠过礼物	1. 有过	2. 没有过
7	到他们家吃过饭	1. 有过	2. 没有过
8	相互说过自己的烦恼，并请对方参谋	1. 有过	2. 没有过
9	向他们家借过钱物	1. 有过	2. 没有过
10	各自家里长期没人住时，请对方帮忙看家	1. 有过	2. 没有过

C8a. 目前您参加了下列哪些团体？（可多选）【出示示卡第 20 页】

C8b. 您今后打算参加下列哪些团体？（可多选）【出示示卡第 21 页】

	C8a. 目前您参加了下列哪些团体？（可多选）	C8b. 您今后打算参加下列哪些团体？（可多选）
宗教团体	1	1
宗亲会	2	2
同乡会	3	3
校友会	4	4
联谊组织（如文体娱乐团体、互联网团体等）	5	5
民间社团（如志愿者、业主委员会、环保组织）	6	6
职业团体（如商会、农村合作组织、专业学会、行业协会等）	7	7
其他团体（请注明）_____	8	8
	9. 没有参加过任何团体	9.［不好说］

C9a. 过去一年里，您或家人遇到过下列哪些事情？（可多选）【出示示卡第 22 页，逐一提问，并在 C9a 处圈出遇到过的事情】

C9b.【提问在 C9a 中遇到过的事情】您或家人在办这件（类）事情时，托人说情或请客送礼了吗？（可多选）

C9c.【提问在 C9b 中遇到过的事情】如果您或家人托人说情或请客送礼了，那么请问最后这件（类）事情是否办成了？（单选）

	C9a. 过去一年里，您或家人遇到过下列哪些事情？（可多选）	C9b. 您或家人在办哪些事情时，托人说情或请客送礼了？（可多选）	C9c. 请问最后事情是否办成过了？（单选）1. 办成了；2. 正在办；3. 没办成
看病就医	1	1	[＿＿＿]
孩子入园、入学、升学	2	2	[＿＿＿]
求职找工作	3	3	[＿＿＿]
工作调动、提薪升职	4	4	[＿＿＿]
打官司	5	5	[＿＿＿]
办营业执照	6	6	[＿＿＿]
领取社会保障费或报销医药费	7	7	[＿＿＿]
其他（请说明）＿＿＿＿＿	8	8	[＿＿＿]
没有这些事情	9	9	

D 部分：　家庭生产生活情况

D1. 您家目前有几套自有住房？记录：有 ［＿＿＿＿］ 套【如果没有自有住房，请填写"0"套后，跳问 D2a】

自有住房	a. 建筑面积（或宅基地面积）：（平米）	b. 性质：1.自建住房 2.购买商品房 3.购买保障房 4.购买原产权公房 5.购买小产权房 6.购买农村私有住房 7.其他 8.[不清楚]	c. 产权所有者是：（最多选三项）1.本人 2.配偶 3.父母或配偶父母 4.子女 5.子女的配偶 6.其他 8.[不清楚]	d. 所在地区类型：[出示卡第23页] 1.直辖市城区 2.省会城市城区 3.地/县级市城区 4.县城 5.市/县城区以外的镇 6.农村	e. 所在地点：[出示示卡第24页] 1.本调查村居委会 2.本乡（镇、街道）其他村居委会 3.本县（市、区）其他（镇、街道） 4.本省（市、区）其他县（市、区） 5.外省	f. 购买（或自建）时间：（年）9998.[不清楚]	g. 购买（或自建）时的价格：（万元）[请估算，不足1万元时按1万元填写] 998.[不清楚]	h. 贷/借款总额：（万元）[没有贷/借款请填999；请估算，不足1万元时按1万元填写] 998.[不清楚]	i. 房屋现值：（万元）[请估算，不足1万元时按1万元填写] 998.[不清楚]	j. 调查时此住房：1.本人居住（或与他人居住） 2.本人不住，家人居住 3.其他亲戚居住 4.出租他人 5.借与他人 6.没人居住 7.期房
第一套	[__]	[__]	[__][__]	[__]	[__]	[____]年	[____]万元	[____]万元	[____]万元	[__]
第二套	[__]	[__]	[__][__]	[__]	[__]	[____]年	[____]万元	[____]万元	[____]万元	[__]
第三套	[__]	[__]	[__][__]	[__]	[__]	[____]年	[____]万元	[____]万元	[____]万元	[__]
第四套	[__]	[__]	[__][__]	[__]	[__]	[____]年	[____]万元	[____]万元	[____]万元	[__]

D2a.　您家有购买住房的打算吗？（单选）

　　　打算一年内购买 ……………………………………………… 1

　　　打算两年内购买 ……………………………………………… 2

　　　打算三年内购买 ……………………………………………… 3

　　　有购房的想法，但暂时不打算购买 ………………………… 4

　　　没有购买住房的想法 ………………………… 5→跳问 D3

　　　[不好说] ……………………………………… 8→跳问 D3

D2b.　您家打算购买住房的最主要原因是？（单选）

　　　改善现有居住条件购房 ……………………………………… 1

　　　为自己（或子女）成家购置婚房 …………………………… 2

　　　为投资升值购房 ……………………………………………… 3

　　　其他（请注明）＿＿＿＿＿＿＿＿＿＿＿＿＿＿ …… 4

D2c.　您家想在本地，还是想在外地购买住房？（单选）

　　　想在本地购房 ………………………………………………… 1

　　　想在外地购房 ………………………………………………… 2

　　　其他（请注明）＿＿＿＿＿＿＿＿＿＿＿＿＿＿ …… 3

D2d.　您家打算在下列哪类地区购买住房？（单选）

　　　直辖市 ………………………………………………………… 1

　　　省会城市 ……………………………………………………… 2

　　　地级市 ………………………………………………………… 3

　　　县级市/县城 ………………………………………………… 4

　　　市/县城城区以外的镇 ………………………… 5→跳问 D3

　　　农村 …………………………………………… 6→跳问 D3

　　　其他（请注明）＿＿＿＿＿＿＿＿＿＿＿＿＿＿ …… 7

D2e.　您家打算在下列哪类区域购买住房？（单选）

　　　城市中心城区 ………………………………………………… 1

　　　城市边缘城区 ………………………………………………… 2

　　　城乡结合部 …………………………………………………… 3

城市郊区 ……………………………………………………… 4

其他（请注明）＿＿＿＿＿＿＿＿＿＿＿＿＿＿＿＿＿＿ …… 5

D3. 请问目前您家里拥有下列哪些物品？请您告诉我您家所拥有的物品数量，以及半年内是否打算购买。

	品名	类型	a. 数量	b. 半年内是否打算购买：1. 打算购买；2. 不打算购买；8.［不好说］
1	电视	黑白电视机	［＿＿＿］台	［＿＿＿＿＿］
2		显像管彩色电视机	［＿＿＿］台	
3		液晶/等离子电视	［＿＿＿］台	
4	汽车	农用车	［＿＿＿］辆	［＿＿＿＿＿］
5		国产品牌轿车/面包车	［＿＿＿］辆	
6		合资品牌轿车/面包车	［＿＿＿］辆	
7		进口轿车/面包车	［＿＿＿］辆	
8	冰箱	普通冰箱	［＿＿＿］台	［＿＿＿＿＿］
9		无霜冰箱	［＿＿＿］台	
10		冰柜	［＿＿＿］台	
11	电脑	台式机电脑	［＿＿＿］台	［＿＿＿＿＿］
12		笔记本电脑	［＿＿＿］台	
13		一体机电脑	［＿＿＿］台	
14		平板电脑	［＿＿＿］台	
15	手机		［＿＿＿］部	［＿＿＿＿＿］
16	洗衣机		［＿＿＿］台	［＿＿＿＿＿］
17	摄像机		［＿＿＿］台	［＿＿＿＿＿］
18	空调		［＿＿＿］台	［＿＿＿＿＿］

【请访员注意：D4 为 2010 年受访者全家生活消费支出情况。填写要求：

1. 请访问员将具体数字填写在横线上，并高位画线；"不知道/不清楚"记录为9999998；"拒绝回答"记录为9999999；如无某项支出，则记录为0000000。

2. 在询问完家庭各项支出情况后，请调查员比较一下总支出与分项支出之和，如总支出小于各分项支出之和则保持原有记录，如总支出大于各分项支出之和且相差数额较大时，请提示并追问受访者是否有遗漏的分项支出。】

D4. 请您告诉我，去年（2010 年）您全家的生活消费支出情况：

项目	金额（元）						
	百万	十万	万	千	百	十	个
a. 生活消费总支出	[＿＿]	[＿＿]	[＿＿]	[＿＿]	[＿＿]	[＿＿]	[＿＿]
b. 在家饮食支出（自产食品的估算其价格，并计算在内）	[＿＿]	[＿＿]	[＿＿]	[＿＿]	[＿＿]	[＿＿]	[＿＿]
c. 外出饮食支出	[＿＿]	[＿＿]	[＿＿]	[＿＿]	[＿＿]	[＿＿]	[＿＿]
d. 衣着支出（衣服、鞋帽等）	[＿＿]	[＿＿]	[＿＿]	[＿＿]	[＿＿]	[＿＿]	[＿＿]
e. 缴纳房租的支出	[＿＿]	[＿＿]	[＿＿]	[＿＿]	[＿＿]	[＿＿]	[＿＿]
f. 购房首付及分期偿还房贷的支出（非2010年首付不计）	[＿＿]	[＿＿]	[＿＿]	[＿＿]	[＿＿]	[＿＿]	[＿＿]
g. 电费、水费、燃气（煤碳）费、物业费、取暖费	[＿＿]	[＿＿]	[＿＿]	[＿＿]	[＿＿]	[＿＿]	[＿＿]
h. 住宅改建、装修的支出	[＿＿]	[＿＿]	[＿＿]	[＿＿]	[＿＿]	[＿＿]	[＿＿]
i. 家用电器、家具、家用车辆等购置支出	[＿＿]	[＿＿]	[＿＿]	[＿＿]	[＿＿]	[＿＿]	[＿＿]
j. 医疗保健支出（如看病、住院、买药等的费用，不扣除报销部分）	[＿＿]	[＿＿]	[＿＿]	[＿＿]	[＿＿]	[＿＿]	[＿＿]
k. 通讯支出（如固定电话/手机/小灵通的话费、电脑上网费等）	[＿＿]	[＿＿]	[＿＿]	[＿＿]	[＿＿]	[＿＿]	[＿＿]
l. 交通支出（如上下班等交通费及家用车辆汽油费、保养费、养路费、路桥费等）	[＿＿]	[＿＿]	[＿＿]	[＿＿]	[＿＿]	[＿＿]	[＿＿]
m. 教育支出（如学费、杂费、文具费、课外辅导费、在校住宿费等，但在校的饮食支出不计）	[＿＿]	[＿＿]	[＿＿]	[＿＿]	[＿＿]	[＿＿]	[＿＿]
n. 文化、娱乐、旅游支出	[＿＿]	[＿＿]	[＿＿]	[＿＿]	[＿＿]	[＿＿]	[＿＿]
o. 赡养不在一起生活的亲属（如父母等老人）的支出	[＿＿]	[＿＿]	[＿＿]	[＿＿]	[＿＿]	[＿＿]	[＿＿]
p. 自家红白喜事支出	[＿＿]	[＿＿]	[＿＿]	[＿＿]	[＿＿]	[＿＿]	[＿＿]
q. 人情往来支出（如礼品、现金等）	[＿＿]	[＿＿]	[＿＿]	[＿＿]	[＿＿]	[＿＿]	[＿＿]
r. 其他支出（请注明）＿＿＿＿＿	[＿＿]	[＿＿]	[＿＿]	[＿＿]	[＿＿]	[＿＿]	[＿＿]

【请访员注意：D5 为 2010 年受访者个人收入情况；D6 为 2010 年受访者全家收入情况。填写要求：

1. 请访员将具体数字填写在横线上，并高位画线；"不适用"记录为 99999997；"不知道/不清楚"记录为 99999998；"拒绝回答"记录为 99999999；如有某项目，只是 2010 年此项上无收入，则这项上记录为 00000000。

2. 在询问完家庭各项收入情况后，请调查员比较一下总收入与分项收入之和，如总收入小于各分项收入之和则保持原有记录，如总收入大于各分项收入之和且相差数额较大时，请提示并追问受访者是否有遗漏的分项收入。】

D5. 请您告诉我，去年（2010 年）您个人的收入是：

项目	金额（元）							
	千万	百万	十万	万	千	百	十	个
a. 总收入	[___]	[___]	[___]	[___]	[___]	[___]	[___]	[___]
b. 工资、奖金（包括提成、补贴等）等劳动报酬收入	[___]	[___]	[___]	[___]	[___]	[___]	[___]	[___]
c. 兼职收入、业余劳务收入（如稿酬、课酬、各种临时帮工酬劳等）	[___]	[___]	[___]	[___]	[___]	[___]	[___]	[___]
d. 退休金（单位给的）	[___]	[___]	[___]	[___]	[___]	[___]	[___]	[___]
e. 养老保险（社会保险机构给的）	[___]	[___]	[___]	[___]	[___]	[___]	[___]	[___]
f. 最低生活保障金、困难补助等社会救助收入	[___]	[___]	[___]	[___]	[___]	[___]	[___]	[___]
g. 村集体提供的福利收入（如分红、补贴等）	[___]	[___]	[___]	[___]	[___]	[___]	[___]	[___]
h. 个人农业经营收入（含各种农业补贴）	[___]	[___]	[___]	[___]	[___]	[___]	[___]	[___]
i. 经商、办厂的经营收入	[___]	[___]	[___]	[___]	[___]	[___]	[___]	[___]
j. 股票/债券/基金投资收入、放贷收入	[___]	[___]	[___]	[___]	[___]	[___]	[___]	[___]
k. 出售、出租房产、地产和其他资产的财产性收入	[___]	[___]	[___]	[___]	[___]	[___]	[___]	[___]
l. 他人赠予及遗产继承收入	[___]	[___]	[___]	[___]	[___]	[___]	[___]	[___]
m. 其他收入（请注明）_____	[___]	[___]	[___]	[___]	[___]	[___]	[___]	[___]

D6. 请您告诉我，去年（2010 年）您全家的收入情况：

项目	金额（元）							
	千万	百万	十万	万	千	百	十	个
a. 您家的总收入	[___]	[___]	[___]	[___]	[___]	[___]	[___]	[___]
b. 您家的工资收入（含工资、奖金、津贴、节假日福利等，如有实物，请折价计算；注意不含离退休金）	[___]	[___]	[___]	[___]	[___]	[___]	[___]	[___]
c. 农业经营收入（请访员不必问，根据B7b 计算）	[___]	[___]	[___]	[___]	[___]	[___]	[___]	[___]
d. 经商办厂收入	[___]	[___]	[___]	[___]	[___]	[___]	[___]	[___]
e. 出租房屋、土地收入	[___]	[___]	[___]	[___]	[___]	[___]	[___]	[___]

续表

项目	金额（元）							
	千万	百万	十万	万	千	百	十	个
f. 家庭金融投资理财收入（债券、存款、放贷等的利息收入，股票投资收入及股息、红利收入等）	[＿]	[＿]	[＿]	[＿]	[＿]	[＿]	[＿]	[＿]
g. 家庭成员退休金、养老保险金、失业保险金、工伤保险金、生育保险金等社保收入	[＿]	[＿]	[＿]	[＿]	[＿]	[＿]	[＿]	[＿]
h. 家庭成员医疗费报销收入	[＿]	[＿]	[＿]	[＿]	[＿]	[＿]	[＿]	[＿]
i. 政府、工作单位和其他社会机构提供的社会救助收入（如最低生活保障、困难补助、疾病救助、灾害救助、学校奖学金/助学金、贫困学生救助等）	[＿]	[＿]	[＿]	[＿]	[＿]	[＿]	[＿]	[＿]
j. 政府提供的生产经营补贴、政策扶持收入（如农业补助、税费减免等）	[＿]	[＿]	[＿]	[＿]	[＿]	[＿]	[＿]	[＿]
k. 居委会、村委会提供的福利收入（如集体生产经营分红、非救助性补贴等）	[＿]	[＿]	[＿]	[＿]	[＿]	[＿]	[＿]	[＿]
l. 其他收入（请注明）＿＿＿＿＿＿	[＿]	[＿]	[＿]	[＿]	[＿]	[＿]	[＿]	[＿]

【请访员注意：D7 为截至调查时受访者全家的家庭财产情况。填写要求：请访员将具体数字填写在横线上，并高位画线；"不知道/不清楚"记为 999999998；"拒绝回答"记为 999999999；如无某项财产或投资，则那一项上记录为 000000000。另外，这里不考虑房产情况。】

D7. 接下来，请您告诉我，截至调查时您家的财产情况：

项目	金额（元）								
	亿	千万	百万	十万	万	千	百	十	个
a. 现有储蓄存款余额	[＿]	[＿]	[＿]	[＿]	[＿]	[＿]	[＿]	[＿]	[＿]
b. 现有股票、期货、有价证券等的价值总额（按购入价计算）	[＿]	[＿]	[＿]	[＿]	[＿]	[＿]	[＿]	[＿]	[＿]
c. 贵重首饰、收藏品、家具、家用电器、家用车辆、IT 产品、体育器械、厨具、卫浴设施等各项家庭动产总值（按购置价计算）	[＿]	[＿]	[＿]	[＿]	[＿]	[＿]	[＿]	[＿]	[＿]
d. 债务总额（即截至调查时点尚未偿还债务总额，但不包括以分期付款方式购房、购车等而需要支付的月供。）	[＿]	[＿]	[＿]	[＿]	[＿]	[＿]	[＿]	[＿]	[＿]

E 部分： 社会保障情况

E1a. 您目前有没有下列社会保障？（每行单选）【出示示卡第 25 页】

E1b. 【如果有养老保险或医疗保险】请问您有下列哪种社会保障？（每行单选）【出示示卡第 25 页】

	E1a. 您目前有没有下列社会保障？			E1b. 您有下列哪种社会保障？
	有	没有	［不清楚］	
A. 养老保险	1	2	8	1. 企业职工基本养老保险
				2. 城乡居民社会养老保险
				3. 离退休金
				4. 农村社会养老保险（即新农保）
B. 医疗保险	1	2	8	1. 城镇职工基本医疗保险
				2. 城镇居民基本医疗保险
				3. 公费医疗
				4. 新型农村合作医疗保险（即新农合）
C. 失业保险	1	2	8	
D. 工伤保险	1	2	8	
E. 生育保险	1	2	8	
F. 城乡最低生活保障（即吃低保）	1	2	8	

E2a. 在您年老时（指 60 岁以上），您最希望怎么住：（单选）【出示示卡第 26 页】

E2b. 您年老时如果生活不能自理，您最希望怎么住：（单选）【出示示卡第 26 页】

	E2a. 在您年老时（指 60 岁以上），您最希望怎么住：	E2b. 您年老时如果生活不能自理，您最希望怎么住：
1. 自己（或与配偶住在一起），子女在不在附近无所谓 2. 自己（或与配偶住在一起），子女最好住在附近 3. 与子女的家庭同住 4. 在不同子女家轮流居住 5. 敬老院、老年公寓和福利院 6. 其他（请注明）：	[_]	[_]

【请访问员注意：60 岁及以上（1951 年以前出生）的受访者，回答 E3a – E3c 后，跳答 F1；60 岁以下（1952 年以后出生）的受访者则跳到 E4 前的提示】

E3a. 目前您的健康状况是：

健康 …………………………………………… 1

基本健康 ……………………………………… 2

不健康，但生活能自理 ……………………… 3

生活不能自理 ………………………………… 4

E3b. 目前您的居住情况是：

独居（或仅与配偶居住）…………………… 1

与子女同住 …………………………………… 2

在不同子女家轮流居住 ……………………… 3

敬老院、老年公寓和福利院 ………………… 4

其他（请注明）：_____ …… 5

E3c. 最近一年，您的生活费用主要是谁提供的：

自己及配偶 …………………………………… 1

同住的子女及其配偶 ………………………… 2

不同住的子女 ………………………………… 3

子女间分摊 …………………………………… 4

其他（请注明）：_____ …… 5

【请访问员注意：40 岁到 59 岁（1952 年到 1971 年期间出生）的受访者，回答 E4、E5；其他受访者跳问 F1】

E4. 目前您的父母及配偶父母的情况是：

	父亲	母亲	配偶父亲	配偶母亲
a. 健康状况： 1. 健康 2. 基本健康 3. 不健康，但生活能自理 4. 生活不能自理 7. ［不适用］8. ［不清楚］	[_____]	[_____]	[_____]	[_____]
b. 居住情况： 1. 独居（或仅与配偶居住）2. 与子女同住 3. 在不同子女家轮流居住 4. 在敬老院、老年公寓和福利院居住 5. 其他（请注明）：7. ［不适用］8. ［不清楚］	[_____]	[_____]	[_____]	[_____]
c. 最近一年，他/她的生活费用主要是谁提供的： 1. 老人自己及配偶 2. 您或您的配偶 3. 老人的其他子女 4. 老人的子女分摊 5. 其他 7. ［不适用］8. ［不清楚］	[_____]	[_____]	[_____]	[_____]

E5. 总的来说，对您的家庭而言在为双方父母养老方面，您觉得负担重吗？（单选）

非常重 …………………………………………………………… 1

比较重 …………………………………………………………… 2

不太重 …………………………………………………………… 3

没负担 …………………………………………………………… 4

［不适用］ ……………………………………………………… 7

F 部分： 个人生活、 休闲情况

F1. 您平常主要通过什么方式了解社会上发生的重大事件？（限选 3 项）【出示示卡第 27 页】

看报纸 …………………………………………………………… 1

听广播 …………………………………………………………… 2

看电视 …………………………………………………………… 3

浏览互联网 ·· 4

收发手机短信 ··· 5

单位传达 ·· 6

和亲友同事交谈 ····································· 7

其他（请注明）＿＿＿＿＿＿＿＿＿＿＿ ······ 8

F2. 您平常出行的主要方式是什么？（限选 3 项）【出示示卡第 28 页】

公共汽车 ·· 01

地铁/轻轨 ··· 02

私人小汽车 ··· 03

公家小汽车 ··· 04

出租车 ··· 05

自行车 ··· 06

三轮车 ··· 07

摩托车/助力车/电瓶车 ··························· 08

步行 ·· 09

其他（请注明）＿＿＿＿＿＿＿＿＿＿＿ ······ 10

F3. 周末或节假日，您通常进行下列哪些休闲活动？（限选 3 项）【出示示卡第 29 页】

外出观看电影/戏剧/表演/听音乐会 ·········· 01

外出看体育比赛 ···································· 02

运动健身（请注明）＿＿＿＿＿＿＿＿＿ ····· 03

打麻将/打牌 ·· 04

读书/看报 ··· 05

郊游/钓鱼/户外活动 ······························ 06

外地旅游 ·· 07

电脑游戏/上网 ······································· 08

去迪斯科、卡拉 OK、酒吧 ····················· 09

串门聊天 ·· 10

其他（请注明）_____ …… 11

没有这些休闲活动 ……………………………………… 12

下面的提问想了解您对生活以及家庭等方面的看法。

F4. 请问，目前您或您家庭是否遇到下列生活方面的问题呢？（可多选）【出示示卡第 30 页】

住房条件差，建/买不起房 ………………… 01

子女教育费用高，难以承受 ……………… 02

子女管教困难，十分累心 ………………… 03

医疗支出大，难以承受 …………………… 04

物价上涨，影响生活水平 ………………… 05

家庭收入低，日常生活困难 ……………… 06

家人无业、失业或工作不稳定 …………… 07

赡养老人负担过重 ………………………… 08

个人工作负担过重，吃不消 ……………… 09

家庭人情支出大，难以承受 ……………… 10

社会风气不好，担心被欺骗和家人学坏 … 11

社会治安不好，常常担惊受怕 …………… 12

没有这些生活方面的问题 ………………… 13

F5. 与 5 年前相比，您的生活水平有什么变化？（单选）

上升很多…………………………………………………… 1

略有上升…………………………………………………… 2

没变化……………………………………………………… 3

略有下降…………………………………………………… 4

下降很多…………………………………………………… 5

［不好说］ ………………………………………………… 8

F6. 您感觉在未来的 5 年中，您的生活水平将会怎样变化？（单选）

上升很多…………………………………………………… 1

略有上升…………………………………………………… 2

没变化	···	3	
略有下降	···	4	
下降很多	···	5	
［不好说］	···	8	

F7. 您认为您本人的社会经济地位在本地大体属于哪个层次？（单选）

上	···	1
中上	···	2
中	···	3
中下	···	4
下	···	5
［不好说］	···	8

G 部分： 社会态度与社会问题评价

G1. 您认为目前在我们的社会上，一个人事业成功主要靠的是什么？（最多选三项，并排序）【出示示卡第 31 页】

	第一选择	第二选择	第三选择
受过良好教育	1	1	1
勤奋、努力、拼搏	2	2	2
本人天资聪明和能力强	3	3	3
机会和运气好	4	4	4
有比较广的社会关系	5	5	5
有权势的人相助	6	6	6
出生在有权有钱人家或者和有权有钱的人结婚	7	7	7
其他（请注明）_____	8	8	8
［说不清］	9	9	9

G2. 您在多大程度上同意下列说法？（从打"√"的句子开始循环问起，每行单选）【出示示卡第 32 页】

		很同意	比较同意	不大同意	很不同意	[不清楚]
1	政府搞建设要拆迁居民住房，老百姓应该搬走	1	2	3	4	8
2	老百姓应该听从政府的，下级应该听从上级的	1	2	3	4	8
3	民主就是政府为人民做主	1	2	3	4	8
4	国家大事有政府来管，老百姓就不用多管了	1	2	3	4	8
5	应该让少数人先富起来	1	2	3	4	8
6	现在有的人挣的钱多，有的人挣得少，但这是公平的	1	2	3	4	8
7	现在一心为老百姓着想的干部不多了	1	2	3	4	8
8	很多老板都是靠政府官员的帮助才发财了	1	2	3	4	8
9	在我们这个社会，工人和农民的孩子与其他人的孩子一样，都能成为有钱、有地位的人	1	2	3	4	8
10	农民就应该好好种地，不要都进城来打工	1	2	3	4	8
11	应该从有钱人那里征收更多的税来帮助穷人	1	2	3	4	8

G3. 您在多大程度上同意下列说法？（从打"√"的句子开始循环问起，每行单选）【出示示卡32】

		很同意	比较同意	不大同意	很不同意	[不好说]
1	子女如果觉得自己的想法合理，即使父母反对，也应据理力争	1	2	3	4	8
2	如果婚姻生活太痛苦，离婚也算是一种解脱的办法	1	2	3	4	8
3	即使父母健在，成年未婚子女赚的钱也应该属于他们自己	1	2	3	4	8
4	子女结了婚，最好不要与父母住在一起	1	2	3	4	8
5	无论什么人，受教育越多越好	1	2	3	4	8
6	能从工作中学习到新的事物，才是一种好的工作	1	2	3	4	8
7	只要彼此相爱，婚前发生性关系也无所谓	1	2	3	4	8
8	与离过婚的人结婚，并没有什么不好	1	2	3	4	8
9	夫妻可以有各自的异性朋友	1	2	3	4	8
10	妻子不必事事服从丈夫	1	2	3	4	8

G4. 您认为现住地地方政府下列方面的工作做得好不好？（从打"√"的句子开始循环问起，每行单选）【出示示卡第33页】

		很好	比较好	不太好	很不好	［不清楚］
1	提供医疗卫生服务	1	2	3	4	8
2	为群众提供社会保障	1	2	3	4	8
3	提供义务教育	1	2	3	4	8
4	保护环境，治理污染	1	2	3	4	8
5	打击犯罪，维护社会治安	1	2	3	4	8
6	廉洁奉公，惩治腐败	1	2	3	4	8
7	依法办事，执法公平	1	2	3	4	8
8	发展经济，增加人们的收入	1	2	3	4	8
9	为中低收入者提供廉租房和经济适用房	1	2	3	4	8
10	扩大就业，增加就业机会	1	2	3	4	8
11	政府信息公开，提高政府工作的透明度	1	2	3	4	8

G5. 您认为当前我国存在的最重大社会问题是什么？（最多选 3 项，并排序）【出示示卡第 34 页】

问题	第一选择	第二选择	第三选择
就业失业问题	01	01	01
看病难、看病贵	02	02	02
养老保障问题	03	03	03
教育收费问题	04	04	04
收入差距过大贫富分化问题	05	05	05
物价上涨问题	06	06	06
住房价格过高问题	07	07	07
社会治安问题	08	08	08
贪污腐败问题	09	09	09
环境污染问题	10	10	10
征地、拆迁补偿不公问题	11	11	11
老板/雇主和员工的矛盾问题	12	12	12
进城农民工受到不公平待遇问题	13	13	13
食品安全问题	14	14	14
其他（请注明）_____	15	15	15
［说不清］	98	98	98

G6. 您认为目前我国社会中的腐败现象是否严重？（单选）

很严重 ……………………………………………………… 1

比较严重 …………………………………………………… 2

不太严重 …………………………………………………… 3

没有腐败问题 ……………………………………………… 4

［不好说］ ………………………………………………… 8

G7. 您认为目前党和政府的反腐败工作，效果明显吗？（单选）

很明显 ……………………………………………………… 1

比较明显 …………………………………………………… 2

不太明显 …………………………………………………… 3

很不明显 …………………………………………………… 4

［不好说］ ………………………………………………… 8

G8. 您认为目前我国反腐败工作存在下列哪些突出问题？（可多选）

【出示示卡第 35 页】

反腐倡廉教育效果不明显 ………………………………… 01

反腐败制度不健全 ………………………………………… 02

反腐败制度是摆设，并没有认真执行 …………………… 03

领导干部权力过大，缺少监督 …………………………… 04

决策信息不透明，难以监督 ……………………………… 05

领导干部不能带头廉洁自律 ……………………………… 06

对腐败分子的惩治不够严厉 ……………………………… 07

信访举报制度没有得到有效利用 ………………………… 08

对领导干部申报的个人财产信息公开不够 ……………… 09

社会上存在助长腐败的风气 ……………………………… 10

［不好说］ ………………………………………………… 98

G9. 就您了解的情况看，目前多大比例的党政干部是廉洁的？（单选）【出示示卡第 36 页】

占绝大部分（90% 以上） ………………………………… 1

占大部分（75%左右）　…………………………………… 2

占一半（50%左右）　……………………………………… 3

占小部分（25%左右）　…………………………………… 4

占极少部分（10%以下）　………………………………… 5

［不好说］　………………………………………………… 8

G10. 您认为目前在领导干部中，下列哪些问题比较突出？（可多选）
【出示示卡第 37 页】

对中央的决定不听从、不执行　……………………… 01

不关心群众利益　……………………………………… 02

只讲形式，不干实事　………………………………… 03

为追求政绩，弄虚作假　……………………………… 04

公款消费、铺张浪费　………………………………… 05

办事拖拉、不尽职尽责　……………………………… 06

以权谋私、滥用权力　………………………………… 07

买官卖官　……………………………………………… 08

其他（请注明）＿＿＿＿＿＿＿＿＿＿＿＿＿　…… 09

［不知道/不了解］　…………………………………… 98

G11. 您认为在目前社会上损害群众利益的下列现象中，最突出是哪
些？（可多选）【出示示卡第 38 页】

政府对食品药品制假、售假缺乏监管　………………… 01

挪用政府各类民生补贴款　……………………………… 02

强制征地、拆迁　………………………………………… 03

政府办事人员工作拖拉、态度不好　…………………… 04

行政执法简单粗暴　……………………………………… 05

公款吃喝、公车私用、公费出国(境)消费支出大,浪费严重 ……… 06

学校教育乱收费、高收费　……………………………… 07

看病就医时医务人员收取"红包"　…………………… 08

其他（请注明）＿＿＿＿＿＿＿＿＿＿＿＿＿　…… 09

[不知道/不了解] ·································· 98

G12. 如果您发现腐败行为线索时，会举报吗？（单选）

会实名举报 ······································· 1

会匿名举报 ······································· 2

不会举报 ······························· 3→跳问 G14

[不好说] ····························· 8→跳问 G14

G13. 您在下列哪种情况下会举报腐败线索？（单选）

涉及自己利益时才举报 ····················· 1

有奖励才举报 ································· 2

不管什么情况都会举报 ····················· 3

[不好说] ······································· 8

G14. 您认为目前个人举报腐败线索，受到打击、报复的可能性大不大？（单选）

可能性很大 ······································· 1

可能性较大 ······································· 2

可能性较小 ······································· 3

可能性很小 ······································· 4

[不好说] ··· 8

G15. 总体来说，您对今后 5–10 年我国反腐败取得明显成效是否有信心？（单选）

很有信心 ··· 1

较有信心 ··· 2

较没信心 ··· 3

很没信心 ··· 4

[不好说] ··· 8

[记录] 受访者现居住地址：＿＿＿＿＿＿＿＿＿＿＿

＿＿＿＿＿＿＿＿＿＿＿＿＿＿＿＿＿＿＿＿＿＿＿＿＿

[记录] 受访者姓名：＿＿＿＿＿＿＿＿＿＿＿＿

联系电话（0　　　）－ _____

【调查员注意：读出下列句子，派发感谢信，并将问卷编号标注在感谢信的信封背面。

访问到此结束，感谢您对我们工作的支持。这里有一封给您的感谢信，请您填写完后尽快寄给我们。】

H 部分：　访谈记录

【此部分由调查员填写】

H1. 受访者配合得：（单选）

很好 …………………………………………………………… 1

好 ……………………………………………………………… 2

一般 …………………………………………………………… 3

不好 …………………………………………………………… 4

很不好 ………………………………………………………… 5

H2. 被调查回答问题的态度：（单选）

态度积极，并愿意发表评论 ………………………………… 1

比较积极 ……………………………………………………… 2

一般 …………………………………………………………… 3

不太积极 ……………………………………………………… 4

态度消极 ……………………………………………………… 5

H3. 受访者的语言表达能力属于：（单选）

很强 …………………………………………………………… 1

比较强 ………………………………………………………… 2

一般 …………………………………………………………… 3

较差 …………………………………………………………… 4

很差 …………………………………………………………… 5

H4. 受访者的智力水平：（单选）

很高 ………………………………………………………… 1

比较高 ………………………………………………………… 2

一般 ………………………………………………………… 3

比较低 ………………………………………………………… 4

很低 ………………………………………………………… 5

H5. 受访者对社会和公共事务总的了解程度属于：（单选）

很高 ………………………………………………………… 1

比较高 ………………………………………………………… 2

一般 ………………………………………………………… 3

比较低 ………………………………………………………… 4

很低 ………………………………………………………… 5

H6. 访问开始以前，受访者对这项研究的疑虑程度？（单选）

没有 ………………………………………………………… 1

有一些 ………………………………………………………… 2

非常疑虑 ………………………………………………………… 3

H7. 总的来看，受访者对此项调查的感兴趣程度：（单选）

很高 ………………………………………………………… 1

比较高 ………………………………………………………… 2

一般 ………………………………………………………… 3

比较低 ………………………………………………………… 4

很低 ………………………………………………………… 5

H8. 受访者回答问题的可信程度：（单选）

完全可信 ………………………………………………………… 1

一般可信 ………………………………………………………… 2

有时看起来不可信 ………………………………………………………… 3

H9. 请调查员根据自己的印象，估计一下该家庭的经济状况在当地是属于哪种类型？（单选）

低收入 ………………………………………………………… 1

中低收入 …………………………………………………… 2

一般收入 …………………………………………………… 3

中高收入 …………………………………………………… 4

高收入 ……………………………………………………… 5

未观察到 …………………………………………………… 6

H10. 受访者家的住房和当地一般情况相比是什么状况？（单选）

好 …………………………………………………………… 1

中 …………………………………………………………… 2

差 …………………………………………………………… 3

未观察到 …………………………………………………… 4

H11. 访问时什么人在场？（可多选）

邻居 ………………………………………………………… 1

亲戚朋友 …………………………………………………… 2

村/居干部 ………………………………………………… 3

督导 ………………………………………………………… 4

其他成人 …………………………………………………… 5

没有其他人在场 ………………………… 6 → 跳问 H13

H12. 其他人在场是否影响了访问的质量：（单选）

是 …………………………………………………………… 1

否 …………………………………………………………… 2

H13. 如果问卷没有答完，请解释为什么？

_____

_____

H14. 如果受访者中途退出，他/她的理由是什么？

致　谢

随着户籍制度改革的深入，越来越多的农民工迁移到城镇，成为产业工人的一部分。正是这些脚踏实地、勤勤恳恳的农民工支撑起我国作为世界制造业大国的地位，他们也逐渐分享到社会进步与城镇化带来的红利，生存机会与发展机会也越来越公平。但随着经济新常态的到来，农民工群体仍然面临着不少的机会挑战。通过田野调查和亲身体验，我更加感受到农民工群体的"喜"与"忧"。

本书是我近几年来学术研究的总结。在博士期间，我选择公平正义研究作为学术研究方向，毕业后，我继续把它作为研究方向，且与农民工问题结合起来研究，试图从机会公平角度分析这一群体的公平正义状况。

本书的完成凝聚了许多人的心血和劳动。首先感谢江西师范大学祝黄河教授的热心指导，他为本书框架的形成提出了许多真知灼见。感谢团队主要成员南昌大学公共管理学院齐小兵博士，他负责设计问卷，参与调研，收集、分析数据，并撰写了本书第三章第二节、第四章第二节的内容。感谢课题组主要成员江西中医药大学马克思主义学院彭恩胜副教授对全文进行了多次修改，并提出了诸多宝贵意见。在研究过程中，还要感谢李淑梅导师和陈世润导师的指导和帮助，每当有困惑，我都会请教于他们，他们总是给予不倦的指导。同时还要感谢妻子汪小兰十年如一日默默地支持我的科研工作。

本书得到 2012 年国家社会科学规划项目（批准号为 12CZX014）和

学校科技创新团队"马克思主义生态理论与生态文明建设制度研究"的
资助。社会科学文献出版社的曹义恒老师和岳梦夏老师也为本书的出版
付出了辛勤的劳动,在此一并感谢!

鉴于本人能力有限,本书存在不少纰漏,敬请批评指正!

虞新胜

2018 年 5 月 1 日

图书在版编目（CIP）数据

农民工机会公平问题研究：基于制度正义的视域／
虞新胜著. -- 北京：社会科学文献出版社，2018.7
ISBN 978 - 7 - 5201 - 2855 - 1

Ⅰ.①农… Ⅱ.①虞… Ⅲ.①民工 - 社会问题 - 研究
- 中国 Ⅳ.①D669.2

中国版本图书馆 CIP 数据核字（2018）第 119397 号

农民工机会公平问题研究
——基于制度正义的视域

著　　者／虞新胜

出　版　人／谢寿光
项目统筹／曹义恒
责任编辑／岳梦夏

出　　版／社会科学文献出版社·社会政法分社（010）59367156
　　　　　地址：北京市北三环中路甲 29 号院华龙大厦　邮编：100029
　　　　　网址：www. ssap. com. cn
发　　行／市场营销中心（010）59367081　59367018
印　　装／三河市尚艺印装有限公司

规　　格／开　本：787mm×1092mm　1/16
　　　　　印　张：20　字　数：287 千字
版　　次／2018 年 7 月第 1 版　2018 年 7 月第 1 次印刷
书　　号／ISBN 978 - 7 - 5201 - 2855 - 1
定　　价／98.00 元

本书如有印装质量问题，请与读者服务中心（010 - 59367028）联系